U0498456

书山有路勤为径，优质资源伴你行
注册世纪波学院会员，享精品图书增值服务

人力资本服务套系

人力资本服务

杨伟国　宋洪峰·著

电子工业出版社
Publishing House of Electronics Industry
北京·BEIJING

图书在版编目（CIP）数据

人力资本服务 / 杨伟国，宋洪峰著. -- 北京 ：电子工业出版社，2024. 10. --（人力资本服务套系）.

ISBN 978-7-121-48788-0

Ⅰ. F249.21

中国国家版本馆CIP数据核字第2024WB6792号

责任编辑：杨洪军

印　　刷：三河市鑫金马印装有限公司

装　　订：三河市鑫金马印装有限公司

出版发行：电子工业出版社

　　　　　北京市海淀区万寿路173信箱　　邮编100036

开　　本：720×1000　1/16　　印张：19.75　　字数：316千字

版　　次：2024年10月第1版

印　　次：2024年10月第1次印刷

定　　价：88.00元

凡所购买电子工业出版社图书有缺损问题，请向购买书店调换。若书店售缺，请与本社发行部联系，联系及邮购电话：（010）88254888，88258888。

质量投诉请发邮件至zlts@phei.com.cn，盗版侵权举报请发邮件至dbqq@phei.com.cn。

本书咨询联系方式：（010）88254199，sjb@phei.com.cn。

　　高质量的人力资本服务，对促进市场化社会化就业、助力构建现代化产业体系、助推经济转型和高质量发展具有重要意义。习近平总书记多次强调，要加快建设实体经济、科技创新、现代金融、人力资源协同发展的产业体系，在人力资本服务等领域培育新增长点、形成新动能。2014年，国务院发布《关于加快发展生产性服务业促进产业结构调整升级的指导意见》，明确了人力资源服务业是国家重点发展的生产性服务业领域。截至2022年底，我国共有人力资源服务机构6.3万家、实现营业收入2.5万亿元。自2024年2月1日起施行的《产业结构调整指导目录（2024年本）》，将人力资源和人力资本服务业列入鼓励类产业目录第45项，进一步释放了引导和支持产业快速发展的政策红利。人力资源和人力资本服务产业将迎来更加广阔的发展前景。

　　随着需求的迭代和技术的进步，市场深度细分，资本日益活跃，越来越多的人力资源服务企业需要通过提供定制化和专业化服务，才能满足市场需求。技术驱动的创新和人工智能重塑了人力资源管理，为人才服务、薪税规划、合规审计、管理咨询和组织发展等专业化服务带来了新的机遇。提升员工整体体验已经成为各类组织首选的价值主张，工作场所的多元化和包容性已成为人力资源行业的重要议题。人工智能、数据分析和软件即服务（Software as a Service，SaaS）解决方案的广泛应用，赋能初创企业提供越来越多的新质解决方案。风险投资和政府基金对创新型人力资本服务的融资支持，也凸显了市场对这一领域创新的认同和期待。显而易见，人力资源和人力资本服务正朝着跨界创新和敏捷响应的方向快速发展，机遇和挑战并行。

本书是国内第一部系统构建我国自主的人力资本服务知识体系的专业著作，是我们长期以来对人力资源与人力资本服务关注、投入和积淀的成果。我们在2023年出版的《人力资源服务业概论》，主要根据人力资源招聘、人力资源培训、人才测评、劳务派遣、高级人才寻访、人力资源外包、人力资源管理咨询等业态的具象特点，来安排章节内容。本书则基于经济性假设、管理性假设和社会性假设，明晰了人力资源服务和人力资本服务两者之间的本质区别，进而从人力资本服务的概念边界、基本框架、竞争优势、政策环境和趋势展望构建了全新的知识体系框架，引领读者深入了解人力资本服务的全新世界，激发更多关于人力资本服务的思考和对话。

从资源到资本的过程，是一个从自然属性向社会属性转换的过程。从人力资源到人力资本，自然属性逐渐减弱，社会属性逐渐增强。我们需要投入时间和精力，要靠教育、培训等进行有效投资，才能让人力资源变成具有更高经济价值和社会价值的人力资本。相对应地，针对"人"的价值衡量，也逐步从算术价值向指数价值转换。从组织的角度来看，人力资源是与工业社会条件下所形成的资本和劳动之间的关系——资本雇佣劳动——紧密联系在一起的。而人力资本的主权归属于人力资本的所有者即个人，并不属于组织。这种主体属性，决定了人力资本是与新的资本和劳动之间的关系——资本与劳动合作——紧密联系在一起的。资本与劳动的关系不再是单向的依赖关系，而是相互促进、共同成长的合作伙伴关系。

相较于人力资源服务，人力资本服务既是贯穿全生命周期的服务，也是涵盖全价值流程的服务。从供给视角来看，人力资本服务覆盖个体从早期教育到职业生涯的各个阶段。它不仅在求职和职业转换时提供支持，更重视个体能力的持续发展和技能升级，包括基础教育、社交能力、终身学习、职业规划、领导力和战略思维的培养，以适应不断变化的工作环境。

从需求视角来看，人力资本服务关注个体与组织发展的全面需求，提供包括信息、获取、配置、开发、金融、关系维护等在内的全流程服务。随着数字经济和技术的发展，工作的计量单位越来越灵活且不断变小，人力资本服务在形式上展现出更大的灵活性和创新性，为个体提供了更加多样化的工作机会，为企业带来更加高效、定制化的人力资源管理方案，体现了对数字化时代适应的创新与进步。

本书共十二章，内容安排如下。第一章首先探讨了人力资本服务相关概念的差异，阐明了其在个体和组织发展中的关键角色及影响，强调其对政策制定、理论研究和实践应用的至关重要性。

从第二章到第六章，我们系统介绍了人力资本服务的客户、主体、类型、技术和模式，这些内容构成了理解人力资本服务的基本框架。第二章明确了人力资本服务的客户。这一群体构成日趋广泛，复杂多样的客群特征，不仅彰显了人力资本服务的广泛应用场景，也促使服务提供者不断革新技术和策略，以满足不同群体的独特需求。第三章拓展了人力资本服务主体的边界。随着新就业形态的出现和服务需求的演变，多元人力资本服务主体不断重塑行业的边界和规则。在市场性主体追求经济效益、社会性主体突出社会价值的同时，管理性与自治性主体通过制定政策和规范来确立行业标准。第四章通过细分服务功能、定向客户群体、衡量专业化水平、技术应用和个性化程度，对人力资本服务的类型进行了区分。第五章探讨了人力资本服务中的技术应用，旨在展示如何通过技术力量促进人力资源行业的革新和效率提升。第六章介绍了人力资本服务的商业模式、交付模式和专业模式，特别强调企业要在日益激烈的竞争环境中，主动创新服务模式，实现从经验主义向专业驱动的转型。

第七、八两章在相对微观的层面，关注人力资本服务机构如何在机遇和挑战中获得竞争优势。人力资本服务机构不仅要通过精心设计的组织战略、竞争战略、职能战略和平台战略，确保人力资本服务的可持续性，也要有效管理品牌、融资、能力建设等核心活动，强化服务价值链，提升人力资本服务效能。

第九章到第十一章，主要关注人力资本服务的环境特征。第九章介绍了人力资本服务规范。这些规范通过规定服务产品、从业者行为和效力层次，明确专业标准，确保服务质量，为行业的稳健发展奠定基础。第十章关注人力资本服务集聚及其影响，特别对人力资源服务产业园区这一集聚形式进行了重点介绍。第十一章通过探讨供给侧和需求侧政策、综合政策及专项园区政策，展示了这些政策如何共同塑造行业发展格局，并深刻影响行业发展的可能性。

在本书最后的第十二章，我们基于第二曲线理论，对人力资本服务发展的可能性进行了展望，探讨了人力资本服务如何超越传统架构，引领实现探险型、开拓型和专业型的创新路径。

人力资本服务的高质量发展，不仅体现在微观层面的内容创新与进化，还着眼于宏观层面的生态构建与繁荣。然而，当下对人力资本服务的重视仍然不足、研究不够深入聚焦、专业人才更是相对短缺。我们希望这部作品能够成为连接学术前沿思考与行业最佳实践之间的桥梁，并为人力资本服务领域的教与学、行业从业者、管理者及研究者提供一本全面、深入、实用的基础指南。我们在书中探讨的核心议题，有助于读者理解人力资本服务的理论框架、知识体系和前沿进展，它不仅适用于高校人力资源管理、工商管理、劳动关系和社会保障等相关专业的课程教学，而且特别适合作为人力资源与人力资本服务企事业单位及相关政府部门的培训教材。

本书最早起源于2018—2019学年春季学期我为中国人民大学劳动人事学院本科生开设的专业选修课（但选课的同学不限于劳动人事学院）。在授课过程中，我请戴佳敏同学担任助教帮助录制授课音频并转换成文字稿，后又专门请李欣同学在文献补充、章节内容、格式规范等方面做了进一步的补充和完善。后来我和左胜强博士又共同开设了这门课，他对课程内容也做了补充和完善。在过去五年间我也一直根据每学期授课情况结合这个领域的新发展以及本人的新思考不断调整完善。2022—2023学年春季学期我邀请北京林业大学经管学院人力资源管理系主任宋洪峰教授共同撰写这本书，并根据2023—2024学年春季学期授课讲义对本书进行了最后调整。在本书成稿过程中，我们得到了戴佳敏、李欣、王轶、谢达、贾东岚、韩玥、万钇宏、左胜强、李雪岩、胡安琪等同学在文献查阅、引文标注、文字整理、数据更新等方面非常得力且极为重要的支持，在此表示衷心感谢。我们还特别感谢从2019年开始选修这门课程的同学，他们的深度参与与积极反馈对我帮助非常大，他们所做的课堂分享惊艳感人，只是我不知道当时承诺他们学好这门课会对他们的职业发展大有裨益这样的目标是否已实现。还要特别感谢奋斗在这个行业的同仁们，从极具洞察力的董事长、CEO到怀揣成就他人梦想的初入者，他们的言语乃至眼神都融入这本书中，他们不只是幕后英雄，也是行业智慧的贡献者。最后特别要感谢电子工业出版社世纪波公司的晋晶女士及其团队，这是一次愉快且富有成效的合作。世纪波团队展现了优秀的专业水准和对知识传播的执着追求，所提供的宝贵意见和全程支持，不仅提升了本书的专业性和可读性，也为我们后续打造学习社区、组织研讨分享会、开展师资与培训认证等奠定了坚实的基础。

作为国内第一本原创性的人力资本服务专业著作，尽管我们在创作过程中尽力兼顾内容的准确性和可读性，但受限于作者的认知与研究局限，书中仍有可能存在一些不足乃至不当的地方，我们恳请各位读者批评指正。我们会认真审视同行读者的反馈和建议，努力解决大家指出的各项问题，并在后续更新发展中加以完善和改进。

杨伟国

2024年7月12日

目 录

第一章

人力资本服务概念

💡 课前预习

▶ **本章学习要点：**

1. 了解十九大报告中对人力资源与人力资本相关词语的概述

2. 掌握人力资源与人力资本相关的概念与区别

3. 理解人力资源服务与人力资本服务的内容

4. 理解人力资源服务业的狭义和广义范围

本章的主要内容是对书名所涉及的相关概念进行解释与辨析，这也是学习完本章后要回答的最重要的问题。本章将呈现所有与人力资源服务业相关的概念，这些概念从定义上来说是很简单的，但是把两个相近的概念放在一起比较又会让人混淆。例如，"人口资源""劳动力资源"这两个概念的一般解释只是把人口和劳动力互换了一下而已，其他解释内容都是类似的。这既反映了这两个概念的相似性，又反映了研究人员在研究中并没有关注到概念之间的细微差别。本章试图在已有定义的基础之上，找到概念之间的细微差别。事实上，在实践中使用诸如"人力资源""人力资本"等词语时，往往不会深究概念的具体含义，而是更多依赖于这些词语的通常用法或直观感受；但是对于研究人员来说，最重要的事情之一就是先明晰概念的含义，然后再去开展相关研究。这不仅是因为概念的清晰界定有助于深化理论的理解和应用、确保研究的准确性和系统性，而且也是科学研究方法的基本要求。这其实就是实践和理论的区别之一。但是不管怎样，如果我们脑海中对概念有清晰的了解，那么就能更好地将实践中的事物和相关关系把握清楚，这也是我们用一章的内容去厘清概念的原因之一。

本章的开篇会引用十九大报告中的相关语段，一是因为十九大报告是社会各界关注的热点之一；二是因为十九大报告中提出了一些新概念和新理论，而这些在以往党的最高文件中都没有出现过。在本章中，我们将从专业的角度来讨论十九大报告中的相关内容。本章将重点解决的三组核心概念是人力资源与人力资本、人力资源服务与人力资本服务、人力资源服务业与人力资本服务领域。这些相关概念都能在十九大报告中找到。

● 引例：十九大报告摘录

1. 报告中提及"人口"7次

（1）城镇化率年均提高一点二个百分点，八千多万农业转移人口成为城镇居民。脱贫攻坚战取得决定性进展，六千多万贫困人口稳定脱贫，贫困发生率从百分之十点二下降到百分之四以下。

（2）以城市群为主体构建大中小城市和小城镇协调发展的城镇格局，加快农业转移人口市民化。

（3）让贫困人口和贫困地区同全国一道进入全面小康社会是我们党的庄严承诺。……确保到二〇二〇年我国现行标准下农村贫困人口实现脱贫，贫困县全部摘帽，解决区域性整体贫困，做到脱真贫、真脱贫。

（4）促进生育政策和相关经济社会政策配套衔接，加强人口发展战略研究。积极应对人口老龄化，构建养老、孝老、敬老政策体系和社会环境，推进医养结合，加快老龄事业和产业发展。

2. 报告中提及"劳动"9次

（1）建设知识型、技能型、创新型劳动者大军，弘扬劳模精神和工匠精神，营造劳动光荣的社会风尚和精益求精的敬业风气。

（2）健全学生资助制度，使绝大多数城乡新增劳动力接受高中阶段教育、更多接受高等教育。

（3）破除妨碍劳动力、人才社会性流动的体制机制弊端，使人人都有通过辛勤劳动实现自身发展的机会。完善政府、工会、企业共同参与的协商协调机制，构建和谐劳动关系。

（4）坚持在经济增长的同时实现居民收入同步增长、在劳动生产率提高的同时实现劳动报酬同步提高。拓宽居民劳动收入和财产性收入渠道。

3. 报告中提及"人力资源"1次

必须坚持质量第一、效益优先，以供给侧结构性改革为主线，推动经济发展质量变革、效率变革、动力变革，提高全要素生产率，着力加快建设实体经济、科技创新、现代金融、人力资源协同发展的产业体系，着力构建市场机制有效、微观主体有活力、宏观调控有度的经济体制，不断增强我国经济创新力和竞争力。

4. 报告中提及"人力资本"1次

深化供给侧结构性改革。建设现代化经济体系，必须把发展经济的着力点放在实体经济上，把提高供给体系质量作为主攻方向，显著增强我国经济质量优势。加快建设制造强国，加快发展先进制造业，推动互联网、大数据、人工智能和实体经济深度融合，在中高端消费、创新引领、绿色低碳、共享经济、现代供应链、人力资本服务等领域培育新增长点、形成新动能。

5. 报告中提及"人才"14次

（1）从现在到二〇二〇年，是全面建成小康社会决胜期。……坚定实施科教兴国战略、人才强国战略、创新驱动发展战略等。

（2）加快建设创新型国家。……培养造就一大批具有国际水平的战略科技人才、科技领军人才、青年科技人才和高水平创新团队。

（3）繁荣发展社会主义文艺。……加强文艺队伍建设，造就一大批德艺双馨名家大师，培育一大批高水平创作人才。

（4）提高就业质量和人民收入水平。……破除妨碍劳动力、人才社会性流动的体制机制弊端，使人人都有通过辛勤劳动实现自身发展的机会。

（5）树立科技是核心战斗力的思想，推进重大技术创新、自主创新，加强军事人才培养体系建设，建设创新型人民军队。

（6）人才是实现民族振兴、赢得国际竞争主动的战略资源。要坚持党管人才原则，聚天下英才而用之，加快建设人才强国。实行更加积极、更加开放、更加有效的人才政策，以识才的慧眼、爱才的诚意、用才的胆识、容才的雅量、聚才的良方，把党内和党外、国内和国外各方面优秀人才集聚到党和人民的伟大奋斗中来，鼓励引导人才向边远贫困地区、边疆民族地区、革命老区和基层一线流动，努力形成人人渴望成才、人人努力成才、人人皆可成才、人人尽展其才的良好局面，让各类人才的创造活力竞相迸发、聪明才智充分涌流。

资料来源：决胜全面建成小康社会 夺取新时代中国特色社会主义伟大胜利——在中国共产党第十九次全国代表大会上的报告.

🔍 案例评述

在中国共产党第十九次全国代表大会的报告中，首次提出了人力资本服务的概念，并明确指出其在国家社会经济发展中作为新的增长引擎和动力的关键地位。这种表述凸显了中国对人力资本服务重要性的深度理解和重视，突出了在新时代背景下人力资本对促进经济创新和增长的核心作用，以及人力资本服务将成为产业经济高质量发展的崭新动能。发展是第一要务，创新是第一动力，人才是第一资源！这一论点不仅代表了中国在人力资本服务领域的重要理论突破，而且是基于对新时代中国社会主要矛盾和经济发展本质的深刻洞察所引发的重大产业革新。在经济高质量发展的过程中，人力资本和人才资源的优化配置与有效利用显得尤为重要。人力资本服务业是实施人才强国战略和就业优先战略的重要载体，通过强化人力资本的培养、使用和保护，可以更有效地推动就业社会化、充分利用我国的人力资源优势，进而促进社会全面进步和经济可持续发展，这是中国经济转型升级和实现社会长远发展目标的关键。

一、从人力资源到人力资本：解析经济价值与社会属性的转化

1. 人口与人口资源

人口是指生活在一定时期、一定地域内的人的总称。人口具有量和质的规定性：人口的量的规定性是指人口的数量，包括人数的多少、增长的

速度等；人口的质的规定性是指人口总体的身体素质、科学文化素质和思想道德素质。[1]人口是社会进行物质资料生产不可缺少的基本条件，也存在着开发和利用问题，因此也是一种资源。[2]

人口资源可被定义为，在特定时空条件下，具备一定质量和数量的人口总体，这不仅涵盖了具有实际和潜在劳动能力的个体，还包括那些没有或已失去劳动能力的纯消费人群。从本质上讲，人口资源是指在一定时间和空间内，既具有数量又具有质量的生命个体的集合。

从定义来看，人口与人口资源虽然是两个不同的概念，但实际上它们之间并没有明显的区别。唯一的区别在于，当我们谈论"资源"时，这通常意味着它具有某种经济价值。人口资源的本质在很多方面与自然资源相似，它们都是自然界的一部分，但人口资源具有其独特的价值和特性。就像山上有树木一样，人类也只是自然界中的一种资源。任何一种树木，在不同的生长阶段具有不同的价值；不同种类的树木的价值也各不相同。人口资源同样如此，不同年龄段的人们因其知识、技能、经验和创造力的差异而具有不同的价值；不同背景和特长的人在社会和经济活动中扮演着不同的角色，因此也会产生不同的价值。因此，人口资源更接近于自然资源，它隐含着自然属性。对人口资源的管理和开发需要考虑其自然属性以及与之相关的社会、文化和经济因素，以实现其潜在价值的最大化。

2. 劳动力与劳动力资源

劳动力，又称劳动能力，最初由马克思（Karl Marx）定义，指的是人体内存在的用于生产各类使用价值时所动用的体力与智力的集合。[3]简而言之，它是指人在工作过程中所表现的身体与智力劳动的综合。在现代劳动经济学体系中，劳动力又特指在一定的年龄范围内，具有劳动能力和劳动

1 王益英. 中华法学大辞典：劳动法学卷 [M]. 北京：中国检察出版社，1997.

2 李馨生，蒋宝德. 人类学词典 [M]. 北京：华艺出版社，1991.

3 马克思，恩格斯. 马克思恩格斯全集：第二十三卷 [M]. 北京：人民出版社，1972.

要求，愿意参加付酬的市场性劳动的全部人口。[1]在这个意义上，劳动力和劳动力资源就无差别了。

劳动力资源，又称劳动资源，是指一个国家或地区，在一定时期内拥有的适合劳动年龄、具有劳动能力的人口总和。[2]由于不同国家或地区对于"适合劳动年龄"的界定不同，所以可以换一种说法，即劳动力资源是指在人口中已达到法定劳动年龄、具备实际劳动能力并积极参与社会就业的个体集合。[3]

需要注意的是，劳动力资源具有同质性。从最基本的经济角度来看，每个劳动者都能提供一定量的劳动，这种劳动可以用于各种不同的生产和服务活动。换句话说，劳动力资源的同质性体现在其作为劳动提供者的基本功能——无论是体力劳动还是脑力劳动，它们都是对社会经济活动的基本贡献。

3. 人力资源

1954年，德鲁克（Peter Drucker）在其著作《管理的实践》中首次引入了"人力资源"这一术语。他指出："人力资源有一种其他资源所没有的特性，具有协调、整合、判断和想象的能力。作为一种资源，人力能为企业所'使用'，然而，作为个体的'人'，只有他们自己才能充分发挥自身潜力和专长。这正是人力资源与其他资源之间最显著的区别。"[4]

杰克逊（Susan E. Jackson）与舒勒（Randall Schuler）在其著作《管理人力资源：合作伙伴的责任、定位与分工》中进一步明确了人力资源的定义，即组织中能够助力实现使命、愿景、策略及目标的员工所具有的可用

1　曾湘泉 . 劳动经济学 [M]. 上海 : 复旦大学出版社，2003.

2　王益英 . 中华法学大辞典 : 劳动法学卷 [M]. 北京 : 中国检察出版社，1997.

3　马克思，恩格斯 . 马克思恩格斯全集 : 第二十三卷 [M]. 北京 : 人民出版社，1972.

4　德鲁克 . 管理的实践 [M]. 齐若兰，译 . 北京 : 机械工业出版社，2009.

技能与才能。[1]

马西斯（Robert L. Mathis）和杰克逊（John H. Jackson）在《人力资源管理精要》中指出："从组织发展的角度看，人力资源是竞争优势的基石，其核心体现在个体为组织成功而努力并作出贡献。"[2]

有学者则从能力的角度出发来理解人力资源，指出："人力资源就是指人所具有的对价值创造有所贡献，并且能够被组织所利用的体力和脑力的总和。"[3]

需要注意的是，与同质的劳动力资源不同，人力资源具有异质性。人力资源更加重视每个个体的独特能力、技能、知识、经验和创造力。这种异质性意味着不同的人力资源可以在不同情境下，依据其独特能力和技能，提供不同的价值。同时，人力资源具有主体能动性。这表现在每个个体不只被动接受工作指派，还能主动参与到工作和创造过程中。每个个体都有思考、判断、解决问题的能力，并能在工作中展现创造性。这种主体能动性使人力资源不仅是执行任务的工具，也是策划、创新和提高工作效率的关键因素。因此，在管理人力资源时，应重视激发个体的潜力和创造性，而不仅是作为劳动力的一种配置和利用。

4. 人力资本

舒尔茨（Theodore W. Schultz）在1960年美国经济学年会上发表了题为"论人力资本投资"的演说，首次深刻地论述了人力资本理论。他指出："人力资本存在于人的身上，表现为知识、技能、体力（健康状况）价值的综合，一个国家的人力资本可以通过劳动者的数量、质量以及劳动时间

1　杰克逊，舒勒.管理人力资源：合作伙伴的责任、定位与分工 [M].欧阳袖，张海容，译.北京：中信出版社，2006.

2　马西斯，杰克逊.人力资源管理精要 [M].魏青江，译.北京：中国人民大学出版社，2007.

3　董克用，李超平.人力资源管理概论 [M].北京：中国人民大学出版社，2011.

来度量。"[1]

贝克尔（Gary Becker）则认为："人力资本是指能够在劳动力市场获得物质或精神收入的能力，包括先天禀赋和后天获取所得。"[2]

1998年，经济合作与发展组织（Organization for Economic Cooperation and Development，OECD）将人力资本定义为个体的属性，其形式包括知识、技能和能力。如果将人力资本概念拆开来看，"人力"表达了劳动者的个体属性，只有劳动者身上才具有，而"资本"表达了需要通过投资的方式进行积累，这种资本在个体上的表现为知识技能与能力。

从资源到资本的过程，就是从自然到社会的过程。我们之前讨论的人口资源、劳动力资源、人力资源等，都具有自然属性。这些资源在未经任何形式的发展和培养时，可视为一种原始的劳动潜能状态。在这种状态下，资源通常只能提供基本的、未经加工的劳动力，其价值和效率相对较低。然而，人力资本具有社会属性，它不是自然形成的，而是通过教育、培训等投资塑造出来的。我们需要投入时间和精力，以使人力资源转化为具有更高经济价值和社会价值的人力资本。由于资本的形成需要投资，因此在讨论人力资本时，我们自然会考虑其回报。未来人力资本服务要解决的核心问题是如何平衡投入与产出，确保每一份投入都能带来最大的经济和社会效益。正如一棵树苗需要肥沃的土壤和充足的水分才能成长为参天大树，一个人从出生起也需要大量的投资，才能成长为具备知识、技能和体力的个体。这些投资的回报可能体现在个人获得更好的职业机会、更高的收入和更满意的工作生活，以及对个人、社会和经济做出更大的贡献上。

5. 人才

王通讯是我国最早的人才学家。他在《人才学通论》中对人才作出的

1　舒尔茨.论人力资本投资 [M].吴珠华，等译.北京：北京经济学院出版社，1990.

2　贝克尔.人力资本 [M].陈耿宣，译.北京：机械工业出版社，2016.

定义是："人才是指为社会发展和人类进步进行了创造性劳动，在某一领域、某一行业，或某一工作上作出较大贡献的人。"[1]

在2010年发布的《国家中长期人才发展规划纲要（2010—2020年）》中，中共中央、国务院明确了人才的定义："人才是指具有一定的专业知识或专门技能，进行创造性劳动并对社会作出贡献的人，是人力资源中能力和素质较高的劳动者。人才是我国经济社会发展的第一资源。"

人才是指那些人力资本存量较高，或者具有特殊性的人力资本的人。人力资本存量较高的人才通常指的是在教育、经验和技能上投入了大量资源，并且能够高效地运用这些资源来创造社会价值的个体。他们在自己的专业领域拥有深厚的知识基础和实践能力，能够在面对复杂问题时提出创新的解决方案。而那些具有特殊性的人力资本，则是指在艺术、科学、体育等特定领域拥有独特才能或技能的个体，他们可能在这些领域展现出卓越的才能，并对社会发展产生显著的影响。

6. 创业人才

创业人才被定义为具有创新能力和精神的个体，他们能够创造性地运用所学知识，积极参与社会创业活动。通过不懈的探索和开拓，他们以创新劳动为社会和人类的发展作出贡献。这一概念在市场经济和知识经济的环境中形成，凸显了创业人才在现代社会中的重要性。

我们这里所指的创业人才，应该被称为主动型或机会型的创业人才。主动型创业人才指的是那些怀有"从0到1"的创业理想，而不是因为生活压力而被迫创业的人。机会型创业人才则更侧重于"从1到N"的市场拓展和价值实现，体现了一种基于市场机遇的积极灵活的创业精神。我们经常提到的另一个概念是"双创人才"，即创新创业人才。创新创业人才的核心在于，他们不仅拥有新颖的想法和创新思维，更重要的是，他们具备

1　王通讯. 人才学通论 [M]. 天津：天津人民出版社，1985.

将这些创新思想转化为实际产品或服务，并成功推向市场的能力。本书认为，人才这一概念本身就包含了创新的含义，创业人才是指那些能够将创新概念转化为能给社会带来实际价值的产品和服务的人，他们是创新与实践相结合的典范，是现代社会推动经济和社会发展的重要力量。

7. 人力资本相关概念关系

如果将上述相关概念放到一起对比，其范围相对关系如图1-1所示。

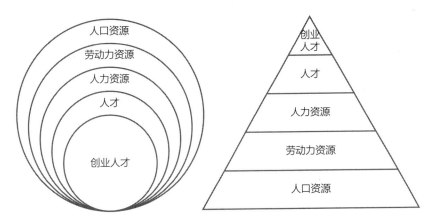

图1-1　创业人才、人才、人力资源、劳动力资源、人口资源之间的关系

从属性与价值两个视角来比较人力资本相关概念之间的关系，则如图1-2所示。

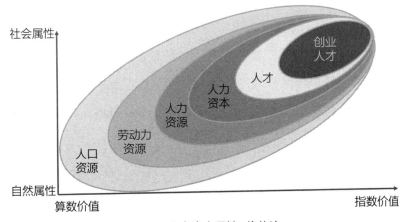

图1-2　人力资本属性–价值论

从图1-2可以看出，从人口资源到创业人才，自然属性逐渐减弱，社会属性逐渐增强。从人口资源到创业人才，算数价值逐渐减弱，指数价值逐渐增强。

（1）人力资源（人口、劳动力）的属性。

- 自然属性。人力资源像煤炭、石油等自然资源，自然属性很强。
- 组织属性。从组织的角度来看，人力资源是组织的所有物。这种组织属性，与工业社会条件下所形成的资本和劳动之间的关系——资本雇佣劳动——紧密联系在一起。

（2）人力资本（人才、创业人才）的属性。

- 投资属性。人力资本只有投资才能形成，或者说先天禀赋需要通过投资才能继续发挥作用。
- 主体属性。人力资本只属于人力资本的所有者即个人，而不是组织。这种主体属性，与新的资本和劳动之间的关系——资本与劳动合作——紧密联系在一起。

二、超越人力资源：探索人力资本服务的全生命周期

1. 服务

服务是履行职务，为大家做事。服务是指为他人提供方便和帮助，[1]是一种使他人从中受益的有偿或无偿的活动。[2]随着服务业的发展，服务又称劳务，即劳动者主要不以实物形式而以劳动形式向社会提供非物质形态的特殊使用价值或提供某种效用的活动。[3]

美国市场营销协会（American Marketing Association，AMA）在1960年首次定义服务为出售或与产品一起出售的活动、利益或满足感。1974

1　张清源 . 现代汉语常用词词典 [M]. 成都 : 四川人民出版社，1992.

2　罗竹凤 . 汉语大词典 [M]. 上海 : 汉语大词典出版社，1993.

3　许征帆 . 马克思主义词典 [M]. 长春 : 吉林大学出版社，1987.

年，斯坦通（William J. Stanton）指出，服务是向顾客或工业用户提供的特定无形活动，与其他产品或服务销售并无必然联系。莱特南（Uolevi Lehtinen）则将服务定义为，通过与中介人或机器设备的互动，为消费者提供满足的一系列活动。1990年，格鲁诺斯（Christian Grönroos）提出了更详细的定义，认为服务是在顾客与服务人员、有形资源或服务系统之间进行的无形行为，旨在解决顾客的问题。当代市场营销学泰斗科特勒（Philip Kotler）认为，服务是一方提供给另一方的无形活动或利益，不涉及所有权的转移，且其生产可以与实际产品相关或无关。[1]

总体来说，服务是社会成员之间的一种互动活动，这种活动可以是直接的，也可以是间接的，在当代经济社会中，主要是指经济性劳务服务。[2]

2. 人力资源服务

（1）人力资源服务的职责是什么？

2014年国务院发布的《关于加快发展生产性服务业促进产业结构调整升级的指导意见》中提出："以产业引导、政策扶持和环境营造为重点，推进人力资源服务创新，大力开发能满足不同层次、不同群体需求的各类人力资源服务产品。提高人力资源服务水平，促进人力资源服务供求对接，引导各类企业通过专业化的人力资源服务提升人力资源管理开发和使用水平，提升劳动者素质和人力资源配置效率。加快形成一批具有国际竞争力的综合型、专业型人力资源服务机构。统筹利用高等院校、科研院所、职业院校、社会培训机构和企业等各种培训资源，强化生产性服务业所需的创新型、应用型、复合型、技术技能型人才开发培训。"

从此次指导意见中可以看出，人力资源服务承担着两项任务。第一，为人力资源的甲方提供服务，即"引导各类企业通过专业化的人力资源服

1　杜向荣. 服务营销理论与实务 [M]. 北京：清华大学出版社，2009.

2　张润彤，朱晓敏. 服务科学概论 [M]. 北京：电子工业出版社，2014.

务提升人力资源管理、开发和使用水平"，以优化其整体业务运营并提升竞争力。有时，即便人力资源乙方的工作不尽如人意，只要这些不足不直接影响企业的核心竞争力，仍可为甲方提供服务。这种选择可能基于成本效益的考量。例如，如果乙方提供的服务价格较低，企业可能会接受一定程度的服务质量折扣，特别是在那些不影响关键业务流程的领域。例如，在非核心职位的招聘服务上，即便不是最理想的，只要能满足基本需求，低成本的服务也可能是一个合理的选择。第二，为个体提供服务，即通过人力资本投资、帮助个体寻找工作等手段来"提升劳动者素质和人力资源配置效率"。这种服务的核心目标是通过人力资本投资来提高劳动者的职业素质和技能水平，以适应不断变化的工作需求。此外，还包括协助个体在职场上找到合适的工作，这不仅有利于个体的职业发展，也能提升整体劳动力市场的效率。在当前动态和竞争激烈的就业市场中，这种服务的提供显得尤为重要。

（2）人力资源服务业涵盖哪些内容？

在2014年，人力资源和社会保障部、国家发展改革委、财政部联合下发《关于加快发展人力资源服务业的意见》，这是对我国人力资源服务业发展的首次全方位规划，明确了："人力资源服务业……主要包括人力资源招聘、职业指导、人力资源和社会保障事务代理、人力资源培训、人才测评、劳务派遣、高级人才寻访、人力资源外包、人力资源管理咨询、人力资源信息软件服务等多种业务形态。"

人力资源服务业已经不仅局限于传统的劳务派遣或职业咨询，新的业务模式正在迅速涌现。这些服务正在与互联网、金融等其他行业进行跨领域的融合，并持续推出创新的服务产品。具体来说，人力资源招聘和高级人才寻访旨在帮助企业找到合适的员工，无论是基层岗位还是高层次的专业人才。职业指导和人力资源培训为求职者和在职人员提供了职业规划和技能提升的机会。人力资源和社会保障事务代理以及劳务派遣服务通过代理企业办理各类事务，提供灵活用工方式，以满足企业的多样化需求。人才测评和人力资源管理咨询利用专业评估方法来优化企业的人力资源管理体系。人力资源外包和信息软件服务则通过外包和信息化手段，提升企业人力资源管理的效率和专业化水平。总体来说，人力资源服务业作为生产服务行业的关键部分，主要聚焦于人力资源的高效利用和优化配置，旨在提升劳动效率。这一领域提供的多样化服务，不仅向企业提供了全方位、专业化的人力支持，也为个人职业发展提供了更广阔的机会，从而推动整个行业的飞跃式发展。

3. 人力资本服务

（1）重温十九大报告。

在十九大报告中，明确了建设现代化经济体系需要贯彻新发展理念，以实体经济作为着力点。报告中指出："加快建设制造强国，加快发展先进制造业，推动互联网、大数据、人工智能和实体经济深度融合，在中高端消费、创新引领、绿色低碳、共享经济、现代供应链、人力资本服务等领域培育新增长点、形成新动能。"

（2）从人力资源服务到人力资本服务。

从人力资源服务到人力资本服务，存在三大假设：经济性假设、管理性假设和社会性假设。

经济性假设 它指的是，在联合事业中，不同类型的资本持有者会将他们的人力资本与非人力资本结合起来投入。更直白地说，就是将资本雇佣劳动模式转变为资本与劳动的合作关系。在传统观念中，资本和劳动通常被视为一种雇佣与被雇佣的关系，其中资本拥有者掌握资源和决策权，而劳动者则被动地提供劳动力。然而，经济性假设改变了这种观点，它认为劳动者不仅是劳动力的提供者，也是人力资本的持有者，他们通过自身的知识、技能、经验和创造力为企业创造价值。例如，在一家技术驱动型企业中，员工的技术专长、创新思维和解决问题的能力与企业提供的资金、设备和市场渠道相结合，共同推动企业的研发创新和市场扩张。在这种模式下，资本与劳动的关系不再是单向的依赖，而是相互促进、共同成长的合作伙伴关系。通过这种合作，企业能够更有效地利用资源，提高生产效率和市场竞争力。

管理性假设 由于人力资本与其所有者不可分离，因此人力资本主要以员工的形式存在于企业之中。从员工形态这个角度来看，人力资本服务与人力资源服务在本质上并没有太大区别。然而，随着科技的进步，这种形态正在发生变化。以2006年成立的好大夫在线为例，截至2018年底，该医疗平台已经汇集了全国9379家正规医院中58万名医生的资料。在这些医生中，有20万名进行了实名认证，并在平台上活跃，他们为患者提供了医疗咨询、预约服务、疾病管理及科普教育等多项服务。其中，来自三甲医院的医生占到了78%。[1]

根据这种发展趋势，可以预见，如果政府对医院和医生的管理政策放宽，医疗行业可能会从传统的"医院雇佣医生"模式转变为"医生雇佣医院"。过去，由于政策限制和私人开办诊所的高成本，"医院雇佣医生"是唯一可行的模式。但现在，随着医生能够通过网络接收医疗订单，并通过租用医院的设备和场地来完成对患者的诊疗，"医生雇佣医院"的模式变得可能。

社会性假设 该假设强调，人力资本的持有者不仅追求资本收益，更重视在工作和生活之间寻求平衡。随着社会的发展和个人需求的多样化，人们追求的高质量生活状态涵盖了物质和精神两个层面的满足。在人力资本服务阶段，劳动者拥有更多自由度，他们不仅是经济活动的参与者，也是追求个人幸福和全面发展的主体；他们不仅关注工作带来的经济收益，更倾向于考虑工作与生活的平衡与协调。

1　资料来源：好大夫在线.

例如，一位IT行业的工程师可能不仅关注薪资水平和职业发展，还会关心工作是否能提供足够的时间和空间来陪伴家人、探索个人兴趣等。在这种背景下，企业不仅要提供有竞争力的薪酬，还需要构建一个支持员工个人成长和生活品质提升的工作环境。例如，通过提供弹性工作时间、远程工作选项、丰富的员工福利和职业发展机会等，帮助员工实现工作与生活的和谐融合。

（3）人力资本供给者视角。

从人力资本供给者的视角来看，人力资本服务是贯穿全生命周期的。

中国有句古话："三岁看大，七岁看老。"这强调了早期培养的重要性。孩子早期形成的稳定情绪特征，将促进其后期的探索能力和旺盛的学习精力。[1]例如，如果在12岁之前学习外语，可以避免日后出现口音问题。[2]同样，智商得分通常在10岁左右趋于稳定，之后不再有显著变化，这表明10岁之前是智商形成的关键时期。[3]

过去的人力资源服务通常在个体需要工作时提供帮助，如毕业求职或职业转换。这种服务虽在特定时间点为个体提供了必要的支持，但往往未深入到个体能力和技能发展层面。现代的人力资本服务则覆盖了全生命周期。中国谚语和国外研究成果均指出，某些技能在特定时期内形成，而其他技能在生命某一阶段更易获得。只能在特定时期形成的技能称为"关键期"技能；在某些时期更易形成的，称为"敏感期"。[4]

1　Duncan，G. J. et al. School Readiness and Later Achievement[J]. Developmental Psychology，2007，43（6）:1428-1446.

2　Newport，E. L. Maturational constraints on language learning[J]. Cognitive Science，1990，14（1）：11-28.

3　Hopkins，K. D.，Brach. G. H. Ten-year Stability of Verbal and Nonverbal IQ Scores[J]. American Educational Research Journal，1975，12（4）：469-477.

4　李晓曼，曾湘泉. 新人力资本理论——基于能力的人力资本理论研究动态 [J]. 经济学动态，2012，（11）：120-126.

因此，人力资本服务从个体早期成长开始，持续提供不同阶段的服务。例如，在个体的早期教育阶段，服务可能包括发展基础学习技能和社交能力。随着个体进入职业生涯，服务可能转向技能升级、终身学习和职业规划。在职业生涯的高级阶段，重点可能是领导力发展和战略思维能力的培养。这样的服务不仅帮助个体在特定时期找到工作，更注重持续提升个体的综合能力，以适应不断变化的工作环境和职业挑战。

（4）人力资本需求者视角。

从人力资本需求者的视角来看，人力资本服务是通过全价值流程进行的。

流程 人力资本服务包括信息的收集、分析、获取、配置、开发、金融支持、关系维护等。虽然在流程层面上，人力资本服务与传统人力资源服务相似，但人力资本服务更注重整个流程的综合性和持续性，以及对个体职业发展的全面支持。人力资本信息的收集与分析涵盖市场趋势研究、职业技能需求预测和个体能力评估。人力资本的获取与配置不仅包括传统人才招聘和配置，还涉及更广泛的人才市场分析和战略人力资源规划。人力资本开发环节专注于个体技能和能力提升。金融服务环节提供资金支持和风险管理。在人际关系维护方面，人力资本服务帮助个体建立和维护专业网络，以促进职业发展和机会获取。

产品 包括数据、信息、知识、人力资源、解决方案等。产品层面上，人力资本服务提供比人力资源服务更丰富和多样的产品。数据服务包括人力资本相关数据的收集、分析与应用，如劳动力市场数据、薪酬调研数据等。信息服务专注于提供实时的职场信息、行业动态和职业发展指导，帮助个体和组织更好地理解市场变化，作出明智的职业决策。知识服务侧重于传授专业知识和技能，涵盖在线课程、研讨会、培训工作坊等形式。人力资源产品则为企业提供人才招聘、人才测评、员工绩效管理等服务，助力企业在人才管理上实现高效率和系统化。解决方案作为人力资本服务中最综合和高端的产品，包括人才战略规划、组织结构优化、员工激励计划等，通常根据特定企业或行业的需求进行定制化开发，目的是提供全面深入的人力资本管理策略。

形式　人力资本服务采用全计量单位服务，如按分钟计时的专家租赁服务。形式层面上，人力资本服务与人力资源服务的区别尤为显著。随着数字经济和技术的快速发展，工作的计量单位变得更加灵活和细化，为人力资本服务带来了新形态和机会。例如，海南农民一年可收获三次稻谷，其工作单位是四个月；多数企业按月支付工资，员工的工作单位是一个月；滴滴司机的每次行程时间不一，其工作单位是单次行程；科锐国际的专家租赁服务以五分钟计价，专家的工作单位是五分钟。预计未来工作计量单位将变得更小，人力资本服务的计量单位也将随之细化。人力资本服务在形式上的创新和灵活性，不仅为个体提供了多样化的工作和发展机会，也为企业提供了更高效和定制化的人力资源管理解决方案。这种灵活性和多样性是传统人力资源服务难以比拟的，显示了人力资本服务在适应数字化时代的先进性和进步性。

三、人力资本时代：产业变革与服务创新

1. 行业或产业

通常我们所说的产业，指的是第一产业、第二产业和第三产业；而行业则是指在产业之下更为细分的概念。一般而言，我们会将"产业"或"行业"简称为"业"，如人力资源服务业、金融服务业等。

产业经济学将产业定义为具有共同特性的一系列相互关联的经济活动集合或系统，广义上还包括其宏观管理部门。从需求侧来看，产业可以被理解为提供相同或具有竞争和替代性关系的产品或服务的领域。例如，人力资源服务业提供的是与个体的生理、心理和能力相关的各类产品和服务。从供给侧来分析，产业则是指采用相似的生产技术、过程或工艺进行物质生产或服务提供的活动。这一定义源自工业经济时代，那时产业的界

限较为清晰，因此定义也相对具体。

在当今时代，跨界和融合使得以无数种方法生产同一种产品成为可能。正如施瓦布（Klaus Schwab）在《第四次工业革命》中所指出的那样，在现代社会体系中，打败某一公司的竞争对手和该公司根本不在同一个竞争圈子里。[1] 例如，传统的银行业与新兴的互联网金融公司之间，银行注重降低每个流程的成本并极力避免风险，而互联网金融公司则愿意向中小企业提供贷款，并与支付体系建立联系，这使得网上支付在很大程度上取代了现金支付。未来我们可能会看到银行被网络公司所击败。因此，从供给角度给出的"产业"定义需要进一步拓展。

2003年，国家统计局发布了《三次产业划分规定》，明确将产业划分为三大类。第一产业包括农业、林业、畜牧业和水产业等，主要依赖自然资源直接生产食品和生物原料。第二产业主要是加工业，它将第一产业的产品和自然资源转化为更高附加值的商品。第三产业则包括除农业和制造业外的所有行业，涵盖交通、通信、商业、餐饮、金融、教育及公共服务等，主要提供非实物形式的产品和服务。

随着服务业的快速增长，国务院发布了《关于加快发展服务业的若干意见》，并转发了国家统计局发布的《关于加强和完善服务业统计工作的意见》。但由于对服务业的统计口径和范围存在差异，这阻碍了统一的统计和核算。因此，国家统计局在2012年对《三次产业划分规定》进行了修订，其中一项重要调整是明确将第三产业定义为服务业。从这些概念来看，我们可以将人力资源服务业视为第三产业下细分的一个行业。

2. 人力资源服务业

2007年，国务院发布了《关于加快发展服务业的若干意见》（以下简称《意见》），标志着我国首次从政府层面提出"人力资源（人才）

1　施瓦布. 第四次工业革命 [M]. 李菁，译. 北京：中信出版社，2016.

服务业"这一概念。但这并不代表我国的人力资源服务活动始于2007年，实际上，实践往往先于理论。《意见》中指出："发展人才服务业，完善人才资源配置体系，为加快发展服务业提供人才保障。……扶持一批具有国际竞争力的人才服务机构。鼓励各类就业服务机构发展，完善就业服务网络，加强农村剩余劳动力转移、城市下岗职工再就业、高校毕业生就业等服务体系建设，为加快服务业发展提供高素质的劳动力队伍"。这段话包含两个重要含义：首先，人才服务业的核心作用是为服务业发展提供人才保障，即通过发展人才服务业来促进服务业的加速发展；其次，人才服务业是服务业的一个组成部分，因此，发展服务业自然也包括发展人才服务业。

《关于加快发展人力资源服务业的意见》对"人力资源服务业"进行了定义，并通过列举方式详细说明了其业务形态，同时也全面提出了发展该行业的政策。该意见明确指出："人力资源服务业是为劳动者就业和职业发展，为用人单位管理和开发人力资源提供相关服务的专门行业，主要包括人力资源招聘、职业指导、人力资源和社会保障事务代理、人力资源培训、人才测评、劳务派遣、高级人才寻访、人力资源外包、人力资源管理咨询、人力资源信息软件服务等多种业务形态。"以人力资源培训为例，2008年《中华人民共和国劳动合同法》的实施，引发了一波企业劳动合同法培训的热潮。此类培训帮助企业了解国家相关人力资源管理法规，掌握防范用工风险和解决劳动争议的技能。2019年《中华人民共和国个人所得税法》的出台，又催生了"薪税师"这一新职业。薪税师能够帮助企业处理薪资核算与发放，并协助个人计算和申报个人所得税等问题。

2014年，国务院发布了《关于加快发展生产性服务业促进产业结构调整升级的指导意见》，突出了人力资源服务和品牌建设："加快形成一批具有国际竞争力的综合型、专业型人力资源服务机构。统筹利用高等院校、科研院所、职业院校、社会培训机构和企业等各种培训资源，强化生产性服务业所需的创新型、应用型、复合型、技术技能型人才开发培训。"其中，"具有国际竞争力的综合型和专业型人力资源服务机构"是人力资源服务业的主体，而"高等院校、科研院所、职业学校、社会培训机构和企业"等则是培训子行业的主要参与者。

本书选取了上述三项政策性文件来阐释"人力资源服务业"这一概念。然而，目前普遍所指的人力资源服务业，通常是指为正在求职或工作中遇到问题的个人提供服务。这一狭义的理解忽视了个体当前能力与其过去经历（如大学或高中教育）之间的密切联系。基于这种长远视角，"人力资本服务"的概念应运而生。

3. 人力资本服务领域

（1）重温十九大报告。

在十九大报告中，党的最高级别文件首次提出了人力资本服务的概念，并明确指出其在国家及社会经济发展中作为新的增长点和动力的重要角色："推动互联网、大数据、人工智能和实体经济深度融合，在中高端消费、创新引领、绿色低碳、共享经济、现代供应链、人力资本服务等领域培育新增长点、形成新动能。"

（2）行业与领域的区分。

我们有必要区分行业与领域的概念。领域是跨行业的，不仅包括人力资源服务业，也涵盖了其他行业中涉及人力资本服务的部分，如银行业中的薪酬发放服务。以银行为企业员工代发工资为例，这项业务到底属于金融服务还是人力资本服务呢？从行业分类的角度来看，银行代发工资似乎应归属于银行业、金融业和现代服务业；但从银行内部业务的分类来看，这项业务显然属于人力资本服务的范畴。此外，还有类似的例子，如薪税师。薪税师帮助个人处理个税的计算与申报问题，因此可以被归类为税务业；同时，由于薪税师处理的是与劳动所得相关的税务问题，也就是与个体的工资、薪金和劳务报酬相关的税务问题，因此，他们同样可以被归类为人力资本服务业。

4. 人力资源（资本）产业

简而言之，人力资源（资本）产业指的是提供人力资源产品或服务的企业集合。需要指出的是，广义的产业可能涵盖宏观管理部门，而在产业或行业分类中，这些宏观管理部门可能会被单独归类。

（1）纵向最广义的人力资源（资本）产业。

从纵向来看，最广义的人力资源（资本）产业不仅包括制造业，还涵盖服务业，如用于考勤的打卡钟、指纹与面部识别设备以及HR软件产品等。以生产考勤钟的公司为例，它究竟属于人力资源产业还是制造业？显然，由于该公司主要制造产品，因此属于制造业；但由于它专门生产考勤钟这一特定产品，我们也可以将其称为人力资源制造业的一部分。

（2）横向最广义的人力资本服务领域。

从横向来看，最广义的人力资本服务领域指的是跨行业的人力资本服务部分，如银行的薪酬发放等人力资本金融服务。以银行代发工资业务为例，我们可以观察到人力资本金融的一部分运作过程。银行每月将工资代发至员工的银行卡，并提供活期利息。同时，银行根据以往数据估算并预留员工可能需要提取的金额，剩余金额则可以投资到定期贷款中。通过支出的活期利息与收入的定期收益之间的差额，银行能够获得利润。另外，银行提供的助学贷款实际上是一种人力资本投资。如果银行到期收取固定金额，那么助学贷款就是一种债券型投资；如果银行与贷款人约定，毕业后按照一定期限内工资的一定比例偿还贷款，那么助学贷款则成为一种股权型投资。

（3）广义的人力资本服务业。

资本和资源之间存在两个主要区别：首先，资本需要投资，只有通过投资才能产生回报；其次，资本追求回报，而资源则没有这种要求。共享经济有助于我们理解资本与资源的区别。其核心在于利用剩余产能创造新价值。如果汽车是你的财产和资源，拥有它仅是一种消费行为；但当你将汽车投入共享经济，转变为可提供运输服务的资本时，你便期望获得回报。因此，共享经济的核心功能之一是将个人资源转化为资本，这不仅为个体带来收益，还减少了传统工业消费主义导致的资源浪费，并有助于缓解环境污染。

广义的人力资本服务业既包括生活性服务业，也包括生产性服务业，如养老服务、医疗和教育等。以往提到的人力资源服务业是一个狭义的概念，现在需要扩展这一概念。例如，根据现行的定义，高等教育提供的服务并不属于人力资源服务业。但是，高校提供的服务既能提升生活品质，又有助于准备职业技能。由于这些服务涉及职业技能的培养，它们应当被视为人力资源服务业的一部分。再者，接受高等教育既需要投资也期望获得回报，因此，更恰当的称呼应该是人力资本服务业。

（4）狭义的人力资源服务业。

狭义的人力资源服务业，即生产性服务业，包括招聘和咨询等服务。这些服务专注于直接支持企业的人力资源管理和运营，通过提供专业化的解决方案，帮助企业更有效地管理人力资本，以提升企业的业务表现和竞争力。例如，招聘服务帮助企业识别、吸引、评估并招募合适的人才，服务内容不仅包括传统的职位发布和面试安排，还涵盖现代的人才搜索和筛选技术。咨询服务则提供专业意见和策略，帮助企业解决人力资源管理中的复杂问题，如组织结构设计、绩效管理体系建设、薪酬和福利规划等。

四、我们为什么需要人力资本服务

1. 融合发展的趋势

（1）生产性与生活性的融合。

在招聘过程中，个体的能力、体力和健康状况通常是既定的条件，企业只能在这些条件下选择最合适的应聘者。但是，如果我们能够将视野前移，从个体早期阶段就开始提供适当的服务，培养更多优秀人才，那么他们在能力和体力等各方面都有可能得到提升。这显然对个人、企业、社会乃至整个国家都是有益的。因此，将狭义的生产性服务业扩展到生活性领域变得尤为重要。

以教育为例，在1960年之前，教育通常被视为一种消费行为。然而，自1960年起，舒尔茨开始将教育看作对人力资本的投资。如今，教育的经济性被过度强调，许多人更关注其经济价值。本书提倡的人力资本消费观认为，个体接受教育、获取知识本身就是一种生活方式。如果个体只关注教育带来的经济价值，那么教育所能提供的精神满足和享受就会被忽略。

（2）工作与生活的融合。

在传统观念中，工作和生活被视为截然不同的领域，工作时间与私人时间是明确分开的。然而，随着数字技术的发展，尤其是移动互联网的普及，人们可以随时随地进行工作和学习。例如，通过微信，员工不仅可以处理工作相关的沟通和文件共享，还可以进行学习交流和休闲娱乐，这使得工作、学习和生活的界限变得模糊。这种融合提高了灵活性和效率，其初衷是帮助人们更好地平衡工作和生活。但这种融合也带来了挑战。工作与个人生活界限的模糊可能导致工作压力的增加和生活质量的降低。因此，在工作与生活融合的过程中找到适当的平衡，已经成为现代人力资本服务领域的一个重要议题。

（3）经济与民生的融合。

2019年，在第十三届全国人民代表大会第二次会议上的《政府工作报告》中指出："2019年经济社会发展总体要求和政策取向。……要正确把握宏观政策取向，继续实施积极的财政政策和稳健的货币政策，实施就业优先政策，加强政策协调配合，确保经济运行在合理区间，促进经济社会持续健康发展。……就业优先政策要全面发力。就业是民生之本、财富之源。今年首次将就业优先政策置于宏观政策层面，旨在强化各方面重视就业、支持就业的导向。当前和今后一个时期，我国就业总量压力不减、结构性矛盾凸显，新的影响因素还在增加，必须把就业摆在更加突出位置。稳增长首要是为保就业。今年城镇新增就业要在实现预期目标的基础上，力争达到近几年的实际规模，既保障城镇劳动力就业，也为农业富余劳动力转移就业留出空间。只要就业稳、收入增，我们就更有底气。"这是我国首次在《政府工作报告》中将就业优先政策提升到宏观政策层面，超越了仅将其视为民生问题的范畴。这种政策调整体现了经济与民生关系的日益紧密和相互交织。就业问题不仅关系到个体的生活质量和社会稳定，也直接关系到经济增长和社会发展。

2. 关键问题：我们为什么需要人力资本服务

（1）成本有效性。

在质量相同的前提下，人力资本服务的成本更低，这是资源稀缺条件下理性行为的体现。目前，越来越多的企业开始主动寻求劳务派遣公司和人力资源咨询公司提供服务，主要是因为这些企业关注成本效益。例如，通过与劳务派遣公司和人力资源咨询公司合作，企业可以避免一些固定的人力资源成本，包括招聘和培训新员工的费用、长期薪酬和福利等。同时，这些服务还提供了灵活性，使企业能够根据市场需求和项目需求迅速调整人力资源配置，更有效地应对业务波动。人力资本服务的成本效益还表现在提高劳动生产率方面。通过提供专业培训、技能提升和职业发展规划等服务，人力资本服务有助于增强员工的专业技能和工作效率，从而提升企业整体的业务绩效。

（2）专业能力。

许多企业在特定业务领域，如复杂的人力资源管理、高级人才招聘、员工培训与发展等方面，可能缺乏必要的专业知识和经验。人力资本服务机构凭借其在这些领域的深入专业知识和理解，能够为企业提供重要的支持。例如，人力资本服务企业通常设有专业团队，他们不仅熟悉最新的人力资源管理趋势和法规，而且能够提供定制化的解决方案来应对企业面临的特定挑战。这些服务可能涵盖高效的招聘策略、建立员工绩效管理系统、领导力发展计划以及员工职业生涯规划等。此外，人力资本服务还能够帮助企业在快速变化的市场环境中保持敏捷。由于市场需求的不断变化和新技术的持续出现，企业需要定期更新员工的技能和知识。人力资本服务机构提供的培训和发展项目确保员工能够迅速适应这些变化，以维持企业的竞争力。人力资本服务的专业能力为企业提供了外部的专业支持，使其能够专注于核心业务，同时确保人力资源管理的高效性和前瞻性。

（3）同行学习。

当企业接触人力资本服务时，实际上是在深入了解整个行业的动态和趋势。这种学习不仅限于人力资源管理的最新实践，也包括行业内的先进策略和创新思维。例如，通过与人力资本服务机构合作，企业能够了解其他同行在招聘、员工培训、绩效管理等方面的成功案例和实践经验。这种信息共享为企业提供了宝贵的学习机会，使它们能够采纳和实施行业内最有效的策略和工具。此外，人力资本服务机构通常会组织行业会议、研讨会和培训活动，这些活动为企业提供了一个交流平台，使他们能够与行业领袖、专家和其他业界同仁交流意见、分享经验。这种交流不仅有助于企业吸收新知识，还能够拓宽视野，加强与行业内其他企业的联系。通过人力资本服务，企业不仅能够提升自身的人力资源管理能力，还能够通过同行学习积累行业知识，把握行业发展趋势，从而在竞争激烈的市场中保持优势。这种学习和分享最佳实践的过程，最终能够促进企业的持续成长和创新。

（4）灵活用工。

面对短期或项目性质的工作任务，传统员工招聘模式可能显得不够灵活和效率低下。人力资本服务在这种情况下提供了一种高效的解决方案，帮助企业快速适应市场需求的变化。通过人力资本服务，企业能够根据项目需求迅速获取所需人才，而无须长期承担额外的人力资源成本。例如，对于特定的市场研究项目或技术开发任务，企业可以迅速通过人力资本服务机构聘请专业的研究员或开发人员。这种灵活用工方式不仅可以确保项目的高效执行，还可以显著降低企业的人力资源管理成本。此外，灵活用工还使企业能够更好地应对市场的不确定性和波动。当经济或行业环境发生变化时，企业可以通过调整与人力资本服务机构的合作范围和规模，迅速适应新的市场需求。这种灵活性在当今快速变化的商业环境中至关重要，有助于企业在激烈的竞争中保持敏捷性和适应性。

（5）广告效应。

许多企业会在智联、51job等招聘门户上发布招聘信息。从另一个角度来看，这种行为实际上是一种广告宣传，其成本远低于传统商业广告。在这个过程中，企业不仅在寻找合适的人才，还在通过招聘广告向市场展示其企业文化、发展方向和行业地位。虽然这种方式较为间接，但它能够有效地增强企业的公共形象，并吸引更多潜在客户和合作伙伴的关注。然而，这种行为也存在一定的道德争议。例如，有些企业可能并不真正需要招聘人才，而只是为了提高知名度而发布招聘信息。虽然这种做法可能短期内提升企业的知名度，但从长远来看，它可能会对企业的信誉造成损害。

3. 实践与区分

随着人力资本理论的发展和实践的深入，人力资本服务领域正快速扩张并呈现多样化趋势。服务对象不仅限于个人，也包括各类组织和企业。生产性人力资本服务的内容也在不断丰富和专业化。例如，教育未来可能会被纳入生产性人力资本服务的范畴。虽然传统教育通常被视为消费行为，但现在它越来越多地被视为一种生产性投资。教育机构开始注重培养学生的实际工作技能和创新能力，不仅仅局限于传授理论知识。同时，教育服务也在向企业和组织扩展，提供定制化的培训和发展方案，以满足特定行业或企业的需求。

　　在本书中，我们主要使用人力资本服务和人力资源服务这两个概念，并根据使用习惯而不做严格区分。虽然前文用了很多篇幅来界定和厘清这些概念，但在实践中我们通常不会进行如此细致的区分。这反映了理论和实践之间的关系：理论上，理论和实践是一致的；而在实践中，理论和实践可能存在差异。

本章小结

　　本章从十九大报告出发，引申出与人力资本相关的概念群，并对相近概念进行了逐一对比和阐释。本章不仅从政策文件的角度梳理了人力资本的相关论述，而且从学术研究的视角探讨了人力资本的概念关系、从人力资源到人力资本服务的假设、不同视角下的人力资本服务等问题。随着工作与生活、生产性与生活性、经济与民生的融合，人力资本服务领域将持续扩展和壮大，其服务将覆盖个体和组织的整个生命周期。

关键术语

人的概念群：人口资源　劳动力资源　人力资源　人力资本　人才　创业人才

人的概念群+服务：人力资源服务　人力资本服务

人的概念群+业/领域：人力资源服务业　人力资本服务领域

思考题

1. 人力资源和人力资本的概念群包含了哪些概念？各有什么区别和不同？

2. 人力资源和人力资本各有什么属性？

3. 从人力资源到人力资本服务包含了哪些假设？

4. 我们为什么需要人力资本服务？

第二章

人力资本服务客户

💡 **课前预习**

▶ **本章学习要点：**

1. 掌握人力资本服务的客户

2. 理解不同客户的人力资本服务需求

3. 了解不同人力资本服务的具体内容

4. 了解人力资本服务的技术与方法

本章以一个政府招标的实例作为开篇，引入对人力资本服务客户群体的深入探讨。接下来的四节将分别介绍人力资本服务如何满足不同客户群体的需求，包括企事业单位、个人与家庭、政府以及行业机构。本章内容不仅涵盖了各类服务需求和服务内容，还展示了提供服务时所采用的创新技术和方法。案例和策略穿插其中，旨在揭示人力资本服务在不同领域中的关键作用，以及其如何帮助组织和个人有效提升竞争力。

● 引例：谁是人力资本服务的客户

关于扬州（邗江）人力资源服务产业园运营服务项目的招标公告

扬州市公共资源交易中心邗江分中心（简称"交易中心"）受扬州市邗江区人力资源和社会保障局（简称"人社局"，也称"采购人"）委托，就扬州（邗江）人力资源服务产业园运营服务项目进行公开招标。欢迎符合条件的供应商参与投标。

一、招标项目名称及编号

项目名称：关于扬州（邗江）人力资源服务产业园运营服务项目采购

项目编号：HJCG2018GKZB001

二、招标项目简要说明及采购预算

（一）项目简介：

人力资源服务产业园，是指在城市规划区内，经国家或地方政府批准设立的特定功能区，其目的是吸引人力资源服务企业，通过实施特别的优惠政策和管理策略，以促进人力资源服务业的发展。这些园区通过现代信息技术，如互联网创建的虚拟服务平台，对于缓解人力资源的结构性短缺、提高服务质量、促进创新驱动的经济发展以及推动产业升级转型等方面，发挥着重要作用。此外，人力资源和社会保障部于2017年10月发布了《人力资源服务业发展行动计划》，要求建设一批有特色、有活力、有效益的地方人力资源服务产业园。

扬州市在经济和科技快速发展的转型期，积极推进人力资源服务产业园的建设，并加速该行业的发展，以提供必需的高级、多领域及多样化的人才资源，确保经济社会的跨越式发展得到有效的人才和智力支持。

扬州人力资源服务产业园运营服务项目，其服务内容包括但不限于园区招商、优化园区整体布局、园区管理、企业服务、品牌建设等，以确保园区各项工作顺利进行，推动园区发展。

（二）项目工期：合同期为5年

（三）本项目不分包，不接受联合投标

（四）采购预算：人民币1100万元

三、投标人资质要求（详见招标文件第三章）

投标人须具备《中华人民共和国政府采购法》第22条规定的条件；

从事人力资源服务行业或者企业管理咨询行业，对人力资源服务行业比较熟悉，成立时间三年及以上。

四、招标文件发布信息

招标通知发布日期：2018年××月××日

若决定参与投标，请根据实际情况填写并提交投标确认书，并确保在2018年××月××日上午11:00（北京时间）之前，将确认书原件递交至交易中心采购科。超过规定时间递交的投标确认书，相关供应商的投标文件将不予接受。

公告期限：自招标公告在"邗江政府采购网""扬州市政府采购网"发布之日起5个工作日。

五、澄清文件相关信息

所有答复、招标文件的更改及更新将公布在扬州市邗江区政府采购网站上，投标者应密切关注网站信息，本中心不会单独发送通知。请注意，招标文件的任何澄清或修订均为招标文件的一部分，对投标者具有法律约束力。

六、投标文件接收信息

（一）投标文件接收开始时间：2018年××月××日下午2:30（北京时间）

（二）投标文件接收截止时间：2018年××月××日下午2:50（北京时间）

（三）投标文件接收地点：扬州市邗江区百祥路35号邗江人防大楼4楼开标室

（四）投标文件接收人：张××

七、开标有关信息

（一）开标时间：2018年××月××日下午2:50（北京时间）

（二）开标地点：扬州市邗江区百祥路35号邗江人防大楼4楼开标室

八、本次招标联系事项

（一）交易中心本项目联系人：张××，电话：0514-82882275

有关招投标事务和本项目的补充公告，敬请关注本中心网站发布的信息

联系地址：扬州市邗江区百祥路35号邗江人防大楼5楼采购科，邮政编码：225000

（二）采购单位项目联系人：王××，电话：136×××3600

对项目本身需求部分的询问、质疑请向采购人提出，询问、质疑由采购人负责答复。

九、投标保证金要求

本项目不收取投标保证金

扬州市公共资源交易中心邗江分中心

2018年××月××日

资料来源：采招网．

🔍 案例评述

（1）在本案例中，谁是人力资本服务的客户？

在本招标公告案例中，扬州（邗江）人力资源服务产业园隶属于扬州市邗江区人社局。扬州市邗江区人社局作为采购人，委托交易中心进行公开招标，目的是寻找合适的供应商来运营扬州（邗江）人力资源服务产业园。因此，在本案例中，人力资本服务的直接客户是扬州市邗江区人社局，即政府。

（2）客户的重要性？

首先，任何企业或行业必须回答的问题是：我们为谁服务？因为没有客户，就没有产品；没有产品，就没有企业；没有企业，也就没有行业。[1]在本案例中，客户即扬州市邗江区人社局，它定义了人力资源服务产业园的基本需求和目标。这些需求直接关系到服务的内容、质量和最终的运营效果。由于客户负责制定产业园的政策方向和服务标准，他们的需求和期望将直接指导招标项目的具体要求和评价标准。从更宏观的视角看，客户的需求和满意度是衡量服务提供者（供应商或承包商）成功的关键指标。有效响应客户需求，提供高质量的服务，将直接影响服务提供者的市场地位和业务发展。这进一步凸显了客户在人力资源服务行业中的核心地位，以及围绕客户需求进行服务设计和实施的重要性。

（3）谁是人力资本服务的客户？

人力资本服务的客户遍布各处，主要客户群体包括传统的人力资源需求方：个人或家庭、企业或事业单位、政府以及其他（如国际组织）。此

---

[1] 对于客户的重要性的认知，学术界有不同意见。德鲁克在《管理的实践》一书中提到："市场不是由上帝、大自然或经济力量创造的，而是由企业家创造的。顾客的需求在企业家采取行动满足之前，只是理论上的需求，只有在企业家采取行动满足这些需求之后，顾客才真的存在，市场才真的诞生。"

外，人力资本服务的同行也是其客户之一，被称为同行客户，包括：

行业组织 人力资本服务行业存在很多行业组织，如美国人力资源管理协会（Society for Human Resource Management，SHRM）。SHRM旨在提高人力资源专业人员的专业水平，其使命是推动人力资源实践，最大限度地发挥人的潜力，以增强员工和工作场所的能力。目前，SHRM提供的服务包括雇佣管理服务、人力资源管理咨询论坛、人力资源媒体联盟、人力资源技术服务、人力资源管理高科技网络服务、人力资源管理全球论坛、人力资源管理多元化研究等。[1]SHRM在为总裁、合伙人等高层管理人员提供服务的同时，也需要人力资本服务提供大量数据和资源支持。

行业教育科研机构 行业教育科研机构既是人力资本服务的供给方，也是需求方。以中国人民大学劳动人事学院为例。该学院设立了战略人力资源官项目，目的是培养具备战略思维和总裁视野的企业人力资源高级管理人员。尽管战略人力资源官项目由劳动人事学院设立，但在招收项目学员方面，学院需要依赖专业的管理咨询公司。劳动人事学院选择将招生工作委托给管理咨询公司的原因，主要涉及成本效益、专业能力和避免竞争关系等因素。

同行企业 同行企业之间也会相互提供人力资源服务。例如，云南某人力资源服务公司获得了北京的一个业务机会，该业务有几种完成方式：第一，由该公司独立完成；第二，委托北京的另一家人力资源服务公司完成；第三，直接将业务介绍给北京的另一家人力资源服务公司来完成。在市场上，竞争与合作是并存的；该公司完全有可能选择第二种甚至第三种方式，这便是同行企业相互提供人力资源服务的一个实例。此外，人力资源服务公司在招募新员工时，如果自身不擅长招聘领域，它可能会寻找在招聘方面更为专业的公司来提供服务。

---

1 资料来源：SHRM.

　　同行企业之间的这种互动，与再保险行业有相似之处。再保险，也称分保或"保险的保险"，是保险公司将部分承担的保险责任转移给其他保险公司的行为。同样，同行企业之间的这种互动也可以称为"服务的服务"。

一、打造企事业单位的人才磁石

1. 服务需求

　　对于企事业单位而言，存在两项基本任务，这对应着两类不同的服务需求：

　　（1）招募员工，对应的服务需求是人力资源服务。有效的人力资源服务不仅包括吸引合适的候选人，还包括筛选、面试、评估和最终的聘用。例如，一家科技初创企业需要招聘软件工程师，可能会委托人力资源服务提供商发布职位、筛选简历、组织编程测试，并协助进行面试。

　　（2）管理员工，对应的服务需求是人力资源管理服务。员工一旦被聘用，接下来的挑战便是如何有效管理员工，以确保工作效率和满意度。人力资源管理服务包括员工绩效评估、薪酬管理、培训与发展、员工关系处理和合规性保证等方面。例如，一家制造企业可能需要人力资源管理服务提供商制订详尽的员工发展计划和绩效管理系统，以确保生产线员工能够持续提升工作效率并适应快速变化的技术要求。

2. 高适配的人力资源队伍

　　招募员工，即组建高适配的人力资源队伍。为达到这一目的，我们所提供的人力资源服务既要分层分类，又要多种多样。

　　（1）分层分类。

　　分层　同一类别上的纵向划分，从初级到C级，即从实习生、专员、技术员等初级岗位到CEO（首席执行官）、CTO（首席技术官）、CFO（首席财务官）、COO（首席运营官）等C级岗位。

分类 不同类别上的横向划分，如财务、人力资源、研发、算法、产品、设计等。

（2）多种多样。

渠道 告知企事业单位招聘的渠道，这仅仅是最浅层次的人力资源服务。常见的招聘渠道包括现场招聘、网络招聘、校园招聘、传统媒体广告、人才中介机构、内部招聘和员工推荐等。

甄选 通过一定的手段，对应聘者进行区分、评估，并帮助企事业单位找到适配的人才。常见的甄选手段包括面试（非结构化面试、结构化面试、情境面试、压力面试等）、笔试、管理评价中心（无领导小组讨论、公文处理、演讲、角色扮演等）。

人才派遣 也称人才租赁，指的是所属机构（或中介机构）根据用人单位的需求，在劳动关系存续期间，向接收单位提供人才。接收单位获得这些人才的使用权，并需向提供人才的单位支付相应的使用费。作为服务业的一种特殊形式，人才租赁在高科技迅猛发展的当下，对于促进国家经济的发展具有重要作用。通常情况下，对用人灵活性有较高要求的企事业单位更倾向于采用人才派遣这种用工形式。

外包 外包是一种反向人力资源服务，企事业单位通过将部分业务委托给外包供应商，旨在实现节省成本、集中精力于核心业务、优化资源配置或获得独立专业人士的专业服务等目标。

3. 高绩效的人力资源管理

管理员工，即实现高绩效的人力资源管理。为达到这一目的，我们所提供的人力资源服务既包括战略性服务，也包括运作性服务；服务方法包括咨询、外包和共享。

（1）战略性服务。

企业间的竞争本质上是人才的竞争，优秀的员工构成了企业的核心竞争力。在企业间的人才争夺战中，如何吸引和激励人才，并为企业发展留住优秀人才，是人力资源管理必须考虑的核心战略问题。例如，人力资源开发战略，涵盖引进人才、借用人才、招聘人才、自主培养人才、定向培养人才等策略；人才使用战略，则包括岗位轮换、台阶式晋升、破格提拔等方法。总体而言，战略性服务的关键在于吸引、激励和保留人才。

（2）运作性服务。

招聘甄选 例如，招聘流程外包。在招聘流程外包服务中，发包方将内部招聘的整个流程外包出去。这里所说的整个流程，指的是内部招聘过程中的所有活动，包括职位分析与需求确定、发布招聘公告、简历的收集与筛选、候选人的测评与选拔、最终录用以及新员工的入职等，这可以被形象地描述为提供从"起点到终点"的一站式服务。

薪酬激励 例如，美世（Mercer）提供专业的高管薪酬咨询服务。美世能够帮助各组织确定薪酬水平，并确保这些水平与组织的战略人才需求和相关人才比较指标相协调。美世的高管薪酬咨询服务基于以下基础：协作方法，即咨询顾问利用自己的专业知识和经验提供咨询和建议，而不仅仅是提供数据；多种观点，即从股东、董事会成员、企业和员工的视角综合考虑，并反映外部和竞争的实际情况；市场数据，即利用来自所有相关来源的高管市场数据满足组织需求，并针对具体问题定制调查工具和分析；客观性，即制定了全球业务标准，以控制通报高管薪酬问题给董事会和管理层过程中的内在利益冲突。[1]

绩效认可 绩效考核是人力资源开发与管理中的核心环节，也是管理工作中普遍应用的工具，它为其他人力资源管理环节提供了准确的基础信息。绩效考核的结果可以为生产、供应、销售、财务等职能部门的决策提供参考。没有科学的考核，人力资源管理就难以有效执行。因此，很多企业为了提高绩效考核的效果，会寻求人力资源管理咨询公司或外包服务的

---

1 资料来源：美世（中国）.

帮助。

培训开发 培训外包服务实质上是企业外部的一个专业培训机构。资深的培训专家进入企业，与企业合作确定员工培训的具体需求，共同制订年度培训计划，设计相关课程，安排培训时间表，执行培训并负责评估培训效果。同时，这些专家还帮助企业建立完善的培训体系，成立培训管理委员会和内部学习小组，并定期组织研讨会和交流会，以促进企业内部的知识共享和技能提升。

（3）服务方法。

咨询 作为动词时，咨询是指征求意见，通常是指行政当局向顾问或特定机构征求意见。作为名词时，它指的是在某一领域具有专业知识，可供个人或团体咨询的人士。[1]现代意义上的咨询，是指在政治、经济、科技、工程等各个领域的发展中，或在处理特定事务时，向咨询人员、顾问或咨询机构寻求意见。这包括寻找解决问题的方案和途径，或对现有方案和方法进行评估、论证以及实施。

外包 外包作为一种策略，企业通过它动态优化内部与外部的功能和服务配置，利用外部资源来支持内部的生产和运营。在这种模式下，企业将部分生产任务或服务外包给外部供应商，利用外部劳动力完成特定工作，以此缩减内部员工规模，目的是降低劳动成本和提高企业竞争力。

共享 这一概念主要是指与他人共同拥有物品或信息的使用权、知情权甚至部分产权。该词被评为"2017年度中国媒体十大流行语"之一。在商业领域，共享经济的核心是多个用户共享单一商品，以提高商品的使用效率。在这种模式下，用户无须重复购买相同商品，只需支付单次使用费用，即可实现资源的优化配置和成本效益的提高。

4. 人力资源托管服务

人力资源托管服务能显著减轻企事业单位人力资源部门的日常工作负

1　中国社会科学院语言研究所词典编辑室. 现代汉语词典 [M]. 北京 : 商务出版社，1981.

担，使其能够专注于更关键的战略性任务。这不仅提升了人力资源管理的效率，还强化了其在市场竞争中的地位。预计未来，将有更多的组织选择采用这种服务模式。如本章引例所述，扬州市邗江区人力资源和社会保障局就人力资源服务产业园运营服务项目进行了公开招标，寻求的正是全托管服务。

（1）服务广度与深度。

人力资源托管服务覆盖范围广泛，包括人力资源战略规划、制度创新、流程优化、员工满意度和薪酬调研、培训与发展、劳动仲裁支持、员工关系管理和企业文化塑造等各个方面。从深度来看，这种服务不仅包括日常行政管理任务，还涉及更为复杂的体系构建工作。

（2）内部托管。

内部托管正呈现出从人力资源共享服务向完全托管发展的态势。在当代企业中，人力资源共享服务已成为一种普遍现象。例如，在HR三支柱模型中，人力资源共享服务中心扮演着核心角色，它负责统筹和处理企业所有业务单元在人力资源管理上的基础行政活动，是提升人力资源管理效率的关键，为目标群体提供高效、高质量且低成本的人力资源共享服务。除了人力资源共享服务，企业还可选择将人力资源相关事务独立，成立专门的公司。例如，2016年7月，由宝钢集团和宝信软件共同出资成立的宝钢心越服务，专注于人力资源外包及相关领域的最优解决方案和配套服务，其前身是宝钢集团人力资源服务中心。目前，宝钢心越服务的服务产品覆盖企业人力资源管理链的多个环节，为客户提供包括人事代理、薪酬发放、出国（境）派遣服务、招聘代理、员工援助计划、人力资源管理系统、政策咨询等在内的基础服务、可选服务及增值服务，共计14项服务产品。[1]

1　资料来源：宝钢股份．

我们应意识到，未来大型企业集团很可能会沿着这一路径发展。作为甲方的人力资源管理部门，其员工可能会产生怠工现象；一旦该部门转变为乙方的人力资源服务公司，原公司即成为客户，此时员工不仅需要提升专业能力，还需要改善服务态度。因此，从人力资源共享服务到完全托管的转变是市场机制下必然出现的结果。

（3）外部托管。

托管的另一种方式是外部托管。外部托管涉及将人力资源相关职能完全交由外部组织管理。这有助于企业减轻内部管理压力，并借助外部专业团队的专业知识来提高人力资源管理的质量和效率。外部托管的形式包括实体托管和在线托管。实体托管通常指将人力资源职能交给第三方机构进行现场管理。这些服务提供商通常配备专业的人力资源团队和成熟的管理系统，能够提供定制化服务。而在线托管则是服务提供商利用云计算平台或其他在线工具向客户提供人力资源服务，其优势在于高效性、可扩展性以及能够即时更新和访问数据。

二、引领个人与家庭的职业发展导航

1. 服务需求

对于个人与家庭来说，其人力资本服务需求与组织的需求存在很大差别。一方面，个人与家庭是人力资本的载体，具有较强的自主性和能动性；另一方面，除了经济性需求，个人与家庭还有更多的社会性需求。总体来说，个人与家庭的人力资本服务需求包括职业成功、人力资本投资与生活幸福。

2. 职业成功

（1）全生命周期的客户细分。

儿童、中小学生 在儿童时期以及中小学阶段，这是人力资本积累的一个非常特殊的"关键期"和"敏感期"，它们对个人未来职业生涯的选择以及职业成功有着极大的影响。例如，孩子从小参加的游泳课、舞蹈课等对其未来的职业生涯可能产生怎样的影响？

大学生 在毕业之际，大多数人将面临人生中的首次正式求职和第一份正式工作。对这一群体而言，建立正确的职业规划观、人生观和择业观对未来的职业发展至关重要；同时，具备实习经历和了解多个求职渠道对于找到理想工作同样重要。因此，大学普遍设有职业发展中心，旨在培养学生的就业能力，并作为企业与学生之间的沟通桥梁。此外，市场上也提供了众多人力资本服务。例如，Glassdoor作为一个帮助大学生寻找实习和入门级职位的门户网站，其特色在于提供企业内部评价和薪资透明度，帮助学生更全面地了解潜在雇主；实习僧则专注于为大学生提供世界500强等优质企业的大量实习机会，覆盖IT互联网、市场商务等多个行业。

残疾人 2016年5月，人力资源和社会保障部联合中国残疾人联合会发布了《残疾人职业技能提升计划（2016—2020年）》，该计划提出："适应残疾人实现就业和稳定就业的需要，大力开展残疾人职业培训，鼓励引导有就业愿望和培训需求的残疾人接受相应的职业培训，掌握就业技能，提升技能等级，帮助残疾人就业创业。到2020年，力争使新进入人力资源市场的残疾人都有机会接受至少一次相应的就业技能培训；使企业技能岗位的残疾人都有机会得到一次以上岗位技能提升培训或高技能人才培训；使具备一定创业条件或已创业的残疾人都有机会接受创业培训。"这为残疾人的职业发展和成功提供了政策支持。

退役军人 在中国，每年有大量军人退役，构成了一个庞大的群体。为了更有效地管理和服务这些退役军人，2018年3月，全国人大一次会议通过了国务院的机构改革计划，决定设立中华人民共和国退役军人事务部。该部门的官方网站在四个月后正式启动，提供相关服务和信息。针对退役军人的职业发展问题，退役军人事务部设立了就业创业司，并在其门户网站设有"退役安置""就业服务""教育培训"等专栏，为退役军人提供求职政策和资源支持。

大龄者 "4050"工程是政府为帮助就业困难群体而采取的一项重要措施，主要针对在特殊历史时期形成的40岁以上女性和50岁以上男性下岗失业人员。该工程利用市场化和社会化的运作机制，为这些群体定制就业岗位，以促进他们重新就业。

退休者 退休返聘是指员工在达到或超过法定退休条件后，从原工作岗位退休，然后与原雇主或另一单位达成协议，重新加入工作队伍，继续提供劳动力的过程或状态。这种情况包括：员工达到法定退休年龄后在原岗位延长工作时间；退休后被原单位返聘，从事相同或不同的工作；退休后在劳务市场重新就业，到其他单位工作。

（2）服务内容。

教育 教育是人力资本投资的重要形式之一，它通过提供系统的学术和技能培训，增强个人的劳动生产能力，进而拓宽职业发展的可能性。这种投资能显著提高个人的职业潜力和生活质量，进而对社会经济发展产生积极影响。

求职 获取求职信息和了解求职渠道是找到理想工作的必要条件。2014年，Kelly全球劳动力指数调研报告表明，在全球范围内，社交媒体和在线工具（如在线人才社区）已成为职业发展的关键媒介和渠道之一。这种现象在亚太区尤为显著。亚太区过半数（51%）的受访者会利用社交媒体网络等工具来作出其职业生涯决策，这一比例远高于中东（34%）和美洲区（30%）。[1]目前，我国有许多招聘门户网站，如智联招聘、前程无忧、中华英才网、BOSS直聘等；各企事业单位也会将求职信息发布在这些门户网站上。

培训 2018年，国务院发布了《关于推行终身职业技能培训制度的意

---

[1] 资料来源：HRoot.

见》，指出："围绕就业创业重点群体，广泛开展就业技能培训。持续开展高校毕业生技能就业行动，增强高校毕业生适应产业发展、岗位需求和基层就业工作能力。深入实施农民工职业技能提升计划——'春潮行动'，将农村转移就业人员和新生代农民工培养成为高素质技能劳动者。配合化解过剩产能职工安置工作，实施失业人员和转岗职工特别职业培训计划。实施新型职业农民培育工程和农村实用人才培训计划，全面建立职业农民制度。对城乡未继续升学的初、高中毕业生开展劳动预备制培训。对即将退役的军人开展退役前技能储备培训和职业指导，对退役军人开展就业技能培训。面向符合条件的建档立卡贫困家庭、农村'低保'家庭、困难职工家庭和残疾人，开展技能脱贫攻坚行动，实施'雨露计划'、技能脱贫千校行动、残疾人职业技能提升计划。对服刑人员、强制隔离戒毒人员，开展以顺利回归社会为目的的就业技能培训。"

职业生涯指导 例如，大学生就业创业指导中心通常会为学生提供职业生涯方面的指导，帮助他们理解并规划自己的职业发展路径。随着对人力资本认识的不断深化，职业生涯指导也覆盖了整个生命周期，帮助个人在不断变化的劳动市场中找到合适的位置，实现职业满意度和生涯成功。

（3）核心服务：职业发展链。

在职业发展链中，职业的决策、选择、搜寻、投资、投入、流动和平衡构成了职业发展的主要环节，而职业保障则贯穿整个过程，承担着保护职业权利的责任，这一点值得特别关注（见图2-1）。[1]

---

1 杨伟国，王子成.职业发展经济学 [M].上海：复旦大学出版社，2015.

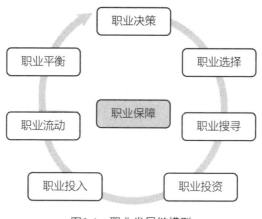

图2-1 职业发展链模型

3. 人力资本投资

（1）婴幼儿看护与保健。针对这一服务需求，市场上不仅有专门的婴幼儿看护托管中心、月嫂公司，还有在此基础之上发展起来的月嫂培训机构等。

（2）儿童家教与文体培训。除了传统的英语、舞蹈表演、书法、体育等培训机构，还有一些新兴的培训机构，迎合时代、家长及儿童的需求，如编程培训、注意力培训、儿童模特培训等。

（3）职业营养师应运而生，满足社会对健康生活的关注。这一职业融合了厨师、保健专员、中医、心理咨询师、市场营销员和行政管理者的职能。营养师不仅精通食品学，还在营养监测、促进及评估等方面具备深入的专业技能，致力于提升公众健康。尽管如此，营养师在关注生理健康的同时，对个体心理健康需求的关注不足。当前，无论是空巢老人、留守儿童、创伤后幸存者、残障人士、外来务工者还是长期病患者，心理健康问题都在显著增加。同样，在工作与生活的双重压力下，普通人的心理健康问题也日益严重。鉴于此，习近平总书记在2016年全国卫生与健康大会上作出了重要指示："要加大心理健康问题基础性研究，做好心理健康知识和心理疾病科普工作，规范发展心理治疗、心理咨询等心理健康服务。"

4. 生活幸福

对于个人和家庭而言,生活幸福是最终追求的目标。为实现这一目标,对人力资本服务的需求涵盖了病残康复护理服务、老人护理服务和家政服务等。例如,为满足老年人的护理服务需求,市场上不仅存在商业性的养老机构和家政公司提供的住家保姆,还有非营利性的社区养老照料中心。家政服务通过将家务外包给外部机构,节省了家庭在家务上的人力资源投入,从而提高了生活的幸福度。

三、重塑政府的人力资源服务策略

1. 服务需求

政府在作为社会组织的角色和作为宏观管理组织的角色时,面临着不同的人力资本服务需求。作为社会组织,政府同样需要招聘、甄选、管理等人力资源服务。这些服务需求与企事业单位的需求相似,但由于政府的政治属性,其服务需求会表现出一定的特殊性。而作为宏观管理组织,政府的人力资本服务需求进一步扩展到宏观人力资源决策咨询服务和宏观人力资源管理服务。

2. 政府人力资源服务

(1)人力资源服务。

政府所需的人力资源服务涵盖了干部选拔、公务员招聘、辅助性岗位外包等方面。例如,苏州、靖江以及山东济宁等地区已经将公务员和领导干部的选拔工作委托给了专业猎头公司。以往,苏州主要依赖全国范围内的公开招聘,但由于成本高、效率低以及报名者质量未达预期,常常导致职位空缺。特别是在2006年的全国公开选拔中,面对61个岗位,最终只成功招聘到42人。自2007年起,苏州市政府首次尝试通过猎头公司选拔市管领导干部,这在国内尚属首次。这一做法不仅减少了政府的行政成本,还显著提高了人才选拔的质量,并为体制外人才提供了进入体制内的途径,拓宽了领导干部选拔的渠道。

（2）人力资源管理服务。

政府所需的人力资源管理服务涵盖了基础服务、定岗定编、考核、专业能力与领导力开发等。例如，在2005年，武汉市将绩效考核新方案的制订工作外包给了麦肯锡（McKinsey）。武汉市政府原有的考核体系存在诸多问题。例如，对各部门的考核指标过多，全市108个市直单位的考核指标总数超过3700项，单个部门的考核指标多达四五十项；考核指标的设置也不够科学，如武汉审计局的考核目标中包含了与审计职能无关的科技兴市、招商引资等目标。然而，重新制定一套科学、高效的考核体系是一项艰巨的任务，武汉市政府因此借助麦肯锡的专业力量完成了绩效管理的改革。在改革过程中，麦肯锡对市属的108个单位进行了详尽的分析和评估，并从中选出14个单位作为改革试点。基于麦肯锡的模式，武汉市为这些单位各自定制了绩效管理方案。到了2006年4月，这套新的绩效管理措施在武汉市政府全面实施。尽管方案的某些部分未能完全适应武汉的具体工作环境，麦肯锡还是凭借其专业性有效地协助武汉市政府推行了这一绩效改革。

3. 宏观人力资源决策咨询服务

（1）政府监控预警系统建设。

政府会将一些技术性较强的项目外包给技术型企业。例如，在2017年，大理白族自治州洱海流域保护局发布了大理州洱海监控预警建设项目（一期）的招标公告。在国家环境保护部和省环保厅的大力支持下，洱海监控预警系统自2017年起开始建设，该系统由三个主要部分组成：前端的水环境监测系统（由北京大恒承建）、基于"一张图"的业务应用系统平台（由福建四创承建）、核心的决策支持模型体系（由北京英特-南京智水团队承建）。系统有效地整合了流域内气象、水文、环保、国土、规划、旅游、农业等部门分散的数据，为决策者提供了"一站式"的综合信息服务（数字洱海），将基础数据作为流域模型体系的输入，明确了流域内主要污染物的来源和时空分布，以及在湖体内的迁移转化过程（透明洱海），进而为洱海湖体的水质短期预警和长效管控治理提供了决策支持（智慧洱海）。

（2）政策决策研究与咨询。

政策决策研究与咨询是政府最常规的人力资本服务需求之一。这种需求主要出于两个原因：第一，受限于政府工作人员的专业程度，需要更专业的服务建议；第二，受限于政府工作强度，现有人员难以在规定时间内完成相关工作。因此，政府选择购买决策咨询服务。政策决策研究与咨询的主要产品形式包括研究报告和工作报告。研究报告主要反映研究者的观点，而工作报告（政策文本）则表达政府部门的观点。通常情况下，委托方会向研究者说明报告的具体思路、要求和工具等。

（3）政策效果评估研究。

政府除了通过政策机构内部进行公共政策效果评估，还常常邀请独立的第三方机构进行外部评估。在国际上，这类外部评估一般由行政机构委托的研究机构和专家（如兰德公司）或由投资、立法机构及中介组织执行。在我国，外部评估主要通过学术机构、行业协会和中介组织以研究项目的形式开展。例如，2008年《中华人民共和国劳动合同法》实施后，对其实施效果的评估便成为政府和学术机构共同关注的焦点之一。

（4）专家服务。

专家服务最典型的形式是"智囊团"，即专门对政府决策和公共知识传播进行开发性研究的机构或团体。专家服务既可由具有政府背景的公共研究机构提供，也可由私营机构提供，具体取决于不同国家政府的实际需求。

4. 宏观人力资源管理服务

（1）人力资源市场信息服务外包。

政府对人力资源市场信息服务的外包需求涵盖了信息的采集、分析与发布。例如，薪酬调查是获取人力资源市场关键信息的途径之一，通常由政府定期开展。调查内容主要包括各职业在企业中的工资水平和不同行业的人工成本状况。这项抽样调查为掌握各行业劳动者薪酬状况提供了数据支撑。企业薪酬调查对政府的科学决策、市场劳动力流动、公共服务优化等方面都具有重要的意义。它对劳动者选择职业、企业招聘员工以及双方协商薪酬待遇等方面都起到了积极的指导作用，有助于预防劳资纠纷、构建和谐劳动关系，从而有效推动经济社会的稳定发展。因此，各级省市区政府都非常重视企业薪酬调查工作。为确保企业薪酬调查的准确性和高效性，一些地区政府会选择将其外包给专业的人力资源服务供应商。

（2）公共人力资源服务外包。

公共人力资源服务外包是政府将相关公共人力资源服务交由专业组织机构承担的做法。常见的外包服务包括人才市场、职业中介和社保服务等。以人才市场为例，改革开放前，人员的分配主要由国家统一负责。20世纪70年代末，为解决返城知青的就业问题以及专业技术人才的流动需求，原劳动部门开始创建并组织劳动服务公司，这些公司后来逐步发展成为人才服务公司和人才交流服务机构。到了1990年，人才交流服务机构已全面展开，省级、地市级和县区级共成立了1834个机构，吸引了5000多名从业人员。随着人力资源服务机构体制改革的深入，人才市场中心从事业单位逐步转型为企业机构，实现了业务外包的转型。

（3）人力资源市场监管。

人力资源和社会保障部于2010年印发的《关于进一步加强人力资源市场监管有关工作的通知》，强调："明确监管职责。……统一换发许可证。……做好新设立服务机构的审批工作。……加强人力资源市场监督检查。……指导和鼓励经营性人力资源服务机构积极参与社会公益服务。……推动经营性人力资源服务机构诚信服务。……做好调查摸底工作。……做好人力资源市场信息发布工作。"在执行这些监管职能时，政府会将部分任务（如市场调查和信息公布等）外包给专业机构，以提高工作效率和质量。

（4）人力资源服务产业园区运营外包与托管。

本章引例中的扬州（邗江）人力资源服务产业园运营服务项目的招标公告，就是政府将人力资源服务产业园运营外包的一个典型案例。

四、构筑行业机构的全景业务战略

1. 人力资源服务行业组织

（1）服务需求。

人力资源服务行业组织的需求源于其组织职能。在这些职能中，行业组织做不了的、做不好的、做起来成本高的一些事情，就形成了服务需求。具体包括：

第一，获取专业智慧，维护行业利益。例如，上海人才服务行业协会设有多个专业小组，包括法务、薪酬、咨询、招聘会、培训、行业人才和财税等。这些专业小组将在其擅长的领域协助上海人才服务行业协会，提高其办事效率。

第二，制定行业规范，维护行业秩序。例如，上海人才服务行业协会在制定《上海人才派遣服务行业规范》《上海人才培训服务行业规范》《上海高级人才中介服务行业规范》等文件时，会广泛听取专家意见。为了让行业规范更完善、更切合实际，上海人才服务行业协会在广泛听取意见的基础上，还会邀请相关专家参加协会举办的"听证会"，并对行约行规进行进一步的修改，以维护行业秩序。

第三，加强专业建设，提升行业水平。例如，美国人力资源管理协会（Society for Human Resource Management，SHRM）提供各种职业发展和教育资源，举办会议和研讨会来提升人力资源专业人员的技能。此外，SHRM通过其认证程序，如"SHRM认证专业人员"和"SHRM高级认证专业人员"，强化人力资源专业人员的专业能力，确保他们在业务实践中遵循最高标准。这些做法有助于提升整个行业的专业水平和服务质量。

（2）立法政策与行业规范咨询外包。

人力资源服务行业组织的职能之一是制定行业规范，维护行业秩序。行业组织可以对于人力资源服务立法进行博弈，针对相关政策对政府进行游说，从而确保行业发展利益与秩序。同时，为了确保行业标准和自律规范的专业性和权威性，行业组织往往会选择将这部分服务外包给专业的教育科研机构。

（3）行业专业能力建设服务外包。

对人力资源服务行业组织而言，专业能力建设是其关键组织职能之一。这包括资格认证、专业会议和终身学习等职能，通常外包给教育科研机构以确保服务的专业性和系统性。例如，中国人力资源开发研究会经常举办各类专业会议和培训课程，提供行业认证，推动从业人员的持续教育和职业发展。这种做法不仅提高了整个行业的专业水平，还有助于规范人力资源管理实践，促进行业的健康持续发展。

2. 人力资源服务企业

（1）服务需求。

人力资源服务企业不仅需要与其他企业一样的常规的人力资源服务和人力资源管理服务，如招聘、培训、绩效评估，还需要全方位的专业人力资源服务，包括但不限于员工福利管理和合规性咨询。这些企业还常常寻求业务合作服务，如与其他组织合作开展职业发展和员工培训项目，以扩展服务的广度和深度，从而提升自身的竞争力和市场适应能力。这种综合服务模式不仅满足了内部运营的需求，也为客户提供了更加全面和高效的解决方案。

（2）人力资源管理服务。

人力资源服务企业同其他组织一样，需要获取专业人才，尤其重视招聘具备人力资源服务专业技能的业务人才。同时，这些企业也需要人力资源管理咨询与托管服务，以增强内部人力资源管理的效率和效果，帮助企业更好地配置人力资源，优化业务流程，并支持其战略目标的实现。

（3）企业全面咨询服务。

提供战略咨询 包括帮助企业进行战略规划与业务转型。通过战略咨询服务，企业能够优化运营模式，增强市场竞争力，并有效应对不断变化的商业环境。

把握行业趋势 不仅涉及总体行业的发展现状及趋势，还包括各细分行业的具体发展情况。行业趋势分析常采用PEST分析法，这是战略咨询顾问用来帮助企业审视外部宏观环境的一种分析模型与框架。通过PEST分析法，不同行业和企业可以根据自身特点和经营需要，系统考察政治（Political）、经济（Economic）、社会（Social）和技术（Technological）这四大类主要外部因素的影响。对于不擅长行业分析的人力资源服务企业，他们通常会寻求专业咨询公司的协助以获得更深入的洞见。

研发行业技术 对企业而言，研发的行业技术包括流程技术、测量技术、机制技术、信息技术等。这些技术不仅支持产品的创新和质量提升，而且优化生产效率和成本控制。通过投资这些先进技术，企业能够在竞争激烈的市场中保持领先地位，同时响应快速变化的消费需求和行业标准。

（4）人力资源服务业务合作。

业务外包 可以从业务类型和业务区域两方面来分析。从业务类型来说，人力资源服务的业务类型是多种多样的，包括人力资源派遣、培训、甄选、猎头、战略咨询等服务；不同的人力资源服务企业的业务重点各有侧重。当某一人力资源服务企业接到一个不属于其业务类型的业务时，该企业可以选择和另一家人力资源服务企业合作完成。同样地，若某一人力资源服务企业接到一个不在其业务区域内的业务，该企业自然也可以选择和另一家企业合作完成。

联合竞标 也称联合体投标，涉及两个或多个法人或组织共同组成一个联合体，共同以单一投标者的身份参与投标过程。面对规模庞大或技术复杂的项目，由于对资金和技术的高要求，单一企业往往难以独立承担。通过组建联合体，集中各方资源和优势，企业可以整体参与投标，从而提升竞标实力。

人力资源服务产业园运营规划与咨询对于政府来说，主要是人力资源服务产业园托管；而对于市场化行业服务来说，包括人力资源服务企业集聚、人力资源服务园区建设与服务等。

3. 人力资源行业教育研究机构

（1）服务需求。

人力资源行业的教育研究机构在职能发展中展现了特定的服务需求。这些需求包括人才培养合作、业务等。

（2）加强业务发展合作。

人才培养合作 包括战略人力资源官在职研修班等形式。在职研究生教育其实就是教育机构和企事业单位、政府共同培养专业人才。例如，中国人民大学劳动人事学院的战略人力资源官项目。作为中国现代人力资源管理研究的发源地和顶尖的HR培养机构，中国人民大学劳动人事学院整合了国内顶级专家团队在人力资源教学、科研和管理咨询方面的丰富经验，与中国最大的管理研究智库华夏基石管理咨询集团以及北京大学、清华大学、复旦大学、康奈尔大学、罗格斯大学、麻省理工学院、剑桥大学等优质资源进行强强联合，立足国情，引领前沿，打造中国最具价值的人力资源高管项目，寻找和培养大变革时代的顶级人力资源总裁，帮助战略人力资源官项目从企业战略和全面业务的高度运营企业，助推中国企业人力资源管理的转型和升级，重塑中国企业新经济时代的核心竞争力。

业务合作 包括数据共享、行业交流、协作调研、会展合作等。各大教育机构可以在数据上互通有无，也可协同进行一些调研项目。中国综合社会调查（CGSS）是我国首个全国性、多领域、持续的学术调研项目，由中国人民大学的中国调查与数据中心负责执行。CGSS的年度调研工作是联合全国超过40家高校和研究机构共同建立的中国社会调查网络的一部分，这一网络为国内大型调查研究提供了新的合作模式。2006年，CGSS联合日本（JGSS）、韩国（KGSS）和中国台湾的社会变迁调查（TSCS）共同启动了东亚社会调查（EASS）项目。2007年，CGSS作为代表加入了国际社会调查组织，这标志着我国在全球社会调查领域的国际合作与交流取得了重要进展。

本章小结

本章以扬州（邗江）人力资源服务产业园运营服务项目的招标公告为引例，引出本章的核心问题：谁是人力资本服务的客户？任何企业（或行业）首先需要回答的问题便是为谁提供服务，客户是服务的最终受益者，也是服务存在的根本原因。人力资本服务的客户遍布各处，包括个体、各类组织机构，甚至包括人力资本服务的同行。不同客户对人力资本服务的需求差异显著，这极大地影响着人力资本服务的内容，进而导致服务技术和方法也会有所不同。

关键术语

人力资本服务客户 人力资源服务 人力资源管理服务 人力资源托管 职业服务 职业发展链 人力资本投资基础服务

思考题

1. 人力资本服务有哪些客户?

2. 不同的人力资本服务客户有哪些服务需求?

3. 针对不同的人力资本服务客户,人力资本服务有哪些内容?

4. 人力资本服务包括哪些技术和方法?

第三章

人力资本服务主体

💡 课前预习

▶ **本章学习要点：**

1. 掌握人力资本服务主体的概念

2. 掌握人力资本服务主体的分类

3. 了解各类人力资本服务主体的定义与分类

4. 了解各类人力资本服务主体的职能

随着人力资本服务领域的迅猛发展，服务需求的新变化开始显现。一方面，在企事业单位的传统人力资源管理领域，越来越多的任务需要委托给外部机构和专家来执行；另一方面，受到社会环境变化、组织环境演变、职业兴趣转移等因素的影响，个体对外部机构和专家的依赖性也在不断增强。这些变化引出了一个核心问题：谁来提供人力资本服务？本章将围绕这一问题，对人力资本服务的主体进行探讨。

● 引例：谁来提供人力资本服务

北京科锐国际人力资源股份有限公司（简称科锐国际），作为中国首家在A股市场上市的人力资源企业，具有里程碑式的意义。公司以技术为驱动，提供多元化的人才解决方案，业务遍及中国内地、香港、美国、英国、印度、新加坡和马来西亚等国家和地区。科锐国际通过其90多家分支机构和2000多名专业顾问，服务于18个以上的行业，提供高级人才搜寻、招聘流程外包、灵活用工、培训及专家咨询等服务。此外，公司还运营在线猎头、互联网灵活用工和SaaS简历及薪酬管理平台等技术服务。自成立以来的23年间，科锐国际已与3000多家跨国企业、国内上市企业、快速成长企业以及国企和非营利组织建立了长期合作关系。2017年6月8日，公司成功登录深圳证券交易所创业板，这标志着其在行业中的领先地位及市场认可度。

科锐国际的服务细节展现了其深刻理解客户需求和全面满足客户需求的能力：

（1）招聘服务。科锐国际通过中高端人才访寻和专场定制招聘会，支持客户精准高效地招募所需管理和技术人才，提供针对特定行业和职能需求的定制化人才解决方案。

（2）灵活用工。提供岗位外包、业务流程外包、离岸外包、众包、兼职服务及人才派遣等。特别是通过旗下"即派"平台，利用大数据和智能推荐技术，为招聘旺季、新项目启动或员工短期替补需求提供灵活的用工解决方案。

（3）管理学院。科锐国际管理学院汇集了国内外HR专家和专业咨询顾问，为HR招聘官、面试官及业务面试官提供发展规划，以及包括人才选拔、培养、认证和评估在内的全方位培训解决方案。

（4）智库专家。"翰林派"作为旗下全球智库品牌，汇集了各行业专家的智力和实践经验，提供专业性、战略性、前瞻性的研究分析，帮助客户提升质量和效率。

此外，科锐国际提供的解决方案还包括招聘流程外包，帮助客户优化招聘流程、渠道、供应商及雇主品牌，显著提高招聘效率和效果。通过其平台和系统，如在线猎头C2B（Customer to Business，消费者到企业）平台、灵活用工共享平台、SaaS简历管理系统和HR管理系统等，科锐国际在技术和服务方面为人力资源管理提供了创新性的工具和方法。

综合咨询服务进一步巩固了科锐国际在人力资本服务领域的领导地位，包括定向人才盘点、人才大数据分析、招聘策略咨询和人才资源战略规划等，为客户提供全面而深入的支持。

科锐国际的成功案例和综合能力展现了其在人力资本服务领域的领先地位和创新实践，成为全球客户信赖的合作伙伴。

资料来源：根据科锐国际的内部宣讲资料进行整理．

🔍 案例评述

在深入探究"谁来提供人力资本服务？"这一问题时，科锐国际的案例为我们提供了一个观察窗口，通过它可以洞察人力资本服务领域的多样性与复杂性。科锐国际，作为技术驱动型的整体人才解决方案服务商，其全球广泛布局和深入多个行业的服务案例，展现了市场性人力资本服务主体的能力和价值。然而，这一领域的服务提供者不仅限于此，还包括政府机构、非营利组织、教育机构和个体顾问等多元参与者。

科锐国际通过其综合性服务——包括中高端人才访寻、招聘流程外包、灵活用工和智库专家咨询——为企业和组织提供了全面的支持。其利用在线猎头、SaaS平台等先进技术，展现了人力资本服务行业内的技术革新趋势。这样的服务不仅解决了企业的即时需求，也支持了人才的长期发展和组织的战略规划。

然而，除了科锐国际这样的商业企业，人力资本服务的提供者还包括负责制定劳动力市场政策、监管行业标准的政府机构，致力于特定社会目标、提供专业培训和就业援助的非营利组织，以及提供专业知识、咨询和教育服务的学术机构和独立顾问。这些参与者各自从不同角度和领域，共同构成了人力资本服务生态系统的完整图景。

此外，考虑到技术的快速发展和全球化对劳动市场的深远影响，未来人力资本服务领域将更加注重跨界合作、创新服务模式和个性化解决方案。如何在这一过程中确保服务质量、提升服务效率，同时促进公平和包容性，是所有服务提供者共同面临的挑战。

因此，当我们思考"谁来提供人力资本服务"这一问题时，也应该思考"我们如何共同努力，以更有效、更创新的方式提供人力资本服务，满足个人和组织在不断变化的市场环境中的需求"。这不仅是对科锐国际等企业的思考，也是所有人力资本服务参与者需要共同探讨的课题。

一、人力资本服务主体的框架与演化纵览

人力资本服务主体包括在人力资本服务市场生态中提供服务及制定相关规范的组织和个人。随着平台经济的持续发展，个体的专业能力和服务价值越来越受到重视，预计未来将有更多人在没有组织实体依托的情况下，通过各种平台直接向市场提供专业服务。以2006年成立的好大夫

在线为例，截至2023年7月，该平台已汇集全国超过1万家正规医院的91万名医生资料。在这些医生中，有27万人完成了实名注册并亲自管理自己的账户，通过平台为患者提供医疗咨询、预约服务、疾病管理和健康教育等服务。特别是，平台上活跃的医生中，来自三级甲等医院的专家占到了73%。这种服务模式的出现，打破了传统医疗服务的地域和时间限制，提升了服务效率和可达性。如果某位医生仅通过平台接单就已非常忙碌，并积累了一定的声誉和"客源"，那么这位医生很可能会脱离医院这一实体组织，成为独立职业者。因此，人力资本服务主体的定义应涵盖这些新兴的个体服务提供者，以全面反映市场的实际情况。

1. 广义分类

根据各主体所承担的职责及其性质，可以将人力资本服务主体分为以下四类。

（1）市场性人力资本服务主体。

这类主体以营利为目的，通过提供专业的人力资本服务来获取经济收益。这些服务可能包括招聘、人才培训、职业规划、劳务派遣等。这类主体通常以企业形式存在，他们根据市场需求和自身专业能力来设计服务内容，并以此吸引客户和获取收益。这类主体在市场中扮演着活跃的角色，通过竞争促进服务质量的提升和创新。

（2）社会性人力资本服务主体。

按照服务是否收费，这类主体可以分为收费的社会性人力资本服务主体和不收费的社会性人力资本服务主体。这类主体的运作不以营利为主要目的，而是更注重服务的社会价值和公益性。这类主体可能提供职业培训、就业援助、社区教育等服务，旨在帮助特定群体如失业者、残疾人士、低收入家庭等提升就业能力和生活质量。尽管他们的服务可能涉及收费，但所得收入主要用于维持组织的运营和扩大服务范围，而非分配给股东或管理者。

（3）管理性人力资本服务主体。

这类主体主要指政府机构，他们在人力资本服务市场中起到规范和引导的作用。政府机构通过制定相关政策、法规来维护市场秩序，同时直接提供公共服务，如公共就业服务、劳动力市场信息发布、职业资格认证等。政府的介入有助于保障人力资本服务的公平性和可及性，确保所有公民都能享受到基本的人力资本服务。

（4）自治性人力资本服务主体。

通常这类主体指行业协会、专业团体等组织。这些组织由行业内的企业或专业人士组成，旨在维护行业利益、提升行业标准、促进行业内的交流与合作。通过组织研讨会、培训课程、行业标准制定等活动，这类主体有助于提高行业内的服务水平和整体竞争力。此外，这类主体还可以作为政府和企业之间的桥梁，传达行业需求，参与政策制定过程。

人力资本服务主体的分类反映了它们在市场中的功能和角色。市场性人力资本服务主体追求经济效益，通过提供专业化服务获得收入；社会性人力资本服务主体则更注重服务的社会价值，可能涉及非营利性服务；管理性人力资本服务主体通过制定政策和提供公共服务来规范和促进人力资本服务市场的发展；自治性人力资本服务主体，如行业组织，通过自我管理和协同合作，提升行业整体的服务能力和标准。这些主体共同构成了人力资本服务市场的生态系统，各自承担着不同的职责和功能，相互协作以推动市场的健康发展。

此外，随着技术进步和市场需求的变化，人力资本服务主体的分类也可能出现新的形态和类别。例如，数字技术的发展催生了数据分析师、人工智能工程师等新兴职业，这些职业的从业者可能以个体或小型工作室的形式存在，但他们提供的服务对市场的创新和发展同样至关重要。因此，对人力资本服务主体的分类需要保持灵活性和开放性，以适应市场的变化和发展。

2. 狭义分类

《人力资源市场暂行条例》第十四条对人力资本服务主体的分类进行了明确，它将人力资本服务主体限定为人力资源服务机构，并进一步将其细分为两个类别。

（1）公共人力资源服务机构，是指县级以上人民政府设立的公共就业和人才服务机构。

（2）经营性人力资源服务机构，是指依法设立的从事人力资源服务经营活动的机构。

二、增值驱动与市场性人力资本的商业实践

市场性人力资本服务主体是以营利为目的而提供人力资本服务的组织，是最主要的人力资本服务主体，通常指的是人力资源服务企业。这类组织通过提供服务来逐步扩展其业务规模和市场影响力。《人力资源市场暂行条例》中第十四条关于经营性人力资源服务机构的定义阐明了这类组织的性质："依法设立的从事人力资源服务经营活动的机构"，明确了此类机构的法律地位和业务范畴，为理解市场性人力资本服务主体的角色和功能提供了重要参考。

市场性人力资本服务主体可分为两大类：

第一类，针对非人力资源服务行业的人力资本服务企业（包括劳动者个人）。这指的是在传统意义上为需求方提供服务的人力资本服务企业，如为银行、物流企业、能源企业等提供人力资本服务的企业。

第二类，针对人力资源服务行业的人力资本服务企业。作为企业的一种类型，人力资源服务企业同样需要战略规划、员工招聘、薪酬设定、绩效评估等组织任务和工作内容，因此形成了一类专门针对人力资源服务行业的人力资本服务企业。

1. 针对非人力资源服务行业的人力资本服务企业

（1）以服务产品为标准分类。

当以服务产品为标准分类时，根据不同的服务产品定义，会出现不同的分类结果。HRoot发布的《人力资源服务业市场观察》将人力资本服务产品细分为24类，包括e-HR、e-Learning、福利外包、招聘流程外包、管理培训、劳动力管理、人才测评、人才调研、人才管理软件、人才派遣、人才评鉴、人才寻猎、人才招聘、人力资源产业园、人力资源管理软件等。[1]

不同的人力资本服务企业通常深耕于特定的服务产品领域。例如，北京外企人力资源服务有限公司专注于提供员工福利外包服务，致力于人力资本服务领域。该公司服务的客户群广泛，涵盖众多国际知名跨国企业、外资企业、国有企业以及私营企业，业务覆盖通信、电子、信息技术、汽车、石化、医药、金融及快速消费品等多个行业。中智人才评鉴与发展中心是中智集团旗下的机构，专业从事胜任力模型构建与应用、人才测评、培训发展咨询服务等核心业务板块。美国管理协会（中国）则专注于管理培训与咨询，通过引进国际先进的管理课程和开发适合中国企业管理者实际需要的培训，建立了完善的课程体系，旨在帮助各级主管提升管理技能、领导力和策略变革力。在服务产品分类的基础上，还可以根据客户标准进一步细分。应届生求职网站作为中国领先的大学生招聘平台，专为大学在读生及应届毕业生设计，提供丰富的招聘信息，包括校园全职、实习及兼职职位，并发布企业宣讲和招聘活动信息以及职位申请的截止日期等关键信息。

然而，并非所有人力资本服务企业都只专注于单一服务产品，相反，许多企业会逐步扩展服务范围，提供多样化的人力资本服务产品。例如，

---

1 资料来源：HRoot.

本章引例中的科锐国际就是一家提供综合性人力资本服务的企业。因此，这种分类方式存在一个局限性：由于业务类型的多样化，一个人力资本服务企业可能同时被归入多个类别中。

（2）《人力资源市场暂行条例》的分类。

虽然《人力资源市场暂行条例》没有对经营性人力资源服务机构的分类作出具体规定，但条例的第十八条对它们的服务领域进行了明确的界定。业务被划分为三大类：第一类是职业中介服务；第二类包括收集和发布人力资源供需信息、提供就业创业指导、人力资源管理咨询、人力资源测评、人力资源培训以及承接人力资源服务外包等；第三类是劳务派遣服务。这一分类明确了各类经营性人力资源服务机构的核心职能和它们的服务范围。

（3）以专业性为标准分类。

以专业性为分类标准，可以将服务划分为流程性服务、专业性服务和系统性服务。尽管这种分类有助于理解服务的不同层次，但相对粗略，在实际应用中可能难以清晰地区分各类服务。

一般而言，流程性服务主要是事务性服务，如社保代缴、人事档案服务、劳务派遣、人力资源业务流程外包等。专业性服务则需要融入专业知识和能力，如培训、人才测评、管理咨询、猎头服务等。系统性服务是综合性的服务，需要整合专业、技术和能力，包括人力资源软件服务、人力资源信息共享、人力资源云服务、人力资源审计服务等。相应地，人力资本服务企业可以进一步划分为专注于流程性服务的企业、专注于专业性服务的企业，以及专注于系统性服务的企业。

2. 针对人力资源服务行业的人力资本服务企业

针对人力资源服务行业的人力资本服务企业，可以进一步细分为两类：行业人力资本服务企业和人力资本服务分包企业。

（1）行业人力资本服务企业。

这类企业为同行企业提供战略经营咨询、人力资源服务、研发行业技术（如流程技术、测量技术、机制技术、信息技术等）的人力资本服务。

（2）人力资本服务分包企业。

业务合作 不同的人力资本服务企业具有不同的业务重点。有些企业专注于人力资源派遣服务，有些致力于人力资源培训服务，有些提供人力资源甄选服务、猎头服务、人力资源战略咨询服务等。当某一人力资本服务企业接到不属于其业务类型的业务时，可以选择与另一家人力资本服务企业合作完成，或转包给擅长此类业务的企业。同样，若企业接到的业务位于其业务区域之外，也可以选择与另一家合作完成，或转交给当地企业完成。

联合竞标 企业间的关系既有竞争也有合作。在人力资本服务领域，面对一些大型且技术复杂的项目，单一人力资本服务企业可能难以独立承担。因此，多家企业可以联合起来，整合各自的优势，以单一投标人的身份共同参与投标，协作完成项目。

人力资源服务园区运营企业 人力资源服务园区通常由多家人力资源服务企业构成。人力资本服务企业可接受政府委托，为人力资源服务园区提供招商、运营、管理等服务。例如，组织园区内企业的并购或融资活动的路演，为园区内企业提供人力资本相关的培训等。

三、公益使命与社会性人力资本的价值影响

社会性人力资本服务主体是指提供人力资本服务的非营利组织与个人，既包括公共人力资源服务机构，也包括人力资源教育研究机构，还包括民营人力资源服务机构，以及自雇性人力资本服务主体。

1. 公共人力资源服务机构

《人力资源市场暂行条例》中第十四条指出，公共人力资源服务机构

是指县级以上人民政府设立的公共就业和人才服务机构。第十五条进一步对公共人力资源服务机构的服务项目作出界定，且规定不得收费，具体包括以下八项服务：

（1）人力资源供求、市场工资指导价位、职业培训等信息发布；

（2）职业介绍、职业指导和创业开业指导；

（3）就业创业和人才政策法规咨询；

（4）对就业困难人员实施就业援助；

（5）办理就业登记、失业登记等事务；

（6）办理高等学校、中等职业学校、技工学校毕业生接收手续；

（7）流动人员人事档案管理；

（8）县级以上人民政府确定的其他服务。

2. 人力资源教育研究机构

人力资源教育研究机构是指提供人力资源领域的职业或普通教育、科学研究或决策咨询的专业组织。这类机构属于社会性人力资本服务主体，具有非营利的特点。但是，这类机构仍然可以通过提供服务收取费用，所得收入和利润归机构所有，不得归私人所有。在分类上，人力资源教育研究机构可以细分为两大类：

（1）人力资源教育机构。培养人力资源各类专业人才的机构。例如，中国人民大学劳动人事学院。

（2）人力资源研究机构。从事人力资源领域的科学研究和决策咨询等工作的机构。例如，中国劳动和社会保障科学研究院、中国人事科学研究院等。

3. 民营人力资源服务机构

民营人力资源服务机构是由捐助或资助获得经费或通过服务获取经费，而向社会提供人力资源服务的非营利组织。这类机构和人力资源教育研究机构一样，也属于社会性人力资本服务主体，因此也是非营利的。不同的是，民营人力资源服务机构可以选择收取或不收取服务费用。这类机构可以分为两大类。

（1）非政府组织。

这类组织包括人力资源志愿服务组织或劳动雇佣游说集团等。较为著名的人力资源志愿服务组织包括中国人口福利基金会、中国青少年发展基金会、爱德基金会、四川农村发展组织等。以四川农村发展组织（Development Organisation of Rural Sichuan，DORS）为例，DORS实施的项目包括基础设施、农村能源、能力建设、小额信贷、教育、可持续生计、灾害救助及灾后重建、环保等；这些项目在改善村民的生产生活条件的同时，最终目的是实现社区的自我发展；DORS尤其关注社区里的妇女、老人、小孩、残疾人和最贫困的人。[1]非政府组织的运营一般依靠社会各界的捐助，不会向服务对象收取费用。

（2）社会组织。

上海安吉乐助业服务所就是一个典型的民营人力资源服务机构中的社会组织。该机构通过项目化操作方式服务社区就业困难人员，促进就业。成立6年来，该机构已经累计提供超过两万人次的助业服务，实现就业三千余人次。自2017年起，该机构启用了一套全面的失业人员动态数据库系统，该系统包括个人信息的即时更新、心理状况监控、技能提升和职业状态更新。针对不同求职难度的服务对象，该机构采用了精细化的分类方法，更有效地将目标群体细分，从而为他们提供最合适的就业支持和帮助。[2]

4. 自雇性人力资本服务主体

自雇性人力资本服务主体是指那些以谋生或职业发展为目标，独立从

1　资料来源：四川农村发展组织．

2　资料来源：中国就业网．

事人力资本服务的个人，如独立顾问、人力资源咨询专家、自由讲师等。这些主体可分为全职和兼职两大类。

（1）全职主体。

这类主体将独立提供人力资本服务作为其全职职业，他们或依靠市场声誉，或依托特定的网络平台，如得到、知乎等。

（2）兼职主体。

这类主体包括受雇于特定机构的人力资源专家学者或研究人员，他们同时以独立人力资本服务主体的身份提供专业服务。例如，一些学者或研究人员在大学任教的同时，也会在业余时间通过得到、知乎等平台为特定对象提供人力资本服务。

四、政策导向与管理性人力资本的规范效应

管理性人力资本服务主体主要指的是负责对人力资本进行宏观管理、监管人力资本服务行业以及提供相关服务的政府机构。因此，当我们谈论管理性人力资本服务主体时，通常是指政府机构。从现代政府管理理论来看，政府的市场化转型意味着将管制活动转变为服务活动。不同的服务机构有着不同的服务内容。例如，人大常委会或中央政府部门主要负责提供人力资本立法服务，而人力资源和社会保障部则主要负责社会（或国家）人力资本的宏观管理服务。

这种理解与传统对人力资本服务的定义有所区别，原因在于"服务"一词本身具有多重含义。传统定义主要采用狭义概念，指向的是生产性人力资源服务企业及其活动（甚至不包括人力资源行业组织）。而在本书中，我们从广义角度进行界定，涵盖了与人力资本服务相关的所有活动、组织和规范。

管理性人力资本服务主体的活动包括政策法规制定、宏观管理以及行政服务（公共服务），接下来将对这些活动进行详细概述。

● 案例　美国劳工统计局的服务对象[1]

美国劳工统计局是主要负责监测劳动力市场活动、工作条件和经济价格变动的联邦机构。其职责在于收集、分析和传播关键的经济信息，以辅助公共和私人决策制定。作为独立的统计机构，美国劳工统计局致力于提供准确、客观、相关、及时和可获得的产品和服务，满足其多样化的用户需求。

第一，我们做什么

美国劳工统计局第一任局长赖特（Carroll D. Wright）认为，美国劳工统计局的任务是"无畏地公布事实"（the fearless publication of the facts）。

第二，我们为谁服务

美国劳工统计局的服务对象是"公共和私人决策者"（Public and Private Decision Makers），包括企业领导人、消费者、经济学家、金融投资者、求职者或在职人员、媒体、公共政策决策者、学生和老师、研究人员、开发者。

企业领导人（Business Leaders）。不论你的企业是否在进行长期合同谈判、评估雇佣成本、寻找产品新市场或与同行业其他企业比较，我们都提供详尽的统计数据，助你作出明智决策。

经济学家（Economists）。位于华盛顿的劳工统计局发布了多种新闻稿和出版物，对经济数据进行描述性分析。这些出版物中也包括许多专注于州、县或大都市的区域性版本。为提供这些数据，美国劳工统计局运用了多年不断完善和发展的调查和统计方法。

求职者或在职人员（Jobseekers or Workers）。在职业选择前，华盛顿的劳工统计局将为你提供来自美国劳工统计局的最佳资源。

1　资料来源：美国劳工统计局。

- 探索职业（Explore Careers）：

   职业前景手册；

   学生职业信息；

   职业前景；

   地区工资分布；

   ……

- 找一份工作（Find a Job）：

CareerOneStop：这是美国劳工部的培训和求职网站。该网站为求职者、学生、企业和职业顾问提供免费的在线工具和其他信息资源。

USAJobs：这是一个提供职位列表的网站，旨在帮助求职者在公共服务领域开启职业生涯。它包含了所有公共服务工作的地区和国家信息，并允许用户根据机构、职位、薪资、地点或职业领域进行搜索。

Jobs@美国劳工统计局：在这个网站上，你可以查看美国劳工统计局当前开放的工作机会。我们在华盛顿特区的总部以及全国范围内招聘经济学家、数理统计学家、信息技术专家、研究心理学家、预算分析师、人力资源专家等各类人才。

学生和老师（Students and Teachers）。从初中到大学，学生和老师都可以利用美国劳工统计局的资源来辅助家庭作业和课程规划。学生可以利用我们的数据进行职业探索和完成家庭作业，而老师则可以运用这些资源，结合最新的就业、物价和工资统计数据等真实世界的例子，来丰富他们的教学内容。

1. 人力资本政策法规

（1）政策法规分类。

党内党外 党内法规制度包括章程、准则、条例、规则、规定、办法、细则、规范性文件、解释答复。例如，《中国共产党章程》《中国共产党党员领导干部廉洁从政若干准则》《干部人事档案工作条例》《地方党政领导班子和领导干部综合考核评价办法（试行）》《关于党的基层组织任期的意见》等，都是与人力资本相关的党内政策法规。

党外法规制度包括宪法、法律、法律规范性文件、行政法规、部委规章、司法解释、国际公约。例如，《中华人民共和国劳动合同法》《劳动保障监察条例》《人力资源市场暂行条例》等，都是与人力资本相关的党外政策法规。

分层分类（中央地方） 从层级来说，政策法规可按中央—省—市—区进行分层。例如，中央级别的有《中华人民共和国劳动法》；省级的有《浙江省女职工劳动保护办法》；市级的有《北京市积分落户操作管理细则（试行）》。

从分类来说，政策法规可以分为社会管理类、市场管理类、人力资源类、民事法规类、安全管理类、环境保护类、质量标准计量类等。

（2）人力资本立法。

法律 法律层面最典型的人力资本立法即《中华人民共和国劳动合同法》（简称《劳动合同法》）。《劳动合同法》的主要目的是改进劳动合同体系，明确雇主与雇员的权利与义务，保障劳动者的法定权利，并促进建立和谐与稳定的劳动关系环境。该法律对劳务派遣、劳动者解除劳动合同以及用人单位解除劳动合同等情况作出了具体规定。

行政法规、地方性法规 《人力资源市场暂行条例》是我国人力资源市场领域的首部行政法规。它为人力资源市场的培养、行为规范、服务优化以及监管提供了全面的法律框架，成为新时代构建人力资源市场的基本遵循和准则。该条例的发布和执行，对于促进人力资源的自由有序流动、推动人力资源服务业的发展、更有效地支持就业创业和高质量经济增长，发挥了关键作用。

部门规章 自2004年3月1日起施行的《最低工资规定》，是我国人力资源领域的重要部门规章之一。

（3）人力资本政策。

人力资本政策可以从广义和狭义上来界定。广义的人力资本政策包含人力资源领域的法律法规、行政规定以及相关讲话。而狭义的人力资本政策专指国家行政机关为解决特定的人力资本问题而制定的具体措施和办法。例如，为确保失业人员及时获得失业保险金及其他待遇，人力资源和社会保障部依据《失业保险条例》制定了《失业保险金申领发放办法》。另外，为了保障企业职工在患病或非因工受伤期间的合法权益，根据《中华人民共和国劳动法》第二十六条和第二十九条的规定，人力资源和社会保障部制定了《企业职工患病或非因工负伤医疗期规定》。

2. 人力资本宏观管理

根据《人力资源市场暂行条例》的相关规定，政府在人力资本宏观管理方面所承担的职责包括职能分工、宏观调控、监督监管等。

（1）职能分工。

《人力资源市场暂行条例》第四条对职能分工进行了详细的说明：

- 国务院人力资源社会保障行政部门负责全国人力资源市场的统筹规划和综合管理工作。
- 县级以上地方人民政府人力资源社会保障行政部门负责本行政区域人力资源市场的管理工作。
- 县级以上人民政府发展改革、教育、公安、财政、商务、税务、市场监督管理等有关部门在各自职责范围内做好人力资源市场的管理工作。

（2）宏观调控。

《人力资源市场暂行条例》第五条、第八条、第九条强调了各级政府的宏观调控职责：

- 国家加强人力资源服务标准化建设，发挥人力资源服务标准在行业引导、服务规范、市场监管等方面的作用。

- 国家建立政府宏观调控、市场公平竞争、单位自主用人、个人自主择业、人力资源服务机构诚信服务的人力资源流动配置机制，促进人力资源自由有序流动。

- 县级以上人民政府应当将人力资源市场建设纳入国民经济和社会发展规划，运用区域、产业、土地等政策，推进人力资源市场建设，发展专业性、行业性人力资源市场，鼓励并规范高端人力资源服务等业态发展，提高人力资源服务业发展水平。

（3）监督监管。

《人力资源市场暂行条例》第十二条、第十六条、第三十七条、第三十八条、第四十条对此职责进行了说明：

- 人力资源社会保障行政部门应当加强人力资源市场监管，维护市场秩序，保障公平竞争。

- 公共人力资源服务经费纳入政府预算。人力资源社会保障行政部门应当依法加强公共人力资源服务经费管理。

- 人力资源社会保障行政部门应当加强人力资源市场诚信建设，把用人单位、个人和经营性人力资源服务机构的信用数据和失信情况等纳入市场诚信建设体系，建立守信激励和失信惩戒机制，实施信用分类监管。

- 人力资源社会保障行政部门应当按照国家有关规定，对公共人力资源服务机构进行监督管理。

- 人力资源社会保障行政部门应当畅通对用人单位和人力资源服务机构的举报投诉渠道，依法及时处理有关举报投诉。

3. 行政服务（公共服务）

（1）行政服务。

《人力资源市场暂行条例》第十八条对行政服务进行了分类和说明：

许可服务 经营性人力资源服务机构从事职业中介活动的，应当依法向人力资源社会保障行政部门申请行政许可，取得人力资源服务许可证。

备案服务 经营性人力资源服务机构开展人力资源供求信息的收集和发布等人力资源服务业务的，应当自开展业务之日起15日内向人力资源社会保障行政部门备案。

许可服务 经营性人力资源服务机构从事劳务派遣业务的，执行国家有关劳务派遣的规定。

（2）公共服务。

《人力资源市场暂行条例》第十条、第十七条则规定了公共服务的方式：

- 县级以上人民政府建立覆盖城乡和各行业的人力资源市场供求信息系统，完善市场信息发布制度，为求职、招聘提供服务。
- 国家通过政府购买服务等方式支持经营性人力资源服务机构提供公益性人力资源服务。

五、行业自律及自治性人力资本的发展机遇

自治性人力资本服务主体是指由人力资源服务机构组成的组织，它们为其成员提供发展所需的各类服务。这通常包括人力资源服务行业协会、学会或类似的组织。例如，上海人才服务行业协会和中国劳动经济学会人力资源分会就是两个典型的自治性人力资本服务主体。

上海人才服务行业协会是一个由上海市人力资源服务行业的企业及相关经济组织自愿组成的非营利性社会团体法人。它的主要服务涵盖人力资源管理咨询、高级人才寻访、人力资源外包、派遣、培训和招聘等，是上海现代服务业的重要组成部分。该协会积极与政府合作，推动行业政策的制定，加强行业自律，并成立了劳务派遣分会，建立了行业公示平台和诚信体系。此外，该协会参与国家和地方标准的制定，组建专业小组和专家库，定期发布行业统计数据和实务书籍，以提高从业人员的专业素质。该协会还致力于搭建服务交流平台，促进行业内外的合作与发展，并不断完

善内部运作，提升服务质量，推动行业的国际化进程。[1]

中国劳动经济学会人力资源分会是由高等院校、科研机构等人力资源领域的专家、学者共同发起，并由中国劳动经济学会主管的组织。其宗旨是：以服务会员为中心，实现资源共享，逐步建立立体化、国际化的人力资源市场体系；配合政府部门做好人力资源服务工作，搭建信息平台，为我国人力资源行业提供有力的保障。分会的主要职能包括开展人力资源管理的调查研究，提供咨询服务，整合资源以建立高端培训平台，建立高级管理人才资源库，组织研讨会，以及促进会员间的交流合作。此外，分会还致力于加强信息交流，编写相关管理资料和书籍。

在自治性人力资本服务主体的职能方面，《人力资源市场暂行条例》第六条明确了人力资源服务行业协会应承担的责任："人力资源服务行业协会应当依照法律、法规、规章及其章程的规定，制定行业自律规范，推进行业诚信建设，提高服务质量，对会员的人力资源服务活动进行指导、监督，依法维护会员合法权益，反映会员诉求，促进行业公平竞争。"本章以上海人才服务行业协会为例，介绍自治性人力资本服务主体的职能，包括参与行业政策法规的制定、制定行业标准规范、提升行业专业水平。

1. 参与行业政策法规的制定

人力资源服务行业协会通过获取专业智慧，参与行业政策法规制定，来维护行业利益。其行动包括立法博弈、政策游说等。例如，《上海人才服务行业协会章程》第六条规定：

（1）可代表本行业向有关国家机关反映涉及行业利益的事项，提出经济政策和立法方面的意见建议。

（2）参与有关行业发展、行业改革以及与行业利益相关的政府决策论证，提出有关经济政策和立法的建议，参加政府举办的有关听证会。

1　资料来源：上海人才服务行业协会.

（3）根据法律、行政法规的规定，可代表行业内相关企业或者其他经济组织向政府有关工作部门提出反倾销调查、反补贴调查或者采取保障措施的申请，协助政府有关工作部门完成相关调查。

2. 制定行业标准规范

人力资源服务行业协会通过制定行业标准规范，来维护行业秩序。这包括行业标准、行规行约、竞争与合作等。例如，《上海人才服务行业协会章程》第六条规定：

（1）可以向政府有关工作部门提出制定有关技术标准的建议或者参与有关技术标准的制定。

（2）建设与推动行业自律，制定本行业的行规行约。对违反本会章程或者行规行约、损害行业整体形象的会员，本会可以按照本会章程的规定，采取相应的行业自律措施，并可将有关行业自律措施告知政府有关工作部门。对行业内违法经营的企业或者其他经济组织，本会可以建议并协助政府有关工作部门予以查处。

（3）对会员之间、会员与非会员之间或者会员与客户之间就行业经营活动产生的争议事项进行协调，可以对本会与其他行业协会或者其他组织的相关事宜进行协调，可以代表本行业参与行业性集体谈判，提出涉及行业利益的意见和建议。本会可以根据需要，制定行业内争议处理的规则和程序。

（4）本会通过政府委托，可以开展行业统计、行业调查、发布行业信息、公信证明、价格协调等工作。

在行业标准方面，上海人才服务行业协会一方面严格执行国家标准，如《人才测评服务业务规范》《现场招聘会服务规范》《高级人才寻访服务规范》等；另一方面着手制定了一系列上海市地方标准，如《人力资源外包服务先进性质量要求》等。

在行规行约方面，上海人才服务行业协会主要遵循的是上海人才中介行业协会制定的行约行规，如《上海人才派遣服务行约行规》《上海人才培训服务行约行规》《上海高级人才中介服务行约行规》等。

3. 提升行业专业水平

人力资源服务行业协会的一个重要职能就是加强专业建设，提升行业专业水平，包括资格认证、专业会议、终身学习等活动。例如，《上海人才服务行业协会章程》第六条提出，团结、凝聚会员，服务产业做强、做大。根据会员需求，组织市场拓展，发布市场信息，推介行业产品或者服务，开展行业培训，提供咨询服务。

在资格认证活动中，上海人才服务行业协会一方面配合"上海市人才中介职业资格考试"，举办中介师考前辅导班，为广大考生提供培训服务；另一方面，根据上海市人力资源和社会保障局《上海市人才中介职业资格制度暂行规定》及《关于开展上海市人才中介人员继续教育工作的通知》的精神，具体实施人才中介资格持证人员的继续教育工作。

在专业会议活动中，上海人才服务行业协会连续多年组织"上海市信得过人力资源服务机构"专家评审会，加强上海人力资源服务行业诚信体系建设，提高人力资源服务机构服务质量，鼓励和倡导人力资源服务机构积极、规范、健康地发展。

在终身学习活动中，上海人才服务行业推出了继续教育和创新论坛等项目。2016年，为进一步推动人才中介人员的继续教育，上海人才服务行业协会首次举办了"国际人力资源创新论坛"。该论坛不仅指导人力资源服务企业的创新实践，还助力企业在新形势下实现转型升级，拓宽服务领域，提高服务能力，更新服务产品。

本章小结

人力资本服务是一个非常特殊的领域，专门为各类组织和个人提供与人力资源相关的服务。与人力资本服务客户一样，提供人力资本服务的主体也有不同的类型，企业只是其中之一，政府、个人、社会组织等都可以参与。根据各主体所承担的职责及其性质，本章将人力资本服务主体划分为市场性、社会性、管理性和自治性四类，并分别对每一类主体进行了介绍，包括定义、组织类型、主体职能等。

关键术语

市场性人力资本服务主体 社会性人力资本服务主体 管理性人力资本服务主体 自治性人力资本服务主体 公共人力资源服务机构 经营性人力资源服务机构 人力资源教育研究机构 民营人力资源服务机构 自雇性人力资本服务主体

思考题

1. 人力资本服务主体的定义是什么？

2. 人力资本服务主体的广义和狭义分类是什么？

3. 广义的各类人力资本服务主体的定义是什么？

4. 广义的各类人力资本服务主体的职能有哪些？

第四章

人力资本服务类型

💡 课前预习

▶ **本章学习要点:**

1. 了解人力资本服务领域的服务内容

2. 掌握人力资本服务分类的角度或标准

3. 掌握各角度或标准下的人力资本服务类型

4. 掌握基于服务功能下各人力资本服务类型的定义、载体与服务形式前两章分别介绍了人力资本服务的客户和主体，即人力资本服务的供求双方。供求双方之所以能够产生互动，是因为客户需要人力资本服务，主体能够提供人力资本服务。当前，我国劳动力市场面临的一个大问题就是供求双方的匹配问题。例如，摩擦性失业就是由于信息不完善、供求双方难以匹配导致的失业类型之一，即求职者常常无法根据个人意愿找到理想的职位，同时，雇主也面临着寻找符合企业需求的人才的挑战。也就是说，当劳动者从一个工作换到另一个工作时，往往需要花费很长的时间去搜寻信息。但是，现在市场上开始出现各种各样的高精度匹配的招聘网站，这些平台可以根据用户输入的内容精准地为其提供合适的工作岗位信息，这在一定程度上缓解了劳动力市场供求不匹配的问题。而这实质上就是一种人力资本服务。本章主要探讨的问题是：人力资本领域中的服务有哪些？可以从哪些角度或标准对人力资本服务进行分类？

● 引例：瑞可利集团

日本瑞可利（Recruit）集团成立于1960年，是全球最大的综合性人力资源服务商。瑞可利成立之初的业务仅涉及两个特定群体的需求：正在招聘员工的企业和正在找工作的学生。瑞可利收集有用信息，列出集团向应届毕业生提供的职位，出版宣传册，帮助学生作出自己的决定。在随后的几十年里，瑞可利将其专业知识运用到了不同行业，如住房、婚礼、旅游、餐饮和美容等，给更多人提供了自由流动的信息和多样化的选择。世纪之交，瑞可利开始向海外扩张。自2010年以来，瑞可利通过并购活动，在美国、欧洲和澳大利亚发展了人力资源业务，为全球求职者提供就业机会。

目前，瑞可利有三大业务部门：人力资源技术部门（HR Technology）、媒体与解决方案部门（Media & Solutions）、人员配置部门（Staffing）。相应地，瑞可利提供三大服务：人力资源技术服务（HR Technology Services）、媒体与解决方案服务（Media & Solutions Services）、人员配置服务（Staffing Services）。

1. 人力资源技术服务

人力资源技术服务以Indeed为核心，主要聚焦于招聘相关领域。Indeed.com是世界上最大的工作搜索引擎，以28种语言服务于60多个国家的求职者。该网站从各企业的求职页面、求职搜索网站和其他在线资源中收集信息，整合成职位列表，并根据求职者指定的关键词提供职位信息。（该部门包括全球领先的职位搜索引擎Indeed和美国雇主点评网站Glassdor。）

2. 媒体与解决方案服务

媒体与解决方案涵盖了瑞可利的出版业务等非人才服务业务，这是其第二大服务板块。

Suumo：一个信息服务网站，为购买、租赁房屋、建造定制房屋或出售房地产的人提供所需信息。

Zexy：一本杂志，提供从婚礼场地到婚纱礼服、珠宝和配件以及婚礼礼品等所有与婚礼相关的信息。

Study Sapuri Shinro：一个提供免费教育信息的杂志和网站，帮助高中生及其家庭选择未来的教育道路，信息内容包括职业信息、工作风格、大学/专科学校/职业学校学习的差异以及毕业后的职业方向等。

Car Sensor：日本最大的二手车网站之一，根据汽车品牌、型号、价格等帮助人们选择合适的汽车，并提供购车指南、汽车相关新闻和话题，以及汽车零部件和配件的服务。

Jalan：日本最大的住宿预订网站之一，为游客提供日本旅游信息和住宿预订服务。

Hot Pepper Gourmet：日本最大的综合性餐厅信息网站之一，用户可以在线搜索和预订餐厅、阅读餐厅信息、领取餐厅优惠券。

Hot Pepper Beauty：日本最大的美容美发、休闲沙龙搜索和预订网站之一，提供美发、美甲、按摩、沙龙等服务信息。

AirRegi：一个免费且易于使用的POS机应用程序，可以简化结账流程，使企业能够更专注于客户服务。

Rikunabi：一个网站，为即将毕业的学生和毕业生提供就业信息，用户可以在网站上预约面试、管理日程等。

Rikunabi Next：一个为想换工作的人提供就业信息的网站，还提供换工作的人的经验分享和换工作技巧等。

Recruit Agent：一个由职业顾问组成的职业介绍所，将寻找求职者的企业和想要跳槽的员工联系起来，为希望换工作的人提供支持。

From A Navi：一个网站，为学生和其他正在找工作的人提供非全日制工作信息。

Townwork：一本免费杂志，专为那些想在特定地点找工作的求职者设计，这些求职者的择业标准通常是"离家近"、"离学校近"或"我喜欢的城市"。

3. 人员配置服务

CSI：一家专业为美国文员和IT人员提供临时性人员配置服务的机构。

Staffmark：一家专注于美国轻工业岗位的临时性人员配置服务的机构。

Advantage Resourcing：一家全球性的人力资源公司，提供人力资本管理服务，包括为全球客户提供招聘流程外包和管理人员配置计划服务。

Peoplebank：亚太地区领先的IT和数字招聘公司，为IT专业人士提供职位，并为企业提供顶尖的IT人才。

Chandler Macleod Group：澳大利亚领先的人力资源服务和产品供应商。

USG People：在欧洲提供广泛的人力资源服务。

Recruit Staffing：日本的招聘服务供应商，提供包括临时性岗位搜寻、外包等服务。

Staff Service Group：一家专注于日本文员和制造业人员的临时性人员

配置服务的机构。

资料来源：Recruit 官网．

🔍 案例评述

瑞可利的案例不仅展示了人力资本服务企业如何通过多元化服务和国际扩展成为行业领导者，而且深刻揭示了人力资本服务领域的多维服务类型和对市场动态的敏捷反应。这家公司从最初的职位匹配服务发展到涵盖高度技术化的招聘解决方案、广泛的行业信息服务，以及全球人员配置，体现了人力资本服务从单一功能向综合性服务提供商的转变。

（1）技术驱动的招聘服务。

主要通过Indeed和Glassdoor这两个平台实现。Indeed作为全球最大的职位搜索引擎，通过收集全球范围内的招聘信息，为求职者提供精准的职位匹配。Glassdoor则提供公司评价和职位相关信息，帮助求职者做出更明智的职业选择。

（2）综合性行业解决方案。

除了核心的人力资源服务，瑞可利还将其业务拓展到住房、婚礼、教育、汽车、旅游、餐饮、美容等多个领域，通过Suumo、Zexy等平台，为消费者提供从住宿预订到教育咨询的一站式服务。这种服务的多样化不仅扩大了瑞可利的业务范围，也增强了其市场竞争力。

（3）国际人员配置服务。

瑞可利通过在美国、欧洲、澳大利亚等地区的并购活动，加强了其在全球的人员配置服务。这包括为不同行业如IT、轻工业等提供临时和永久的人力资源解决方案，满足企业在全球化经营中的人才需求。

瑞可利的成功案例显示了人力资本服务企业如何有效地将传统服务与现代技术相结合，实现服务的全球化和多元化。这不仅增强了公司的市场地位，也为理解现代人力资本服务的复杂性和多样性提供了宝贵的视角。

一、人力资本服务类型的全景揭秘

分类是学科研究的基本前提。本书在第一章介绍人力资源服务业与人力资本服务领域时，首先对产业进行了分类，即区分为第一产业、第二产业和第三产业。特别需要注意的是，根据国家统计局《三次产业划分规定（2012）》，第三产业被明确定义为服务业。在此基础上，人力资源服务业可以被视为第三产业的一个子行业。然而，人力资本服务领域的范畴更为广泛，它不仅包括传统的人力资源服务业，还覆盖了其他行业中的人力资本服务，如银行业中的薪酬发放服务等。明确这一点后，我们可以继续细分，直至达到具体的服务产品层面，如银行业提供的服务包括支付结算业务、银行卡业务、代理业务、基金托管业务等。进一步地，我们还可以进行更深入的分类，直至服务的构成要素层面，这对于服务产品的研究与开发至关重要，有助于我们掌握行业发展的趋势和动态。

本章将具体到服务产品层面的分类，从服务功能、服务客户、专业含量、服务技术、个性化程度等多个角度，介绍人力资本服务的类型。

1. 基于服务功能的分类

基于服务功能的分类是最常见的分类方式之一，因为功能是服务的核心，是与服务需求相对应的。当前，我们所见的人力资本服务分类主要是功能导向的，但是偏向经验性的、实践性的功能分类。这种分类也可以理解成以客户需求为基础的分类。例如，实践中可以将某几项业务整合为一个类别，以迎合消费者的偏好。区别于实践中的分类，研究层面的分类倾向于关注分类的角度、标准和构成因素等，基于此，研究人员往往可以创造出新的服务产品。

（1）2003年《中共中央国务院关于进一步加强人才工作的决定》。

我国关于人力资本服务分类的文件最早可追溯到2003年发布的《中共中央国务院关于进一步加强人才工作的决定》。在这个文件中，对于人力资本服务的描述是比较分散的，这意味着"人力资源（资本）服务"的概念当时还处于早期形成阶段。本书把文件中的人力资源相关服务罗列如下：

发展和规范人才评价中介组织 在政府宏观指导下，开展以岗位要求为基础、社会化的专业技术人才评价工作。这里我们需要注意，如果人才评价中介组织仅仅提供一套评价工具、评价方法或流程，那么该服务属于人力资本解决方案服务；如果人才评价中介组织不仅提供工具，还负责在客户单位内使用这套工具对人才进行测评，并给出相应的结果，那么该服务属于人力资本专业服务。

发展人事代理业务 所谓人事代理业务，指的是帮助客户处理人事档案、养老保险、住房公积金等相关事项。虽然这些大都是事务性的、流程性的，专业含量可能没有那么高，但也属于人力资本专业服务。

探索建立社会化的人才档案公共管理服务系统 "社会化"，即非政府性质的组织，这些组织需要提供的是"公共管理服务系统"。因此，社会化的人才档案公共管理服务系统，即政府通过招标等方式让经营性机构提供公益性服务。从分类来看，人才档案管理服务与人事代理服务类似，都属于专业含量较低、比较基础的人力资本专业服务。

建立全国统一的留学人才信息系统和留学人才库 储存在留学人才信息系统和留学人才库中的是大量的人才数据和信息，显然，这一服务是人力资本数据信息服务。

加强人才信息网络建设 积极运用现代科技手段，加强人才信息网络建设。同样，人才信息网络建设也属于人力资本数据信息服务。

（2）2014年《关于加快发展人力资源服务业的意见》。

2014年标志着我国人力资源服务业发展的一个转折点。人力资源和社会保障部、国家发展改革委、财政部联合发布了文件，要求加速人力资源服务业的发展。文件中指出："人力资源服务业是为劳动者就业和职业发展，为用人单位管理和开发人力资源提供相关服务的专门行业，主要包括人力资源招聘、职业指导、人力资源和社会保障事务代理、人力资源培训、人才测评、劳务派遣、高级人才寻访、人力资源外包、人力资源管理咨询、人力资源信息软件服务等多种业务形态。"由此可见，该文件详细列举了人力资源服务的各个方面，但并未给出明确的分类标准。

（3）2018年《人力资源市场暂行条例》。

国务院发布的《人力资源市场暂行条例》对人力资源服务进行了更为详尽的规定和阐释。尽管该条例同样没有明确指出人力资本服务的具体类型，但我们可以通过其内容进行相应的总结（见表4-1）。

表4-1 《人力资源市场暂行条例》中的人力资本服务类型

条例	服务机构类型	服务类型
《人力资源市场暂行条例》第十五条	公共服务机构	①人力资源供求、市场工资指导价位、职业培训等信息发布； ②职业介绍、职业指导和创业开业指导； ③就业创业和人才政策法规咨询； ④对就业困难人员实施就业援助； ⑤办理就业登记、失业登记等事务； ⑥办理高等学校、中等职业学校、技工学校毕业生接收手续； ⑦流动人员人事档案管理； ⑧县级以上人民政府确定的其他服务
《人力资源市场暂行条例》第十八条	经营性服务机构	①职业中介活动； ②人力资源供求信息的收集和发布、就业和创业指导、人力资源管理咨询、人力资源测评、人力资源培训、承接人力资源服务外包等人力资源服务业务； ③劳务派遣业务

（4）从服务功能复杂度进行分类。

从上述三个文件中可以看出，目前对于人力资本服务类型的划分并没有明确的规定。本书从服务复杂度的角度，提出了六类人力资本服务类型：人力资本数据信息服务、人力资本知识服务、人力资本配置服务、人力资本解决方案服务、人力资本专业服务、人力资本平台服务。本章后续内容将对这六大类型进行详细介绍。

服务复杂度可分为两个维度：专业知识的含量和服务提供者的投入程度。通常来说，从专业知识的含量角度来看，从人力资本数据信息服务到人力资本平台服务，所需的专业知识含量逐渐增加；而从服务提供者的投入程度来看，投入程度从人力资本数据信息服务开始递增，在人力资本专业服务时达到最高点，之后开始降低。这是因为人力资本平台服务更多地依赖于技术投入，而非人力资源的增加。

以往的人力资本服务类型也可以归入这六大类型，具体分类如表4-2所示。

表4-2　相关文件中提及的人力资本服务所对应的功能类型

文件名称	功能类型
2003 年的《中共中央国务院关于进一步加强人才工作的决定》	①如果人才评价中介组织仅仅提供一套评价工具、评价方法或流程，那么该服务属于人力资本解决方案服务；如果人才评价中介组织不仅提供工具，还负责在客户单位内使用这套工具对人才进行测评，并给出相应的结果，那么该服务属于人力资本专业服务； ②人事代理服务虽然大都是事务性的、流程性的，专业含量可能没有那么高，但也属于人力资本专业服务； ①人才档案管理服务与人事代理服务类似，都属于专业含量较低、比较基础的人力资本专业服务； ②留学人才库属于人力资本数据信息服务； ③人才信息网络建设也属于人力资本数据信息服务
2014 年的《关于加快发展人力资源服务业的意见》	①人力资源招聘、高级人才寻访属于人力资本配置服务； ②职业指导、人力资源培训和人才测评可能包括多种形式，以视频、讲座等形式提供的职业指导 / 培训 / 测评（知识）属于人力资本数据信息服务或人力资本知识服务，以面对面交流的形式提供的职业指导 / 培训 / 测评则属于人力资本专业服务； ③人力资源和社会保障事务代理属于较为基础的人力资本专业服务； ④劳务派遣和人力资源外包的本质是一样的，都属于人力资本专业服务； ⑤人力资源管理咨询显然属于人力资本解决方案服务； ⑥人力资源信息软件服务既包含了人力资本解决方案服务（软件），又包含了人力资本专业服务（软件的安装、维修等）

续表

文件名称	功能类型
2018 年的《人力资源市场暂行条例》	以公共人力资源服务机构为例： ①人力资源供求、市场工资指导价位、职业培训等信息发布显然属于人力资本数据信息服务； ②职业介绍、职业指导和创业开业指导，按照其形式的不同分属不同的服务类型：以视频、讲座等形式提供的职业介绍等服务属于人力资本数据信息或人力资本知识服务，以面对面交流的形式提供的职业介绍等服务属于人力资本专业服务；这里的区别在于反应性（responsive）特征，人力资本专业服务不仅要有专业知识，而且要与客户需求进行有效互动，即对客户需求作出反应； ③就业创业和人才政策法规咨询属于人力资本数据信息服务； ④办理就业登记、失业登记等事务，办理高等学校、中等职业学校、技工学校毕业生接收手续，以及流动人员人事档案管理都属于基础性的人力资本专业服务

2. 基于服务客户的分类

本书的第二章介绍了人力资本服务客户的类型，包括企事业单位、个人与家庭、政府和行业机构。相应地，人力资本服务也可以按照客户进行分类。但是，仅按照客户这一个标准对人力资本服务进行分类并不是很合理。换句话说，市场上不可能存在一家"个人人力资本服务公司"或"企业人力资本服务公司"。这是因为，一方面，人力资本服务主体很难有能力提供客户所需的一切服务；另一方面，在发展早期专注于某一领域有助于服务企业建立市场声望并占据特定市场。因此，更合理的方法是在客户分类的基础上进一步细分。例如，为个人提供的职业指导服务、职业介绍服务，以及为企业提供的人才测评服务、人力资源管理咨询服务等。

（1）个人服务（to C）：实习、求职、职业发展。

个体在生命周期的不同阶段有不同的人力资本服务需求。针对儿童和青少年，人力资本服务重视其服务对象的综合素质发展，如各类培训机构提供的钢琴、舞蹈、书法培训、体育项目、逻辑思维训练项目等。针对大学生，人力资本服务重视其服务对象的就业能力发展，如招聘网站给学生提供实习机会、工作机会，校内就业创业指导中心举办的就业指导讲座给学生提供职业规划等。针对工作人群，人力资本服务则重视其服务对象的职业发展，如猎头公司提供的多样化就业机会、培训机构提供的专业技能培训等。

（2）企业服务（to B）：人力资源和人力资源管理服务。

企业所需的人力资源服务包括人力资源和人力资源管理服务。人力资源是指招募员工，组建高适配的人力资源队伍，如招聘流程外包、人才派遣/外包、人才测评、人才甄选等。人力资源管理服务，即管理员工，实现高绩效的人力资源管理，如薪酬咨询、管理咨询、人才管理软件等。

（3）政府服务（to G）：决策咨询、智库服务。

政府所需的服务可以分为两类：政府作为社会组织的服务需求、政府作为宏观管理组织的服务需求。政府作为社会组织的服务需求与企业服务类似，既包括人力资源服务，也包括人力资源管理服务。政府作为宏观管理组织，为了减少决策失误、提高管理效率，会在制定政策、政策评估等多方面寻求智库服务。目前，我国已经有多个专门服务于政府的智库机构。例如，中国科学院科技战略咨询研究院作为中国科学院建设国家高端智库的综合集成平台，始终致力于为国家科技发展战略、规划、政策提供前瞻咨询建议和系统解决方案，形成了科技发展战略、科技和创新政策、生态文明与可持续发展、定量预测与预见分析、战略情报与数据平台五大研究方向。战略咨询院紧紧围绕服务党中央、国务院和中央军委，在高端智库试点工作中成绩卓著，决策影响力、学术影响力、社会影响力、国际影响力不断提升，获得国家高端智库理事会、国家相关决策部门、中科院、国内外智库同行和社会公众的认同。[1]

1　资料来源：中国法学网．

3. 基于专业含量的分类

（1）流程性服务。

包括社保代缴、人事档案托管、劳务派遣、人力资源业务流程外包等。

（2）专业性服务。

为客户提供专业性解决方案，如培训、管理咨询、人才测评、猎头服务等。

（3）系统性服务。

为客户提供整合性的人力资源服务，如人力资源软件服务、人力资源信息共享、人力资源云服务、人力资源审计服务等。

具体如图4-1所示。

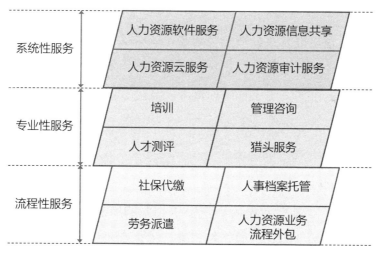

图4-1　基于专业含量对人力资本服务进行分类

4. 基于服务技术的分类

（1）技术先进性。

从技术先进性的角度来说，技术发展是一个纵向的过程，是一个新技术取代旧技术的过程。例如，公司考勤方式从最初的打卡（考勤卡）演变到指纹考勤、人脸识别考勤，直至APP考勤。相应地，服务产品也随之演变，从最初的打卡机，发展到指纹考勤系统，再到人脸识别考勤系统，最终发展到考勤APP。同样，在测评领域，早期通常采用传统的纸笔测评方式。随着互联网和大数据技术的发展，不仅笔试可以在线完成，还出现了如人工智能测评等新型测评方式。相应地，测评服务产品也经历了变化。

（2）技术便利性。

从技术便利性的角度来说，技术发展是一个横向的过程，是多种技术混合的过程。服务类型包括线下服务、线上服务、线上线下混合服务。以职业指导为例，服务主体既可以提供传统的线下服务，与客户进行面对面交流，为客户提供职业指导；也可以提供线上服务，通过网站或APP向客户传递职业指导方面的关键信息；还可以提供线上线下混合服务，满足不同客户的需求。

（3）技术动态性。

基于服务技术的分类存在一个问题，即难以找到分类的基准点，这是由技术动态性的特点所导致的。技术处于不断的发展之中，新技术随时都有可能产生，这就意味着之前针对服务产品的分类很有可能失效，需要按照新技术的标准重新进行分类。

5. 基于个性化程度的分类

（1）标准化服务。

标准化服务，即针对不同客户提供相同的服务，通常包括知识、信息、数据、报告等。例如，政府每年进行的企业薪酬调查就是一种标准化服务，企业、劳动者、科研机构等不同的人力资本服务客户所获得的薪酬数据是一致的。

（2）定制化服务。

定制化服务，即服务主体根据客户的不同需求定制的不同人力资本服务。例如，专注于招聘流程外包的服务主体会根据不同的企业制定不同的招聘流程；提供职业指导的服务主体会根据不同的个人提供不同意见的职业指导。

（3）个性化服务。

个性化服务，即定制化服务的升级版，服务主体不仅需要根据客户的不同情况定制不同的服务，而且在服务过程中要实时针对客户的反馈进行调整。也就是说，服务过程中需要有互动回应服务。例如，私人董事会就是一种典型的个性化服务。私人董事会是一种创新的企业家学习、交流和社交模式，它将高管教练、行动学习和深度社交完美结合。其核心价值在于，集合不同行业的企业家智慧，以解决企业经营和管理中的复杂实际问题。这种模式通常由咨询管理机构发起，并由经验丰富的教练负责管理和运营。

6. 从服务产品到服务业态

随着人力资本服务市场的增长和扩大，对人力资本服务类型的分类将从服务产品发展到服务业态。服务业态指的是由人力资本服务产品、客户与服务主体以及服务过程共同构成的行业形态。只有服务产品越发成熟、市场形成一定规模，服务业态才会清晰。在服务业态中，客户会从单一客户跨向多元客户、单一产品跨向多元化产品。而服务业态也会进一步划分为单一业态与混合业态。

二、数据信息驱动人力资本革命

1. 数据与信息

数据被定义为原始资料，用于定性或定量描述某一目标，包括数字、文字、符号、图形和图像及其可转化形式。而信息被视为物质存在的一种形态或表现形式，是事物的普遍属性之一，通常是指数据或消息中的含义，有助于减少对事件描述的不确定性。更直观地看，数据和信息之间的区别在于：数据是原始的事实，即原材料；信息则是数据处理的结果，即原材料加工的结果。但是在实践中，数据和信息并不会进行严格的区分。

2. 人力资源数据与信息

（1）与人力资源（个体）有关的数据与信息。

与个体有关的数据与信息是指与个体的需求紧密相关的数据与信息，如实习岗位信息、全职岗位信息、不同岗位的薪酬信息等。

（2）与人力资源管理有关的数据与信息。

与人力资源管理有关的数据与信息是指与企事业单位、政府等机构的人力资源管理的需求密切相关的数据与信息。例如，同行业企业的薪酬信息、同行业企业的人员配置情况、市场上的劳动力供给情况等。

（3）与人力资源服务有关的数据与信息。

与人力资源服务有关的数据与信息是指与人力资源服务企业的需求密切相关的数据与信息。例如，中国对外服务工作行业协会作为国内唯一一家全国性的、由经营性人力资源服务机构组成的行业协会，自1999年起一直坚持开展对会员单位年度经营情况的数据统计工作，并在此基础之上形成分析研究报告。这样的数据与信息能够为会员单位的经营决策提供参考。

（4）统计数据与调查数据。

人力资源和社会保障部会不定期发布人力资源和社会保障领域的数据，内容包括就业和再就业人数、城镇职工基本养老保险收支情况、城乡居民基本养老保险收支情况等。此外，人力资源和社会保障部每年还会发布人力资源和社会保障事业发展统计公报和中国劳动统计年鉴。

3. 人力资源数据与信息服务

（1）定义。

人力资源数据与信息服务是指向客户提供单向的人力资本数据与信息服务，是一种产品化服务，主要聚焦于标准产品，也可以根据客户的需要提供定制的服务产品。

人力资源数据与信息服务有时可以分为数据服务和信息服务两个部分。但在实践中，数据与信息的界限并不清晰。例如，企业薪酬调查的结果既可以被视作数据，也可以被视作信息。

（2）服务载体。

网络 包括门户网站、专业网站、搜索网站、移动互联网等。例如，中华人民共和国人力资源和社会保障部的门户网站设有"数字人社"专栏，专栏提供"年度统计数据""动态统计数据""数据分析""其他统计材料"等内容。

纸媒 包括书籍、报纸、杂志等。通过纸质媒体的形式传达数据是一种比较传统的方式。例如，《就业时报》作为我国第一家创刊、全国公开发行的关注就业的专业报纸，以服务指导就业为宗旨，为求职者提供海量资讯，既指导成功就业，也囊括创业经营。

（3）服务形式。

人力资源数据与信息服务的形式是多种多样的，包括统计年鉴、分析报告、电子出版物等。例如，人力资源和社会保障部发布的《中国劳动统计年鉴》、中国对外服务工作行业协会发布的行业分析报告、各种电子报刊。人力资源和社会保障局一般每年都会开展企业薪酬调查，所得数据将对劳动者选择职业、企业招聘员工以及双方协商确定薪酬待遇等方面起到积极的指导作用。

三、知识服务塑造智慧人力资本

1. 知识

（1）定义。

Nonaka提出了一个观点，即当消息（message）被赋予意义时，它就变成了信息（information），而当这些信息被系统化整理后，就演变为知识（knowledge），代表了人类的理解和学习成果。[1]

---

1 Nonaka I . A. Dynamic Theory of Organizational Knowledge Creation[J]. Organization Science，1994，5（1）:14-37.

Malhotra指出，如果把知识看成信息的集合，那么无异于剥夺了知识最核心的部分；知识并非存在于信息的集合中，而是存在于人对一系列相关信息所产生的反应中。[1]

王知津提出，知识代表了人类在改造世界的实践活动中积累的认识与经验，属于观念形态范畴，只能由人的大脑产生、认知并应用。[2]

尽管至今对知识的定义未有统一且明确的解释，柏拉图却提出了一个经典的定义标准：一项陈述要成为知识，必须满足三个条件——它必须是经过验证的、正确的，并且被普遍接受。因此，知识本质上就是对现象的解释，包括自然科学知识、社会科学知识以及艺术哲学知识等。知识与数据、信息的最大不同在于，知识是对现象的"可验证"的解释。但需要注意的是，并非所有对现象的解释都是知识，如巫术、神话、宗教等。

（2）特点。

知识具有以下三个特点：

难以改变 知识具有结构上的严谨性。例如，西医，又被称为循证医学（evidence-based medicine），其核心理念是医疗决策应基于现有的最佳临床研究证据，而非完全依赖个人的临床经验。换句话说，知识应当是稳定的。

可延伸 知识能够解释普遍现象。但需要注意的是，知识可解释的范围会随着时间的变化而变化。例如，从牛顿力学到量子力学的发展。

可验证 知识是可被重复检验的。

2.人力资本知识

（1）与人力资源有关的知识。

与人力资源有关的知识是最广泛且最基础的。例如，管理学原理、经

---

1 Malhotra Y . Knowledge Management in Inquiring Organizations[C]. Americas Conference on Information Systems，1997.

2 王知津 . 从情报组织到知识组织 [J]. 情报学报，1998，17（3）:230-234.

济学原理、心理学原理等都可以被认为是与人力资源有关的知识，或者，与个人的专业或职业相关的专业知识也可以被认为是与人力资源有关的知识。也就是说，这些知识的针对性不那么强，主要用于搭建个人的知识体系和框架。

（2）与人力资源管理有关的知识。

与人力资源管理有关的知识则有着更强的针对性，主要用于应对人力资源管理实践中出现的问题。例如，人力资源六大模块、人力资源三支柱模型、人员测评工具、绩效考核方法等。

（3）与人力资源服务有关的知识。

人力资源服务是为客户提供相应的人力资源数据信息、知识、解决方案等。因此，与人力资源服务有关的知识不仅应该包含人力资源管理知识，还应该包括咨询、信息技术等相关知识。

3. 人力资本知识服务

（1）定义。

人力资本知识服务是指向客户单方向提供人力资本知识的服务。例如，美国管理协会（American Management Association，AMA），专注于管理培训，建立了完善的课程体系，提供专业知识，致力于帮助一线主管提升管理技能、二线主管提升领导力，以及高层管理者提升策略变革力。人力资本知识服务具有强烈的产品特性，它们通常以一组数据、一份报告、一本书等形式提供给客户。

（2）服务载体。

人力资本知识服务的载体包括专业出版、专业网站、教研机构、学会等。以专业出版为例，中国人力资源和社会保障出版集团构建了一个专业的图书体系：人社业务图书，包括理论研究类、工作实务类、培训教材类以及工具书；培训用书，包括技能培训、创业培训、岗位培训等；考试用书，包括公务员考试、事业单位人员考试、专业技术人员职业资格考试等。此外，该出版集团还提供了数字产品，包括在线课程、数据库、整体解决方案等。

随着信息技术的发展，人力资本知识服务也在逐步信息化、数字化，软件成为服务的主要载体。例如，得到APP，旨在为用户提供"省时间的高效知识服务"，利用互联网技术对人类的知识进行再生产和体系整合。知乎、喜马拉雅等软件供应商也提供类似的服务。

四、合理配置革新多维人力资本

人力资源/人力资本配置服务是指向需求方提供适配的人力资源/人力资本。这种配置服务具有其独特性，主要表现在配置服务需要实现人和岗位的匹配。这就涉及人力资源管理的核心功能之一——招聘。因此，它与人力资本数据信息服务、人力资本知识服务存在很大的区别。

1. 基于人才层次与类型的配置服务

（1）纵向分层：从初级到高级。

纵向分层，即按照企业内部层级高低对岗位进行分类。例如，从实习生、专员、技术员等初级岗位到CEO、CTO、CFO、COO等高级岗位。不同层级的岗位所需的配置服务是不同的。例如，为初级岗位提供的人力资源配置服务是大型招聘会，而为高级岗位提供的人力资源配置服务则是猎头服务。

（2）横向分类：从财务到营销。

横向分类，即按照企业内部职能分工对岗位进行分类，如财务、人力资源、研发、算法、产品、设计、营销等。同样，不同职能的岗位所需的配置服务也是不同的。财务、人力资源等偏职能类的岗位通常通过传统招聘会等就可以招募到员工，研发、算法等偏技术类的岗位可能需要通过猎头服务进行人才招募。

2. 基于时间灵活性的配置服务

针对岗位时间的灵活性，配置服务可以分为长期和临时两种。长期性工作岗位可以通过人才招聘会等传统方式来招募人才。《中华人民共和国劳动合同法》将临时性工作岗位规定为存续时间不超过六个月的岗位，并指出临时性工作岗位可以通过劳务派遣这一用工形式。在实践中，临时性工作岗位是一个含义多元的概念，既可以指存续时间不超过六个月的岗位，也包括实习生岗位，甚至按分钟计费的专家咨询也可以算作临时性工作岗位的一种。针对临时性工作岗位，可以提供的人力资源配置服务包括灵活用工、实习、短工、人才租赁等。科锐国际的主营业务之一就是提供这种针对临时性工作岗位的配置服务。

3. 基于人力资本关系的配置服务

基于人才层次与类型的配置服务以及基于时间灵活性的配置服务都属于有形的服务，基于人力资本关系的配置服务则强调服务主体与服务对象之间的关系强度。

（1）劳动/雇佣关系配置。

劳动/雇佣关系配置是传统的配置服务，即服务主体为服务对象招募员工，员工与服务对象企业之间建立的是劳动关系。这包括招聘服务、猎头服务等。

（2）工作关系配置。

工作关系配置是指服务主体与服务对象之间建立的是工作关系，如专家咨询服务。例如，科锐国际提供的智库专家业务，可以根据客户需求定制访谈方案，快速甄选并匹配资深行业专家，与客户进行一对一的电话访谈或面谈。专家利用对市场及行业的深入理解，为客户提供商业决策咨询服务，帮助客户制订解决方案。在这个例子中，专家与客户企业之间的关系就是一个典型的工作关系。

（3）合作关系配置。

合作关系配置是指多个服务主体共同为一个服务对象提供服务。例如，滴滴公司的服务模式就是司机和平台共同合作，为客户提供服务并共享收益。

（4）混合关系配置。

劳务派遣是典型的混合关系配置。劳务派遣是指由劳务派遣机构与派遣劳工签订劳动合同，将劳动者派往其他用工单位，然后由用工单位向派遣机构支付服务费用的一种用工形式。在这种模式下，实际用工单位向劳务派遣机构支付服务费用，而劳务派遣机构向劳动者支付劳动报酬。即，劳务派遣机构和派遣劳工之间签订劳动合同，是劳动关系；劳务派遣机构与用工单位之间签订劳务派遣协议，是工作关系。

五、解决方案创新人力资本实践

人力资本解决方案服务是指向需求方提供人力资源解决方案，但服务主体不参与需求方的人力资源管理或职业管理的实际运作。该服务专注于解决管理问题，仅仅告知客户应采取的行动方案，而不会具体执行这些解决方案。需要注意的是，本书所指的"解决方案"与人力资本服务实践中提到的"解决方案"有所不同。本书所指的"解决方案"是一个狭义的概念，即以提出最终的解决方案为截止点。

1. 人力资本咨询服务

（1）个人。

针对个人的人力资本咨询服务主要是职业生涯咨询。例如，北森生涯，作为中国领先的职业发展咨询机构，致力于为个人提供全面的职业生涯规划服务。该机构利用一系列科学的方法和工具，帮助客户明确职业定位，设计职业生涯规划，并提供实际可行的职业发展策略。北森生涯的服务包括职业兴趣测试、能力评估、个性化咨询和规划，为面临职业发展困惑的人士提供了系统化的解决方案，协助他们在职业道路上作出更明智的决策。

（2）家庭。

针对家庭的人力资本咨询服务更为广泛，涵盖健康、营养、教育等多个领域。随着生活节奏的加快和工作压力的增大，家庭对健康和营养咨询的需求日益增长。市场上也涌现出越来越多的健康和营养咨询机构，为有需求的客户提供定制化的解决方案。此外，高考测评与志愿填报咨询服务在近几年成为热门领域。一些手机应用程序能够根据用户输入的信息，实时提供志愿填报的参考意见。

（3）组织。

针对组织的人力资本咨询服务是最典型且最传统的人力资本解决方案服务，既适用于企业，也适用于政府。麦肯锡、美世、华夏基石等企业是提供人力资本咨询服务的典型代表。例如，华夏基石专注于为企业和政府提供人力资本咨询服务，服务内容包括人才战略规划、组织能力建设、绩效管理等。该公司通过定制化的解决方案，帮助客户优化人力资源体系，提高组织效率和市场竞争力。

2. 人力资本软件系统

人力资本软件系统虽然本质上是一种产品，但其功能在于帮助客户解决一系列问题，因此也被视为人力资本解决方案服务的一部分。

（1）本地部署与内联网。

本地部署（On-premises）软件是指安装在用户或组织本地设施的计算机上运行的软件，这通常是企业购买后在自身办公场所内部运行的系统。它与On-demand软件，也就是按需提供服务的SaaS模式形成对比。例如，金蝶软件（Kingdee）提供了一系列企业管理软件，涵盖财务管理、人力资源管理和客户关系管理等，这些软件通常安装在企业自己的服务器上。本地部署软件使企业能够完全控制自己的数据和系统安全，适合对数据安全性和控制性有较高要求的企业环境。

（2）互联网与移动网络。

该服务主要涉及将人力资源管理系统部署在互联网或移动平台上，使企业能够通过网络连接随时随地访问其人力资源数据和工具。例如，飞书是由中国互联网企业字节跳动开发的一款集成办公软件，它支持通过互联网和移动设备进行无缝的团队沟通、文件共享、日程管理等。飞书的应用展示了现代企业如何利用互联网工具优化人力资源管理，实现信息流的快速传递和决策支持。

（3）软件即服务。

软件即服务（Software as a Service，SaaS）供应商为企业提供了所需的全部网络基础设施以及软件和硬件平台，包括所有的初始实施和后续维护服务。企业无须投资购买硬件、构建数据中心或雇用IT专业人员，而可以通过互联网直接访问信息系统，根据需求从SaaS供应商那里租赁软件服务。例如，腾讯会议是由腾讯提供的一种云视频会议解决方案，它允许用户通过互联网连接使用视频会议功能，无须企业自行购买和维护硬件设施或安装复杂的软件。

3. 人力资本研究与开发服务

（1）产品或技术设计方案。

技术公司会为企业或政府设计一些技术性较强的项目。例如，东软的TalentBase数智人力资本管理系统，融合了人工智能大模型、大语言模型以及机器人流程自动化等前沿技术，开发了一个自动化、智能化、实时化的人才管理平台。该平台为企业提供了一个数智化的人力资本管理体系，利用数字客服实现对员工的全天候人才服务与业务支持，以此增强员工的参与度和忠诚度，丰富其工作体验。同时，利用系统集成的人力资源管理指标，结合内部人力资源数据与外部业务数据，评估管理效率，支持企业的战略规划决策。从集团的战略高度出发，结合多业务板块的发展需求，识别并适应各下属单位的管理需求差异，通过多样化的组织策略和精准的人员管理，实现集团化管控与个性化管理的有机结合。这些措施共同助力企业构建一个高效、动态且响应迅速的人力资本管理框架，优化了企业的核心人事流程，实现了人才的智能筛选和精确培养，赋能企业成功构建新质生产力下的人才管理新范式，全面提升人才管理效能。

（2）宏观政策研究报告或立法草案。

这类服务包括深入分析社会经济政策的影响，提出改进建议，或制定新的政策草案以解决具体问题。例如，中国社会科学院法学研究所经常承担此类任务，为政府部门提供法律政策分析，协助完善相关法律法规。这些研究不仅涵盖法律文本的起草，也包括对现行政策的评估，并提出修改或补充的建议，以确保政策实施能有效解决问题，支持社会和经济的健康发展。例如，该研究所曾参与起草和修订多项重要法律法规，如民法典、劳动法等，通过其专业的法律研究为中国法律体系的完善作出了重要贡献。这种服务有助于提高政策的科学性和适应性，加强法律与社会需求的联系，促进法律环境的稳定发展。宏观政策研究报告和立法草案编制服务是政府和决策层在制定和调整政策时的重要工具，通过这些服务，政策制定者可以获得必要的数据支持和专业意见，确保政策的有效性和前瞻性。[1]

六、专业服务提质高效人力资本

人力资本专业服务是指人力资本服务主体基于人力资源专业/技术理论或解决方案（产品），向需求方提供专业服务。

人力资本专业服务的最终目的是解决问题，因此该服务不仅需要提供解决方案，还需要执行方案以确保其实施。从人力资本配置服务到人力资本解决方案服务，再到人力资本专业服务，呈现的是一个层层递进的关

1　资料来源：中国法学网．

系，服务方介入的程度逐渐加深。

1. 人力资源教学与顾问服务

人力资源教学与顾问服务包括教育教学培训和教练辅导顾问。不论是教育教学培训还是教练辅导顾问，其关键在于提供有反应性（responsive）的服务。例如，大学生就业指导与服务中心通常会面对面地为同学提供就业指导、职业生涯咨询等服务，这些服务因人而异，不同的同学会得到指导老师不同的建议。

2. 人力资源业务流程外包

人力资源业务流程外包是指企业将一项或多项人力资源管理任务委托给外部企业或组织执行，目的是降低人力资源成本并优化效率，使企业得以专注于核心业务，同时确保人力资源管理工作的专业执行。这意味着，人力资本服务主体不仅要为客户提供解决方案，更重要的是为客户解决问题。人力资源业务流程外包包括人事代理、招聘代理、培训外包等。

3. 人力资源共享服务

人力资源共享服务的一个趋势是，人力资源共享服务中心正向人力资源共享交付中心转变。人力资源共享服务中心的主要功能是，集中处理企业集团各业务单元的所有行政性人力资源管理工作，包括员工招聘、薪酬福利核算与发放、社会保险管理、人事资料与信息服务管理、劳动合同管理、新员工培训、员工投诉与建议处理以及咨询与专家服务等。人力资源共享服务中心旨在为集团内所有业务单元提供高效的人力资源管理服务，提升整体运营效率并优化对业务单元的支持。人力资源共享交付中心相较于人力资源共享服务中心，展现了更明确的问题解决能力，专注于满足业务单元的具体需求。该中心不仅支撑体系运作，还针对业务和员工需求提供专业的HR服务。通过建立统一的HR业务运营和功能管控平台，该中心强化了其在企业内部的战略角色，确保HR服务的效率和质量。

4. 人力资源托管服务

人力资源托管是指企业利用外部优质资源接管人力资源部门或部分人力资源业务。其典型形式是专业雇主组织（Professional Employer Organization，PEO），通常由当地的人力资源、法律以及税务专家组成，提供一整套综合的人力资源服务，特别适用于向海外拓展的企业。

七、平台服务连接综合人力资本

人力资本平台服务是指服务主体提供的连接人力资源供求双方的场所或界面，包括短时性与持续性、物理与虚拟、信息、人力资本或服务交付等类型的平台。人力资本平台服务是一种综合性的人力资本服务类型，包含的内容非常广泛。例如，服务提供商可以在平台上提供数据信息、知识、配置服务、解决方案、专业服务等。

1. 人力资本物理平台

人力资本物理平台，即以物质实体形式存在的平台，包括人力资源论坛、人力资源市场、人力资源产业园区等。

（1）人力资源论坛，如中国人力资源管理论坛，其作为国内人力资源研究领域规格最高、影响最大、最具专业度的学术会议，旨在加强人力资源管理和组织行为研究领域学者间的沟通与合作，促进学术界和实践界的交流与融合。

（2）人力资源市场，一般会举办各类行业人才的招聘会，将人力资源供给和需求双方连接到一起。

（3）人力资源产业园区，如北京人力资源服务产业园区，专注于吸引人力资源服务业的创新领域、高端部门以及新兴业态，通过市场机制吸引全球顶尖专家来华工作。园区为驻扎的机构提供从档案管理到社会保险、外籍人士工作许可等一体化公共服务。同时，为顶级专家及其创新团队提供优先的个性化人才服务，确保其创新活动得到充分支持。

2. 人力资本虚拟平台

人力资本虚拟平台，即在互联网上搭建的、不存在物质实体的平台，包括招聘网站、社交媒体、人力资源服务在线平台等。以海南省人力资源公共服务平台为例，平台内设有"资讯中心""政务公开""政策法规""办事指南""政协提案"等专栏，并且提供技能考试公告、企事业单位招聘公告等信息，满足个体或企业用户的不同需求。

人力资本领域不仅包括人力资源服务业，还包括其他行业中的人力资本服务部分。本章将分类具体到服务产品层面，从服务功能、服务客户、专业含量、服务技术、个性化程度等角度，来介绍人力资本服务类型。其中，对基于服务功能的人力资本服务类型的定义、进一步分类进行了详细的阐述。总体来说，人力资本服务领域要远大于人力资源服务行业，而且随着科学技术的变迁，人力资本服务的载体和形式也将发生较大的变革。

人力资本服务类型 人力资本数据信息服务 人力资本知识服务 人力资本配置服务 人力资本解决方案服务 人力资本专业服务 人力资本平台服务 事务性人力资本服务 流程性人力资本服务 专业性人力资本服务 系统性人力资本服务

🕐 **思考题**

1. 人力资本服务有哪些类型？

2. 如何划分人力资本服务类型？

3. 各类型的人力资本服务定义是什么？

4. 基于服务功能划分的人力资本服务的基本内容是什么？

第五章

人力资本服务技术

课前预习

▶ 本章学习要点：

1. 掌握科学与技术的概念

2. 掌握人力资本服务技术的概念

3. 掌握人力资本服务技术的分类标准

4. 了解基于创新性质的人力资本服务技术

在当前的人力资源行业中，技术融入已经成为一种普遍的发展趋势。无论是基础的人力资源外包服务还是更复杂的管理任务，互联网、云计算、大数据、人工智能等前沿技术都在重塑着服务的提供方式和发展模式。这不仅是一个充满挑战的时代，更是一个充满机遇的时代。人力资源服务从业者在追求专业化的同时，也要探索与先进技术的融合。通过这样的融合，人力资源服务领域可以探索新的发展方向，实现业务的创新和提升。因此，本章将深入探讨人力资本服务中的技术应用，旨在展示如何通过技术力量促进人力资源行业的革新和效率提升。

● 引例：沃森的智能化应用

沃森（Waston）是由IBM和美国得克萨斯大学历时四年联合打造的一款超级计算机。它存储了海量的数据，而且拥有一套逻辑推理程序，可以推理出它认为最正确的答案。IBM开发沃森旨在完成一项艰巨的挑战：建造一个能与人类回答问题能力匹敌的计算系统。2011年，沃森在全美最著名的智力竞答电视节目《危险边缘》（*Jeopardy*）中一战成名，成为最受关注的人工智能之一。

沃森代表着认知计算的最前沿。认知计算是一种全新的计算方式，使沃森能够通过自然语言（Natural Language）理解非结构化数据，如文学作品、研究报告、博客、帖子等。沃森能够像人类一样去解读文本，理解上下文环境，从语法、关系和结构上进行断句，辨别文本的语义和含义。沃森尝试理解话语的真正内涵，利用这种理解来提取合乎逻辑的回应，并且利用更为广泛的语义模型和算法来推断可能的答案。此外，沃森通过基于证据的学习方法（Evidence Based Learning）能够迅速从大量数据中抽取关键信息，实现类似人类的学习过程。此外，它还能在与专家的互动中接收反馈，通过优化学习模型不断自我改进。

目前，沃森已经在金融、时尚、医疗、旅游、法律、教育、交通等多个行业得到应用。以医疗行业为例，沃森能够在互动、发现和决策三个领域中助力解决医疗难题。

1. 互动：Welltok利用认知技术为用户提供定制化的医疗体验

Welltok的CaféWell是一个全面健康管理平台，涵盖了压力管理、营养监控以及糖尿病护理等领域。为了增强平台的交互性和个性化，Welltok选择与沃森合作开发了CaféWell Concierge。这个系统运用自然语言处理和认知计算技术，从各类文本资料（如医疗对话、活动数据等）中提取有用信息，以优化用户的互动体验。其认知能力使平台能快速准确回答健康问题，创造基于数据的个性化体验，实现个体医疗护理与数字健康生态系统的无缝对接。

2. 发现：VHA采用认知能力优化创伤后应激障碍患者的治疗过程

Veterans Health Administration（VHA）是美国最大的综合医疗保健系统，拥有超过1700个治疗点，每年为大约870万名退伍军人提供医疗服务。为了更有效地治疗患有创伤后应激障碍的退伍军人，该机构引入了沃森来提升这些军人的医疗服务质量。

沃森通过分析大量的医学文献、临床数据和患者的医疗记录，为每位病人定制合适的治疗方案。此外，它还能为临床医生提供基于证据的问题解答，减少医生在研究上的时间，使医生能够更专注于病人的诉求和与病人的互动。

3. 决策：认知技术为癌症患者制订个性化诊疗方案

康民国际医院（Bumrungrad International Hospital），坐落于曼谷，是东南亚最大的私立医疗机构。该医院为提升癌症治疗服务品质，引入了沃森系统，辅助医生为每位癌症患者制订更加有效的治疗计划。由于癌症治疗需要处理大量且日益增多的数据，沃森通过分析患者个案、医学证据、公开研究以及纪念斯隆-凯特琳癌症中心（Memorial Sloan Kettering Cancer Center）积累的丰富临床知识，为医生提供病理研究的综合结果，助力决策过程。

资料来源：IBM官网.

Q 案例评述

人工智能技术已经成为这个时代最显著的特征。沃森这样的高级认知计算系统展示了人力资本服务技术如何结合人工智能和大数据分析，为人力资源管理带来革命性的改变。人力资本服务技术主要包括自然语言处理、机器学习、数据分析和认知计算等，这些技术不仅使系统能处理和分析大量复杂的数据，还能进行深层的逻辑推理和学习，以支持决策制定。利用这些技术，人力资本服务已超越了简单的信息处理和记录，能够进行复杂的决策支持和问题解决，如在医疗、法律和金融领域的应用所示。例如，在医疗行业，沃森通过分析医学文献和患者病历，能够协助医生制订更为个性化和精准的治疗计划。这种能力标志着人力资本服务技术在帮助专业人士提高工作效率、优化决策过程方面的重要作用。

展望未来，随着技术的进一步发展和优化，人力资本服务技术有望在更多行业内得到广泛应用，尤其是在提升个性化服务和决策精确性方面。这将推动人力资源管理从传统的行政管理向更具战略性的角色转变，强化其在组织发展中的核心地位。同时，随着技术的普及和成本的降低，中小企业也能够利用这些先进技术来优化他们的人力资源管理，提升整体业务竞争力。

一、技术融合与人力资本服务革新

本章所指的技术是与自然科学或准自然科学联系在一起的，如生物、物理等科学领域的技术，不包括社会科学领域的技术等。

1. 科学与技术的定义

科学的内涵和外延是随着科学的发展及人类对其理解的深化而不断演变的。因此，设定一个永久不变的科学定义是不现实的。我们只能通过宽泛且具有解释性的描述来准确传达科学的概念。科学是系统、可靠的知识积累，其目标是进行理性的解释和预测。目前，对科学的理解可以概括为三个方面：首先，科学是一种特定的社会行为，即知识的产生过程，属于创新性的智力活动。其次，科学是一套不断发展变化的知识体系，《辞海》对科学的定义是："科学是关于自然界、社会和思维的知识体系。"最后，科学不仅是知识的生产活动和知识体系，还是推动社会发展的实践力量。随着人们的掌握和应用，科学不断进步，有效地改造了客观世界。[1]

狄德罗（Denis Diderot），18世纪法国百科全书派的领军人物，最早在其主编的《百科全书》中对"技术"这一概念进行了界定，将其描述为"为达成特定目的而协调动作所需的方法、手段及规则的系统集合"。在当代，对技术的理解分为狭义和广义两种：狭义上，技术被限定在工程领域，包括机械技术、电子技术、建筑技术等；广义上，则将技术扩展到社会运作、日常生活和思维方式等更广泛的领域。[2]中国学者对技术的广义定义是："人类在其生存和社会发展的实践活动中，为实现预定目标，根据客观规律对自然和社会进行调节、控制和改造所运用的知识、技能、手段和规则的总和。"[3]

2. 人力资本服务技术

人力资本服务技术，简单来说，就是指应用于人力资本服务中的技术。这一定义既有对科学与技术关系的理解，也有对技术狭义与广义的理解。

技术是科学知识的实际应用，具有很强的实践性，甚至在科学发展之前就已经存在。但在现代条件下，科学是技术的源泉，尽管我们不能忽略实践经验中技术发现对科学进步的推动作用，以及这种进步反过来促进技术的改进。本章所讨论的人力资本服务技术，是指与自然科学相关并由其推动发展的技术。此外，我们还需理解技术狭义与广义的区别，本章所指

1　赵祖华 . 现代科学技术概论 [M]. 北京：北京理工大学出版社，1999.

2　赵祖华 . 现代科学技术概论 [M]. 北京：北京理工大学出版社，1999.

3　邓树增 . 技术学导论 [M]. 上海：上海科学技术文献出版社，1987.

的人力资本服务技术是狭义的技术。

技术有两种基本分类方式：一是基于实践价值即功能进行分类，如建筑技术、织造技术等；二是基于科学基础即学科进行分类，如物理技术、化学技术、生物技术等。这两种分类方式虽然各有其正确性，但都未能完全捕捉到技术的动态发展性质。特别是技术在解决实际问题中的角色，凸显了创新的重要性。因此，一个更全面的分类方式应当注重创新性技术的分类。这种分类不仅关注技术的功能和科学基础，而且强调技术创新在推动发展中的核心作用，这也是本章主要探讨的视角。

（1）基于功能的人力资本服务技术。

基于功能的人力资本服务技术可以简称为功能性人力资本服务技术，即解决人力资本服务问题、满足人力资本服务需求的技术。

在前一章中，我们归纳了六种不同的基于功能的人力资本服务类型：人力资本数据信息服务、人力资本知识服务、人力资本配置服务、人力资本解决方案服务、人力资本专业服务与人力资本平台服务。功能性人力资本服务技术是与这些服务类型相对应的。例如，"得到"作为一个提供人力资本知识服务的平台，利用数字技术向用户提供知识内容，展示了如何根据特定功能需求部署相应的技术解决方案。

功能性人力资本服务技术的一个主要特点是基于实际需求导向，这使得解决方案可能倾向于实用主义和经验主导。例如，专注于人力资本配置服务的企业可能会根据客户需求开发单一的解决策略。然而，技术的科学基础可能很复杂，且实现同一客户需求的技术路径可能有多种，这要求提供服务的企业不仅要关注短期的客户需求，也要从长远和科学的角度评估和选择技术方案，以确保技术选择的科学性和长期有效性。这种方法不仅有助于提升服务质量，还能增强客户满意度和服务的可持续发展能力。

（2）基于学科的人力资本服务技术。

基于学科的人力资本服务技术可以简称为学科性人力资本服务技术，

即基于某一领域的科学原理来解决人力资本服务问题的技术。

与功能性人力资本服务技术强调的需求性不同，基于学科的人力资本服务技术强调技术的科学性。特别需要强调的是，我们讨论的科学与技术更多指的是"硬"科学技术，即自然科学。考虑到人力资本服务应用的视角，从大的学科分类，我们初步可以归纳为物理技术、生物技术、心理技术、数字技术、人工智能技术等。这种分类方式是应用性的、初步性的、列举性的。

人力资本服务的物理技术 机械制造技术是研究制造机械产品的加工原理、工艺过程、制造方法及相应设备的一门工程技术。[1]例如，打卡考勤机制造等。机械制造技术并非一种常规性技术，而是一种综合性技术。它既包括工业经济背景下的传统机械制造，也包括数控机床和3D打印等先进制造技术。

材料技术是一门综合性学科，包含从利用原材料生产商品到加工成特定应用所需的形状和形式的这一过程。[2]

3D打印技术，也称增材制造技术（Additive Manufacturing），与传统的减材制造方法形成鲜明对比。这种技术是基于三维CAD模型，通过逐层累加材料来构建物体的一种制造方式。[3]作为一种跨领域技术，3D打印技术在多个行业中有着广泛的应用。

人力资本服务的生物技术 生物技术是指利用生物学解决问题并制造有用产品的一种技术。生物技术把生物信息与计算机技术合为一体，促进其他领域的研究，包括纳米技术和再生医学。如今，有许多从事商业活动的生物技术公司，它们生产转基因物质，为医学、农业和生态学提供了广泛

1　栾敏，胡育辉，冯志群.机械制造技术基础[M].北京：北京大学出版社，2007.

2　资料来源：挪威科技大学.

3　资料来源：美国材料与试验协会.

的用途。[1]

基因技术是指了解基因表达（Understand Gene Expression）、利用自然遗传变异（Take Advantage of Natural Genetic Variation）、修饰基因（Modify Genes）和将基因转移到新宿主（Transfer Genes to New Hosts）的一系列活动。[2]人力资本服务的生物技术可应用到与之相关的健康服务。

人力资本服务的心理技术　心理测量学是指借助一定的测量工具，采用数理统计方法来数量化分析心理和行为的学科，包括心理物理学、心理量表法和心理测验等理论和方法，理论基础是经典测量理论和现代测量理论。[3]人力资本服务的心理技术最常用于人才测评服务。

人力资本服务的数字技术　信息技术是关于信息的产生、发送、传输、接收、交换、识别、处理及控制等应用技术的总称。一般包含电子工程、计算机软硬件、网络、通信、自动控制以及信息服务等领域。[4]

软件技术是一种通用术语，包括软件开发中可能使用的开发方法、编程语言和支持工具。

互联网技术涵盖所有与互联网相关的技术应用。随着互联网的持续进步、应用的日益丰富及硬件技术的迅猛发展，互联网技术也在朝着更加多元和复杂的方向演变。这些技术包括但不限于：Web技术、网络安全技术、搜索引擎技术、数据库技术、数据传输技术和流媒体技术。

云计算技术通过网络实现对计算资源、存储资源和软件资源的集中管理与动态调配，使得信息技术资源的供应像水和电一样按需可用。这种技术具备快速弹性、可伸缩性、资源共享、广泛的网络接入和支持多租户等

1　不列颠简明百科全书公司. 不列颠简明百科全书 [M]. 北京：中国大百科全书出版社，2005.

2　资料来源：澳大利亚联邦科学与工业研究组织.

3　夏征农，陈至立. 辞海 [M]. 上海：上海辞书出版社，2010.

4　夏征农，陈至立. 辞海 [M]. 上海：上海辞书出版社，2010.

显著特点，标志着信息技术服务模式的一次重大革新。云计算涵盖三种主要服务模式：基础设施即服务、平台即服务和软件即服务。

大数据技术代表了数据科学新一代的技术架构，专注于处理大规模、复杂类型的数据集，这些数据需要快速处理和价值最大化。大数据技术集成了最新的数据感知、收集、存储、处理、分析及可视化方法，目的是从海量数据中提炼价值，洞察自然界及人类社会的深层规律。[1]大数据技术的发展主要集中在六个核心领域：数据采集与预处理；数据存储与管理；大数据计算模式；数据分析与挖掘；数据可视化；数据安全保护。[2]这些领域共同推动了大数据技术的综合应用和理论拓建。

区块链技术构建了一个去中心化的分布式账本，其中通过密码学链接的数据块依序排列，包含在特定时间内生成的不可篡改的交易记录。这一技术并非孤立存在，而是多种技术（如密码学、数学、经济学和网络科学）的融合产物。这些技术共同作用，形成了一个去中心化的信息记录和存储系统，每个数据块都附有时间戳，确保数据的连续性和完整性。区块链技术推动构建了数据透明、防止篡改的系统，保证了数据的真实性和诚信度。[3]

人力资本服务的人工智能技术 从工程角度来说，人工智能就是要用人工的方法使机器具有与人类智慧有关的功能，如判断、推理、证明、感知、理解、思考、识别、规划、设计、学习和问题求解等思维活动。它是人类智慧在机器上的实现。人工智能技术可分为知识表示技术、知识推理技术、模糊逻辑技术、神经网络技术、遗传算法、专家系统、机器学习、群集智能。[4]

---

1 张锋军.大数据技术研究综述 [J].通信技术，2014（11）:1240-1248.

2 吕云翔.云计算与大数据技术 [M].北京：清华大学出版社，2018.

3 长铗，韩锋.区块链：从数字货币到信用社会 [M].北京：中信出版社，2018.

4 曹承志.人工智能技术 [M].北京：清华大学出版社，2010.

神经网络包括两类：一类是人工神经网络，即用计算机的方式去模拟人脑；另一类是生物神经网络，即生物学上的神经网络。一般而言，神经网络技术指的是人工神经网络技术。人工神经网络是一种模仿生物神经系统，尤其是大脑处理信息的方法所发展的信息处理技术，通过模拟生物神经网络的结构和功能，利用海量互联的处理元件共同工作来解决特定问题。

（3）基于创新的人力资本服务技术。

基于功能的人力资本服务技术关注的是如何更有效地满足人力资本服务需求，而基于学科的人力资本服务技术则侧重于其科学基础。这实际上意味着人力资本服务的需求和学科基础都在不断发展之中，因此我们需要一种能够体现这种动态变化及其特性的分类方法。在当前技术革命迅速发展的背景下，这种分类方法尤其值得我们高度关注，这也是本章讨论的主线。

基于创新的人力资本服务技术也可以称为创新性人力资本服务技术，包括常规型技术、增强型技术、跨界型技术、融合型技术。常规型技术既是我们分类的基准，也是我们在工业经济范式下主要使用的技术。相对于常规型技术，增强型技术的功能更加强大。跨界型技术往往会取代原有的技术，对应用常规型技术的企业带来巨大的打击。例如，古代人们通常使用马车解决交通问题，但汽车的出现导致马车逐渐被淘汰。融合型技术指的是两种或以上不同技术的结合，本质上也是一种跨界型技术。跨界型技术与融合型技术的区别在于，跨界型技术是A技术取代B技术，而融合型技术则是通过结合A技术和B技术创造出C技术，随后C技术再取代A技术和B技术。

值得注意的是，由于技术的动态性特征，当前的增强型、跨界型和融合型技术最终都可能发展成为常规型技术。

二、常规型实用技术创新人力资本服务

从技术的功能和创新角度来看，常规型技术是当前社会经济中广泛

使用的人力资本服务技术，也是研究创新性人力资本服务技术的起点。技术的发展具有动态性和波动性特征，不同水平和功能强度的技术在同一时期共存，并且总有更先进的技术在发展之中，处于不同的实用化阶段。因此，如果没有常规型技术作为参照，我们很难对增强型、跨界型和融合型技术进行准确的定义。这种分类方法有助于我们系统地理解技术的进步及其应用范围，同时也推动了对技术创新的深入研究。

1. 物理技术

在人力资本服务领域，考勤机、计算机、健身设备、康复设备等产品都是基于物理技术开发的。以考勤机为例，其发展历程就充分展现了技术动态性的特征。最早的考勤机是插卡式的，通过在金属卡片上打孔，并利用感光元件和光投影来识别编号。这种插卡式考勤机取代了手工记录考勤的方式，但由于金属片容易变形，导致识别误差，并未得到广泛推广。第二代考勤机是磁卡型的，使用起来方便快捷，成为较为普遍的考勤设备。然而，磁卡型考勤机也存在卡片损耗、丢失等问题。第三代是生物识别型考勤机，这类机器利用人的生物特征进行识别，包括指纹识别、虹膜识别、人脸识别等。虽然这类考勤机解决了磁卡型的一些问题，但它们在处理速度和成本上仍存在挑战。第五代考勤机是智能云考勤机，它能够与微信等互联网应用无缝连接，并通过手机等移动设备进行考勤管理，实现考勤打卡、记录查询、统计报告等功能。

2. 生理心理技术

在人力资本服务领域，生理技术的应用主要体现在生理状态的测量上，体检是最典型的例子。心理技术的应用则主要集中在心理健康水平的评估上。从传统人力资源服务的角度，或在人力资源管理的招聘和甄选环节中，生理和心理状态的测量都极为重要。例如，企业通常要求新员工进行入职体检，这既是为了了解员工的健康状况，防止传染性疾病传入企业，也是为了确认员工的身体状况是否适合其将要从事的行业和工作。一些企业不仅将体检作为入职前的必要程序，还将定期体检作为员工福利的一部分。心理测量更多地出现在甄选过程中。企业一旦有心理高危员工，其潜在风险难以预测。因此，对于企业而言，与其在招聘后花费大量时间和精力解决员工的心理健康问题，不如在招聘时就评估应聘者的心理健康水平，以降低企业的用人风险，预防潜在问题，有效减少招聘风险。心理健康测试可能包括焦虑、抑郁、反传统、标新立异、敏感、多疑等心理风险因素，这些因素可能会导致个体在工作中出现问题。

从广义的人力资本服务视角来看，随着生活和工作压力的增加，生理和心理状态的测量也受到了社会上越来越多人的重视。例如，一些体检机构提供的服务全面覆盖了从儿童到老年人的各个年龄段，并提供齿科、基因检测、肠胃筛查等专项服务。除了体检服务，这些机构还提供体检报告解读、专家二次诊断和诊疗评估等服务。在心理测评领域，随着营利性心理测评服务的快速发展，学校心理健康教育也受到了极大的关注。教育部在2002年发布的《中小学心理健康教育指导纲要》中强调："良好的心理素质是人的全面素质中的重要组成部分。心理健康教育是提高中小学生心理素质的教育，是实施素质教育的重要内容……在中小学开展心理健康教育，是学生健康成长的需要，是推进素质教育的必然要求。"

3. 信息技术

在人力资本服务领域，信息技术的应用主要体现在各类人力资源管理软件系统和网站上。例如，北森，成立于2002年，是一家专注于信息技术研究的人才管理公司。它提供的产品涵盖了人才测评系统、招聘管理系统、绩效管理系统、人力资源管理系统、员工调查系统及继任发展系统等。智联招聘，成立于1994年，是一家全国性权威的人才网站。它不仅为求职者提供最新最全的招聘信息，还为企业提供包括网络招聘、校园招聘、猎头、培训、测评和人事外包在内的一站式专业人力资源服务。智联招聘所提供的人力资本配置服务，主要依托于信息技术，包括互联网技术和大数据技术等。

三、增强型技术力量塑造人力资本服务

增强型技术主要是对传统技术进行改良，以增加其"量"的效益，核心在于提升已有产品或服务的功能表现。常见例子是人力资源管理软件的技术更新。从本质上来说，增强型技术属于克里斯坦森（Clayton Christensen）所说的"延续性创新"。[1]增强型技术创新是人力资本服务技术创新的最主要形式，可以分为技术迭代、技术延伸和技术扩展这三种主要类型。

1. 技术迭代

技术迭代是增强型技术的常见形式，它指的是同一类技术在细节上持续改进，以提高技术性能的稳定性和功能性。目前，技术迭代的速度正变得越来越快。在2017年12月3日举办的第四届世界互联网大会上，腾讯公司董事会主席兼首席执行官马化腾在演讲中提到，在新时代，新产品的迭代速度可以以天来计算。同样，人力资源管理系统也在不断快速迭代。2017年，北森的招聘管理系统进行了升级，优化了内部推荐功能，帮助客户建立了高效的内部推荐机制。北森新版的内部推荐系统通过职位发布、推荐和奖励三步流程，整合了tita的社交功能，有效解决了内部推荐过程中的常见问题。在职位发布环节，HR只需激活"内部推荐"功能，员工就能通过tita和电子邮件即时接收到职位信息，并且系统与新浪微博、腾讯空间、人人网、LinkedIn等社交平台链接，便于员工分享招聘信息。在推荐环节，员工可以通过邮件、私信或申请助手等多种方式进行推荐，并在tita上实时跟踪推荐状态、朋友的申请情况和招聘进展，这大大简化了传统的协调流程。在奖励环节，无论采用何种推荐方式，系统都能自动关联推荐

---

1 克里斯坦森.创新者的窘境 [M].胡建桥，译.北京：中信出版社，2010.

者身份，便于企业根据推荐效果给予奖励，从而提升员工的推荐热情。通过不断细化和优化内部推荐功能，北森的招聘管理系统成功提升了招聘工作的效率。

2. 技术延伸

技术延伸是指同一类技术向上游或下游延伸，从而可以解决更多以核心功能为基础的其他功能。[1]最初，人力资源软件系统主要具备考勤记录功能，随着技术的演进，逐步扩展到包括工资发放、员工晋升等多项功能，直至形成全面的人力资源管理系统。2010年9月，北森推出了国内首个人才管理云平台——iTalent，此平台实现了人才测评、招聘管理、绩效管理、继任规划、360度评价反馈及员工调查等六大核心功能的无缝整合。这一平台的推出，将原本分散的人力资源管理工作转变为集成化的人才管理解决方案；同时，依托云计算技术，使得曾经复杂的企业软件变得更加灵活、简洁和易于使用。也就是说，通过技术延伸，本来仅能解决某个单一问题的系统开始扩展，直至变成一个能解决更多问题的一体化管理系统。[2]

3. 技术扩展

技术扩展可以视作技术延伸的另一种类型，它是指同一类技术向上游或下游延伸或向外扩展，从而可以解决更多的功能，以更好地系统地满足客户的需求。[3]智联招聘在互联网招聘行业初期，主要通过传统广告赚取收入，因为这是当时吸引人才的最有效方式。然而，经过十几年的发展，智联招聘已经积累了丰富的数据资源，这些数据详细记录了求职者从实习

1　刘易斯，麦科恩．延展业务边界：发掘近在咫尺的金矿 [M]. 张纲麟，译．北京：中国人民大学出版社，2019.

2　资料来源：北森．

3　刘易斯，麦科恩．延展业务边界：发掘近在咫尺的金矿 [M]. 张纲麟，译．北京：中国人民大学出版社，2019.

生到管理层的成长历程。依托其1.4亿职场用户的数据库、实时的用户行为数据和企业的岗位需求信息，智联招聘在2017年7月推出了"企业智赢计划"，该计划取消了传统的职位发布费用，转而采用基于大数据的精准推荐服务，并实行按效果付费的模式。智联招聘这一赢利模式的转变即体现了信息技术的扩展。最初，智联招聘应用信息技术仅仅是为企业发布招聘信息、为求职者提供招聘信息。随着大量数据的积累及算法的持续优化，智联招聘已能够运用先进的数据分析技术，从多维度为求职者匹配广泛的机会。这些机会不仅限于单一职位，而是涵盖了多种能够将人力资源转化为价值的可能性。对于招聘工作来说，从实体招聘扩展到网络招聘，再到网络与实体结合的招聘，也可以看成技术扩展的一个例子。现在很多企业利用人工智能技术完成简历的初步筛选以及应聘者的初步面试。但是，仅靠人工智能技术无法挑选到合适的员工，后续的筛选工作仍然要依靠实体手段来完成。

四、跨界技术开辟人力资本服务新前沿

根据克里斯坦森的理论，"破坏性技术"经常导致行业巨头的衰落，同时催生了众多新兴企业。这类技术与"延续性技术"的主要区别在于，它在初期可能不被主流市场所接受，却能够创造并驱动新兴市场的发展。这种被视为缺乏吸引力的破坏性技术特征，恰恰是新市场建立所依赖的关键因素。[1]

克里斯坦森在《创新者的窘境》中详细描述了"延续性技术"与"破坏性技术"之间的具体差异：

第一个发现是，在战略上，"延续性技术"与"破坏性技术"有显著的区别。延续性技术的共同特点是，它们在性能提升上满足了主流市场客

---

1 克里斯坦森.创新者的窘境 [M].胡建桥，译.北京：中信出版社，2010.

户的长期期望，增强了成熟产品的性能。而破坏性技术所产出的产品通常价格更低、性能更简单、尺寸更小，并且更易于用户操作，这些特性是边缘市场客户所重视的。

第二个发现是，技术发展的速度常常会超过市场的实际需求。在竞争中，企业为了超越对手，追求更高的价格和利润率，常常提供超出客户实际需求的产品，即"过度供给"，这导致所提供的性能或功能超出了客户的真正需求或他们愿意支付的价格。

第三个发现是，与新兴企业相比，成熟企业的客户和财务结构更倾向于投资那些对他们有吸引力的项目。首先，破坏性产品通常具有更简化的功能，成本更低，因此利润率也较低。其次，破坏性技术往往首先在新兴市场或较小的市场中商业化。最后，那些为领先企业创造最大利润的客户在初期通常不需要或无法利用基于破坏性技术的产品。

熊彼特（Joseph Schumpeter）在《经济发展理论》中也提到了与"破坏性技术"类似的观点：

"新组合通常体现在新的商号中，它们不是从旧商号里产生的，而是在旧商号旁边和它一起开始产生的。一般来说，并不是驿路马车的所有者去建造铁路。……特别是在竞争激烈的经济环境中，新的商业模式和技术创新常常通过竞争机制取代旧有的商业模式和技术。"[1]

1. 互联网技术

"不出意料，互联网已逐渐发展成为一种基础性的技术，并有可能颠覆许多行业。"[2] 这种既具有颠覆性又具有基础性的技术，可被称为范式性技术，它不仅服务于人力资本领域，更颠覆了一切传统工业技术。2015年，国务院发布了《国务院关于积极推进"互联网+"行动的指导意

---

1 熊彼特. 经济发展理论 [M]. 贾拥民，译. 北京：中国人民大学出版社，2019.

2 克里斯坦森. 创新者的窘境 [M]. 胡建桥，译. 北京：中信出版社，2010.

见》，强调将互联网深度整合到各传统行业中。这种整合不是简单的相加，而是通过信息通信技术和互联网平台，推动互联网与传统行业的深入结合，催生新的发展生态系统。它代表了一种新的社会形态，即充分发挥互联网在社会资源配置中的优化和集成作用，将互联网的创新成果深度融合到经济、社会各领域之中，提升全社会的创新力和生产力，形成以互联网为基础设施和实现工具的经济发展新形态。例如，"互联网+交通"模式，即我们熟知的网约车平台运营模式，在我国一经兴起便迅速发展。中国网约车服务的市场渗透率极高，主要网约车平台公司已进入全国绝大部分城市。以滴滴出行为例，2023年第一季度和第二季度，国内出行业务的季度日均单量分别为2820万和2940万单，全球年活跃用户达到5.87亿人，年活跃司机规模达2300万人。网约车不仅为民众提供了更多出行选择，减少了私家车出行频率，缓解了交通拥堵，还创造了就业机会，吸纳了大量劳动力。然而，网约车的兴起也直接冲击了出租车行业，导致出租车与网约车之间的冲突频发。例如，2015年在天津、郑州等多个城市发生了出租车司机对专车司机的恶意打砸事件，要求政府管制滴滴、优步等出行平台。这表明，"互联网+交通"模式产生的网约车，在颠覆出租车行业、撼动原有行业利益的同时，也为社会创造了大量就业机会，吸纳了劳动力人口。

2. 人工智能与大数据技术

人工智能和大数据技术目前被广泛应用于各个领域，并有可能颠覆许多行业。例如，中国学者开展了一项研究，运用人工智能来探讨人的长相与犯罪之间的联系。在这项研究中，研究人员通过分析中国18~55岁公民的面部特征数据，试图寻找面容特征与行为倾向之间的相关性。人工智能分析结果显示，特定的面部特征与犯罪行为之间存在统计相关性。如果这项研究能够达到较高的信度和效度，人工智能可能会对司法领域产生影响，甚至可能取代司法行业中的某些现有岗位。

中国的科技巨头百度推出了文心一言，这是一种基于最新深度学习技术的大型语言模型，已被广泛应用于多种服务和应用中，尤其在客户服务自动化和内容推荐系统方面表现突出。在客户服务领域，文心一言利用自然语言处理技术，能够系统地解析并响应客户的咨询，自动处理常见问题，从而提高客服操作的效率和客户的满意度。同时，在内容推荐方面，它通过分析用户的互动和行为数据，精准推荐个性化内容，如新闻、视频等，极大地提升了用户体验。此外，文心一言还能处理文本、图片和声音数据，支持多模态任务，使其在广告定向、社交媒体互动及在线教育等领域具有广泛的应用前景，展现了人工智能技术在多领域的融合与创新潜力。阿里巴巴的"通义千问"是一个高级自然语言处理系统，旨在提供广泛的问题解答服务。这项技术通过深度学习理解和生成自然语言，能够处理和回答来自不同领域和行业的众多问题。阿里巴巴利用这一系统，不仅提高了其电商平台的客户服务效率，通过自动回答用户咨询，减少了对人工客服的依赖，还增强了用户体验。此外，"通义千问"也被应用于智能助手、企业知识管理和数据分析等多个领域，展示了其灵活性和广泛的应用潜力，有效提升了业务操作效率和决策质量。

3. 基因技术

23andMe是一家由谷歌联合创始人沃西基（Anne Wojcicki）创立的基因检测公司，也获得了谷歌的支持。公司通过收集用户的唾液样本进行DNA分析，提供包括祖先追溯、疾病风险评估和药物反应预测等遗传信息服务。23andMe不仅帮助用户了解自己的遗传背景和潜在健康风险，还使用收集的数据来支持科学研究，促进对遗传疾病的更深入理解及治疗方法的进展，同时，公司也严格维护用户的隐私和数据安全。[1]

1　赫拉利 . 未来简史 [M]. 林俊宏，译 . 北京：中信出版社，2017.

五、融合型技术推动人力资本服务多元化

融合型技术注重将不同技术结合，以创造全新的产品或服务。

麻省理工学院媒体实验室（The MIT Media Lab），由尼葛洛庞帝于1980年创立，是一个跨学科的研究室，致力于科技、媒体、艺术和设计的融合。该实验室以"传播与信息通信技术的融合"为愿景，研究实体原子（atoms）与数字位元（bits）的结合，探索其对人类感官、认知及交互技术的创新影响。[1]实验室的研究领域非常广泛，已经超越了传统跨学科的界限。例如，生物工程与纳米技术的结合产生了可编程催化剂；电影与网络技术的结合推动了交互式电影的研究；网络与社会学的交汇促进了社会化媒体的研究。每年，实验室都能在这些领域内推进约350个研究项目的创新融合。

莫斯（Frank Moss）自2006年起领导麻省理工学院媒体实验室，他提出："在21世纪，人类面临的挑战无法仅靠单一学科解决，而需要计算机科学家、工程师、设计师、艺术家和生物学家等跨领域专家在开放互动的环境中协作解决。我们的研究是不设限的（undirected）。"

费耶阿本德（Paul Feyerabend）是当代西方最有影响力的科学哲学家之一，以其无政府主义的科学哲学观点而知名。他批判传统理性主义方法论，通过研究科学史，提出了"诸事皆可行"（everything goes）的多元主义方法论。他对传统科学方法的局限性进行了批评，认为许多被科学家和哲学家认为构成统一"科学方法"的规则要么无效，要么过于脆弱。他强调，由于我们研究的大部分世界仍然是未知的，科学探索应该保持开放性，不受预设方法论的限制。他主张科学发展应该采用认识论上的无政府主义，支持方法论的多元化。

脑技术与数字技术融合 马斯克（Elon Musk），曾投资创办美国太空

1　资料来源：麻省理工学院媒体实验室.

探索技术公司（SpaceX）和特斯拉（Tesla）汽车公司，决定将计算机与人脑融合，以帮助人类与机器保持联系。这一想法源于马斯克对人工智能的担忧。他坚信人工智能最终将发展到超人工智能，其智力水平可能远远超过人类。如果人类继续按照生物进化的自然规律发展智力，而不考虑与技术的融合，人类可能会面临灭绝的风险。2016年，马斯克成立了Neuralink公司，目的是开发一种名为"神经蕾丝"的技术。这种技术涉及在大脑内植入微型电极，以实现大脑与计算机的直接连接，未来可能实现思维的上传和下载。

库茨韦尔（Ray Kurzweil），作为奇点大学的创始人兼校长，以及谷歌的技术总监，被誉为"预测人工智能最准确的未来学家"。库茨韦尔预言，在2099年，基于人类智能扩展模型的机器智能将宣称自己是人类。到那时，即使是仍然使用碳基神经元的人类，也将普遍采用神经植入技术来提升认知能力。而那些没有使用植入技术的人将无法与已使用该技术的人进行有意义的对话。

本章小结

随着科学技术的不断进步，人力资本服务领域也开始逐步融入互联网、云计算、大数据、人工智能等先进技术。本章首先对人力资本服务技术的概念进行了介绍，随后从基于功能、基于学科、基于创新三个维度对人力资本服务技术进行了分类，并解释了各类技术的概念。此外，本章还对常规型、增强型、跨界型和融合型人力资本服务技术进行了更为详尽的阐述。

关键术语

科学与技术 人力资本服务技术 物理技术 生物技术 心理技术 数字技术 人工智能技术 常规型技术 增强型技术 跨界型技术 融合型技术

思考题

1. 我们如何定义人力资本服务技术？

2. 人力资本服务技术有哪些？

3. 这些技术解决人力资本服务问题的特征与过程是怎样的？

4. 这些技术会向哪里发展？

第六章

人力资本服务模式

💡 课前预习

▶ **本章学习要点：**

1. 掌握人力资本服务模式的分类
2. 掌握人力资本服务商业模式的概念、要素与分类
3. 掌握人力资本服务交付模式矩阵
4. 掌握人力资本服务专业模式的定义及分类

前几章分别介绍了人力资本服务的客户、主体、类型和技术，这些都是从微观层面分析的构成要素。从本章开始，我们将从更宏观的视角，即组织和行业的角度，来探讨人力资本服务。本章的主题是人力资本服务模式，它可以分为三个主要类别：商业模式、交付模式和专业模式。人力资本服务商业模式是一个广泛的概念，简单来说，它描述了企业如何通过提供人力资本服务来实现盈利。人力资本服务交付模式则是实现商业模式的关键途径，即企业采用何种方式来实施其商业模式。人力资本服务专业模式对企业增强核心竞争力具有重要意义。对于我国目前的人力资源服务业而言，一个迫切需要解决的问题是如何从基于经验的发展模式转变为基于专业化的发展模式。

● 引例：好大夫在线

好大夫在线成立于2006年，是中国首屈一指的互联网医疗平台。该平台最初专注于为国内患者提供医疗咨询服务，并建立了网络上首个实时门诊信息查询系统。经过十多年的发展，好大夫在线不断利用互联网技术创新，遵循医疗行业规范，始终以患者需求为核心，逐步完善并推出了包括线上咨询、预约转诊、线上复诊、远程专家门诊和家庭医生服务在内的成熟服务模式。目前，该平台已经建立了一个受到医生认可、患者信任，并广受好评的互联网医疗服务品牌。

好大夫在线展现出两个显著的竞争优势：首先，平台拥有极为丰富的医生资源。截至2023年7月，好大夫在线已汇集了全国超过1万家正规医院的91万名医生资料。其中，有27万名医生进行了实名注册并亲自维护自己的账户，通过平台直接为患者提供医疗咨询、预约服务、疾病管理和健康教育等服务。在这些活跃医生中，来自三级甲等医院的医生占比达到73%，确保了医疗服务的权威性和合规性。其次，平台已为超过8400万名患者提供了服务，显示出其庞大的患者服务能力。

好大夫在线的平台特色还在于其紧密贴合患者需求的业务模式：

1. 就医共享

图文与电话问诊 患者通过文字或电话与医生沟通，获得针对其病情的专业建议，这显著降低了远程患者的就医成本。

远程视频门诊 患者在本地医生协助下，通过视频与北京、上海等城市的顶级专家在线咨询，并由专家提出诊疗建议，本地医生实施治疗。

在线预约转诊 平台运用先进的分诊技术和专业团队，帮助患者找到合适的医生。国内众多顶尖专家提供的预约转诊服务，允许符合条件的患者直接预约专家门诊。

诊后疾病管理与线上复诊 患者能够利用平台继续接受主治医生的远程管理。在适合的情况下，患者可以进行线上复诊，医生可开具电子处方并通过配送服务送药到家。

家庭医生服务 以多专科专家支持的县乡一体化团队形式，建立专科医生与基层全科医生间的慢病管理合作，提供"专科+全科"的协同团队服务。对于复杂问题，可通过远程门诊联系上级专家以寻求解决方案。

2. 信息共享

好评医生推荐 好大夫在线作为国内首个中立且客观的就医分享平台，允许患者对曾就诊的医生进行投票和评论，分享就医体验和感谢信，为其他患者选择医生提供有价值的参考。此外，推荐医生的评分还综合考虑了医生的专业技能和所属医院科室的医疗水平等因素。

门诊信息查询 好大夫在线汇集了全国超过1万家正规医院及其91万名医生的详细信息，提供医生的专业方向及门诊时间等数据。对于主要医院，平台能够在每天晚上8点准时更新次日的停诊信息，确保提供快速、全面且更新及时的门诊信息服务。

3. 知识共享

科普内容提供 好大夫在线建立了一个由全国认证医院医生提供内容

的科普平台，内容形式包括图文、语音和视频，确保信息的权威性。截至2019年，平台上的医生已累计发布超过100万篇高质量疾病科普文章，并举办了700多期包括专家访谈和疾病专题在内的活动。

资料来源：好大夫在线．

🔍 案例评述

好大夫在线的案例充分展示了互联网技术如何革新传统人力资本服务模式，特别是在医疗服务领域。该平台整合了线上咨询、预约转诊、远程门诊、线上复诊和家庭医生服务，这不仅提高了服务效率和便捷性，还显著提升了医疗服务的可达性和个性化水平。

首先，好大夫在线的平台化服务模式打破了地域限制，使患者能够在家中接触到全国顶尖的医疗资源。这种模式特别适合处理那些不需要直接手术或复杂治疗的疾病。患者可以通过视频咨询获得专家的诊断和治疗建议，从而显著降低了时间成本和经济成本。其次，好大夫在线采用数据驱动策略，有效优化资源配置，使医生能够更准确地根据患者病情提供个性化医疗建议。平台还提供了强大的后续跟踪服务，如诊后疾病管理和线上复诊，这在传统医疗服务中往往是薄弱环节。此外，好大夫在线利用其庞大的数据分析能力，不仅提升了医疗服务的质量和效率，还为医疗研究提供了宝贵的数据支持，促进了医疗科技的发展。

本案例虽然展示了好大夫在线的平台运营方式，但并未透露其盈利模式，即通过何种途径实现收益。不过，我们可以了解到其部分商业运作，如提供的服务包括就医、信息、知识共享等。这些服务的运作方式、服务对象以及成本结构是什么？深入分析这些关键因素后，好大夫在线的商业模式将更加清晰。

一、揭秘人力资本服务模式创新

1. 模式

"模式"一词最早指的是制作器物的原型，在广义上，它指作为仿效对象的标杆或原型。[1]在学术领域，这个术语具有多种含义。在普通心理学中，它描述的是外部事物在记忆中形成的有序心理象征；在认知心理学中，它关注的是信息处理过程或事物的有序结构。皮亚杰（Jean Piaget）的认知发展理论中使用"模式"来描述儿童对某类对象或行为的心理构架，也就是适应环境的行为模式。在社会学中，"模式"指的是作为研究自然或社会现象的理论框架和解释方法，涵盖了进化、结构功能、均衡、冲突等多种思考模式和思维方式。[2]在经济科学研究中，"模式"主要指经济实践的理论概括或经济理论假设的系列。[3]

与"模式"相关的一个概念是"方式"，这是指说话做事所采取的方法和形式。[4]另一个相关概念是"形式"，它指的是事物的结构、组织、外部形态等。[5]在哲学上，"形式"与"内容"共同构成唯物辩证法的一对基本范畴。[6]内容是构成事物的内在要素的总和，而形式则是内容的存在方式，是内容的结构和组织。[7]

与模式最接近的一个概念是范式。"范式"这一概念最初由美国科学哲学家库恩（Thomas Kuhn）在1962年的著作《科学革命的结构》中提出。库恩将范式定义为科学活动中一系列公认的实例，这些实例综合了法

---

1 余源培.邓小平理论词典[M].上海：上海辞书出版社，2004.

2 夏征农，陈至立.辞海[M].上海：上海辞书出版社，2010.

3 刘福仁，蒋楠生，陆梦龙等.现代农村经济词典[M].沈阳：辽宁人民出版社，1991.

4 吕叔湘，丁声树.现代汉语词典（第六版）[M].北京：商务印书馆，2012.

5 莫衡，等.当代汉语词典[M].上海：上海辞书出版社，2001.

6 金炳华.马克思主义哲学大辞典[M].上海：上海辞书出版社，2003.

7 夏征农，陈至立.辞海[M].上海：上海辞书出版社，2010.

则、理论、应用和工具，为某个科学研究传统提供模型。[1] 范式不仅是科学活动的实体和基础，而且其运动本身也推动了科学的发展。当旧范式被新范式所取代时，这便导致了科学革命，标志着科学发展的一个重大转折。继而在1982年，技术创新经济学家多西（Giovanni Dosi）进一步引入了"技术范式"这一概念，它指的是依据自然科学原理，针对选定的技术经济问题提出的解决方案模式。[2] 基于技术范式，经济范式可以被定义为，特定科学技术在社会经济中的全面使用而确定的经济运行的整体性质与特征。

从形式到方式，再到模式，最后到范式，这一系列概念的演变体现了从表象到本质的变化，也反映了从具体情形到整体情形的深入。无论是从科学发展还是社会经济的角度来看，范式都代表了根本性的变化。如果社会经济发生了范式性的变化，那就意味着对过去体系的彻底变革。例如，我们现在生活在数字经济时代，尽管数字技术尚未渗透到所有行业，但其覆盖面已经非常广泛。而模式更多地体现为范式内部的一些变化，它们可能预示着范式变化的前兆，或成为范式变化的一部分。例如，我们看到的经济变革可能是因为某家公司开发了某项技术，并将其应用于某项工作中，随后这项技术逐渐扩展到工作岗位、工作场所、整个公司、整个行业，最终引发经济变革。

2. 人力资本服务模式

通过以上对模式概念的介绍，我们可以进一步将人力资本服务模式分为三类：人力资本服务商业模式、人力资本服务交付模式、人力资本服务专业模式。

1　库恩 . 科学革命的结构 [M]. 金吾伦，胡新和，译 . 北京：北京大学出版社，2003.

2　邓龙安，徐玖平 . 技术范式竞争下网络型产业集群的生成机理研究 [J]. 科学学研究，2009，（4）:569-573.

（1）人力资本服务商业模式。

人力资本服务商业模式是指人力资本服务创造市场价值的方式。要理解这种模式，我们首先需要分析企业如何识别并满足市场和社会对人力资本服务的需求。然后，研究企业通过哪些盈利方式来实现收益，如直接销售服务、订阅模式、广告收入或其他商业合作等。此外，还需要考虑企业为提供这些服务所做的投入，包括技术开发、人才培训、市场推广等，以及这些投入如何转化为客户满意度的提升、市场份额的扩大和收益的增加。通过这样全面的分析，我们可以更清晰地看到企业如何在激烈的市场竞争中通过有效的资源配置和服务创新实现可持续发展。

（2）人力资本服务交付模式。

人力资本服务交付模式涉及如何配置和利用资源以最大化其效用，并为商业模式创造价值。例如，在互联网平台上，基本服务通常是免费提供的，这样做可以吸引大量用户，从而产生巨大的流量。这种流量吸引了其他厂商的关注，这些厂商愿意支付费用在平台上销售其产品和服务，或通过广告合作来获得收益。这种模式是人力资本服务交付的一个典型例子，其中企业通过提供免费服务吸引用户，然后通过增值服务和合作伙伴关系来实现盈利。这种策略不仅最大化了现有资源的作用，也通过引入外部资源来增强其商业模式的价值。在当前的社会经济中，还出现了许多其他类型的交付模式。例如，企业和客户共同提供服务。自从ATM机问世以来，自助设备被日益广泛地应用于银行业。以前，一些银行推出的自助柜台只能办理非现金业务和个人业务。现在，新型智能柜台具备处理非现金业务、现金业务的能力，也能办理企业业务，满足了客户办理综合型业务的需求。这就是一个很典型的客户和企业（如银行）共同完成服务的例子。甚至有一些企业不仅让客户自己提供服务，而且让客户参与到交付模式中。例如，在滴滴出行的快车模式中，滴滴并没有为司机配备车辆，司机的运营车辆都属于司机个人所有。

（3）人力资本服务专业模式。

人力资本服务专业模式主要涉及服务中包含的科学知识和专业技能的深度。专业性是企业在市场竞争中的重要优势。例如，考虑两家企业：一家专注于人事档案的保管，另一家则专注于设计薪酬方案。设计薪酬方案涉及的专业知识明显更为复杂和深入，包括对市场薪资水平的分析、激励机制的构建以及对企业财务影响的评估等。因此，薪酬方案设计的专业性更高，这不仅要求更高层次的专业知识，也意味着从事此类服务的企业较少，从而使得提供此类服务的企业在市场上拥有更明显的竞争优势。专业知识含量越高的服务，其市场独特性和难度越大，相应的市场竞争优势也就越显著。

二、商业模式的奥秘：如何创造市场价值

1. 商业模式的定义

随着经济的发展，商业模式已成为企业确定市场定位和提升竞争力的关键因素之一。商业模式描述了一个企业如何创建、传递并捕获价值的基本逻辑。简而言之，商业模式是企业实现盈利的方式。这一概念涵盖了企业在理解其外部环境、内部资源与能力的基础上，如何通过战略创新整合自身资源与各方利益相关者，包括客户、价值链伙伴、员工及股东等，以实现超常利润的系统性方法和组织架构。[1]

商业模式是企业运营并产生利润的逻辑陈述，可分为三个层面的逻辑：经济层逻辑，即企业获取利润的逻辑，也称为企业的"经济模式"或"盈利模式"；运营层逻辑，即企业创造价值的内部流程和组织构造，可被描述为企业的"运营结构"；战略层逻辑，即企业的市场主张、竞争战

---

1 李振勇 . 商业模式 : 企业竞争的最高形态 [M]. 北京 : 新华出版社，2006.

略、组织战略等，是对企业不同战略方向的总体布局。[1]

商业模式设计是构成企业战略的关键元素。将其融入企业的组织架构，如机构设置、工作流程、人力资源配置，以及信息技术架构和生产系统，属于企业运营的核心活动。[2]

加斯曼（Oliver Gassmann）等人将商业模式定义为四个方面：[3]

- 客户：谁是我们的目标客户？
- 价值主张：我们为客户提供什么？
- 价值链：我们如何生产产品？
- 盈利机制：为什么某种商业模式能够创造利润？

苹果公司的前"软件布道师"卡瓦萨奇（Guy Kawasaki）提出了一种商业模式识别坐标，其中横轴代表产品或服务对客户的价值，纵轴反映企业提供的产品或服务的独特性。根据这两个维度，形成四个象限（见图6-1）。

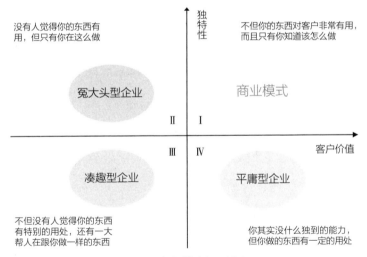

图6-1　商业模式识别坐标

1　Morris M., Schindehutte M. and Allen J., The Entrepreneur's Business Model: Toward a Unified Perspective[J]. Journal of Business Research, 2003, 58（1）: 726-735.

2　三谷宏治. 商业模式全史 [M]. 马云雷, 杜君林, 译. 南京: 江苏凤凰文艺出版社, 2016.

3　加斯曼, 弗兰肯伯格, 奇克. 商业模式创新设计大全 [M]. 聂茸, 贾红霞, 译. 北京: 中国人民大学出版社, 2017.

第一象限代表企业提供的产品或服务不仅独特且极具价值；第二象限的企业虽具独特性，但其产品或服务缺乏市场认可；第三象限的企业既缺乏独特性，其产品或服务也通常被视为无关紧要；第四象限的企业提供的产品或服务虽有一定用处，但缺乏创新能力。

在现实中，大部分自称具有独特商业模式的企业实际上属于后三个象限，而真正能定位于第一象限的企业寥寥无几。

2. 商业模式的要素

哈佛大学教授约翰逊（Mark Johnson）、克里斯坦森（Clayton Christensen）和SAP公司前CEO孔翰宁（Henning Kagermann）在《商业模式创新白皮书》中阐述了商业模式的三个核心要素。这一框架从三个维度深入探讨了企业如何通过创新来实现价值创造和价值捕获。

- "客户价值主张"：定义为企业向客户提供的具有特定价格优势的产品或服务。
- "资源与生产过程"：支撑客户价值主张和实现盈利的运营体系。
- "盈利模式"：描述企业创造股东经济价值的方式。

奥斯特瓦德（Alex Osterwalder）和皮尼厄（Yves Pigneur）共同开发了一种被广泛应用于各行业企业的商业模式创新方法。该方法强调商业模式的九个核心组成部分，它们共同构成企业的战略框架（见图6-2），此方法已在3M、爱立信、凯捷、德勤和特力诺等知名企业中得到应用。[1]

（1）价值主张（Value Proposition）：企业通过产品或服务为消费者创造的具体价值。

（2）目标消费群体（Target Customer Segments）：企业所针对的特定消费者群体。

1　Osterwalder A，Pigneur Y. An ontology for e-business models[J]. Value creation from e-business models，2004，1: 65-97.

（3）渠道通路（Distribution Channels）：企业接触消费者的路径，涵盖市场开发和分销策略。

（4）客户关系（Customer Relationships）：企业与消费者建立的关系类型。

（5）价值配置（Value Configurations）：企业资源与活动的组织方式。

（6）核心能力（Core Capabilities）：实施商业模式所依赖的关键技能和资源。

（7）伙伴关系（Partner Network）：与其他组织的合作关系，以优化价值提供。

（8）成本结构（Cost Structure）：企业运营的成本分析。

（9）收入来源（Revenue Model）：企业通过不同途径实现盈利的策略。

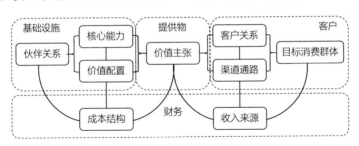

图6-2　商业模式九要素

3. 商业模式的分类

随着社会、经济和技术等领域的发展进步，商业模式经历了不断的变迁。从早期的店铺模式（Shopkeeper Model）到20世纪早期的饵与钩（Bait and Hook）模式，再到二次售卖模式、订购商业模式，以及现在的互联网商业模式，商业模式逐渐依赖现有和新兴的技术，以最小的成本接触到更多的消费者。由于商业模式的创新繁多，难以通过一一列举的方式来描述，同时很多商业模式具有较大的同质性。因此，本节将主要介绍商业模式的五分类法（见表6-1）。

在《商业模式新生代》一书中，奥斯特瓦德和皮尼厄详细阐述了五种核心商业模式：非绑定式、长尾式、多边平台式、免费式和开放式商业模式。这些模式各有特点，代表了当代商业策略中的创新方向。[1]

表6-1 商业模式的五分类法

	非绑定式商业模式	长尾式商业模式	多边平台式商业模式	免费式商业模式	开放式商业模式
传统方式	包含基础设施管理、产品创新及客户关系管理	价值主张主要面向大部分盈利客户	单一的价值主张专门定向一个特定的客户群体	只向付费的高端客户提供高价值和高成本的价值主张	研发资源与关键业务活动均在企业内部集中管理
风险挑战	高昂的成本导致企业文化间的多元冲突集中于同一实体	为低价值的客户群体提供特殊的价值主张时成本过高	企业未能吸引新的潜在客户	过高的价格阻碍了用户的购买意愿	研发成本居高不下或生产效率低下
解决方案	业务被细化为三种相互依赖的模式：基础设施管理、产品创新及客户关系管理	通过为低价值客户群体提供创新或增值的价值主张，实现可观的累积收益	强化与现有客户细分群体之间的价值主张契合度	为不同的客户细分群体提供多元化的价值主张，包括至少一个免费或低成本的选项	借助外部合作伙伴优化内部研发资源和业务流程效率，将内部研发成果转化为针对特定客户细分的价值主张
基本原理	IT和管理工具的进步使得以较低成本在不同商业模式之间进行分拆和协作成为可能	IT和运营管理的提升使得企业能够低成本地为大量新客户提供定制化的价值主张	通过构建一个服务于两个或多个客户群体的中介平台，增加初始商业模式的收入来源	付费客户为免费客户群体提供经济支持，从而吸引更多客户	利用外部获取的研发成果降低成本并加快产品上市速度，未利用的创新资源出售给外部时也能带来额外收益

1 奥斯特瓦德，皮尼厄.商业模式新生代[M].黄涛，郁婧，译.北京：机械工业出版社，2016.

三、交付模式的演变：从本地化到平台化

1. 人力资本服务交付矩阵

人力资本服务交付可以通过两个维度，即交付的广度和深度，来构建一个交付矩阵，主要评估服务交付的地理范围和服务资源的集成程度，如图6-3所示。交付广度主要评估服务交付的地理范围，而交付深度主要评估在交付过程中与客户的互动程度。需要注意的是，交付深度并不是指能为客户提供多深层次的服务，而是指客户能在多大程度上参与到服务交付过程中。根据交付矩阵，我们可以将人力资本服务交付模式分为本地化模式、信息化模式、共享化模式和平台化模式。从本地化到信息化，再到共享化，最后到平台化，呈现的是一个递进的过程。也就是说，平台化模式可以完全涵盖本地化模式，而本地化模式则无法实现平台化模式所能完成的功能。因此，平台化是最广泛、最复杂的人力资本服务交付模式。

		交付广度 →
交付深度 ↓	本地化模式	信息化模式
	共享化模式	平台化模式

图6-3 人力资本服务交付矩阵

2. 人力资本服务本地化交付

人力资本服务本地化交付属于传统的店铺模式，指的是传统的人力资本服务主要为本地客户提供专项或综合服务。服务广度主要限于本地区域，而服务深度主要限于提供基础服务，如事务性或流程性服务，且这些服务主要由机构本身提供，客户参与不多。例如，我国各省市的人力资源和社会保障局通常会设立当地的人才服务机构，旨在为当地企业和求职者提供招聘信息及供求匹配服务。根据人力资源和社会保障部发布的《2021年第三季度百城市公共就业服务机构市场供求状况分析报告》，通过这些公共就业服务机构，雇主在该季度共招聘了约402.4万名员工，而求职者的数量约为263.5万名。

3. 人力资本服务信息化交付

人力资本服务信息化交付是指通过互联网提供"电子商务"形态的人力资本服务。由于互联网的作用，服务广度在地理范围上得到拓展，但服务深度主要限于信息提供或网络展示等，且服务主要由机构提供。例如，各大招聘网站主要为企业和求职者提供包括人才招聘、求职、培训等在内的全方位信息，一方面帮助求职者找到合适的工作，另一方面帮助企业高效地招聘到合适的人才。如果仅从提供信息、人岗匹配的功能角度来看，招聘网站和人才服务机构在市场上可能具有相互替代性。事实上，二者的差别主要体现在服务广度上，互联网使得信息能够在更广泛的地理范围内传播，而不仅仅局限于某个地区。在本章的引例中，好大夫在线提供的好评医生推荐、门诊信息查询、疾病科普知识等服务都属于人力资本服务信息化交付。

4. 人力资本服务共享化交付

人力资本服务共享化交付是指通过互联网实现服务资源的集成与共享，主要服务于本地人力资本。尽管服务广度受到资源物理特性的限制而主要限于本地，但通过数字技术的应用，将剩余产能或资产纳入服务范畴，实现了对资源尤其是客户资源的深度利用。

人力资本服务共享化交付可以根据参与共享经济的组织、企业以及人力资本服务提供者的目的，分为市场型、经济型和社会型三类，这反映了不同的参与动机和经济行为方式。[1]

（1）市场型人力资本服务共享化交付。

市场型人力资本服务共享化交付主要以营利为目的，体现了共享经济的商业化特征。在现代人力资本服务市场中，多数企业如科锐国际都运用此模式。其特色服务包括按需的专家咨询，专家的服务时间按分钟计费，

1　杨伟国. 创新推动人力资本服务 [J]. 人口科学，2017，（6）：1-7.

实现了有效利用，如可在短时间内为多家企业提供专业咨询。这种模式不仅符合经济发展需要，还通过灵活用工和人才租赁等方式，展现了资源的最大化利用和操作的高效性。

对于人力资本服务提供者而言，他们通常追求的不仅是经济收益，更多是为了优化资源配置，提升个人及家庭的生活质量。例如，爱彼迎（Airbnb）最初的模式是利用空置房产满足游客的短期住宿需求。但随着市场的发展，越来越多的人开始投资于房地产，专门用于短租，从而转变了其商业模式。这种模式不仅满足了游客的多样化住宿需求，也为房产所有者创造了新的收益渠道。

（2）经济型人力资本服务共享化交付。

经济型人力资本服务共享化主要面向个人，目的是将个人的空闲人力资本或其他资源转化为货币，以提升或支撑个人及其家庭的生活质量。例如，个体可以在猪八戒网上提供专业服务，或通过滴滴出行作为顺风车司机参与市场。通常，加入顺风车司机的个体有三种动机：第一种是生计型，即将驾驶作为主要职业，利用平台资源维持生活；第二种是补贴型，即在业余时间开展活动，以增加额外收入，这类司机通常在工作日的通勤时间或周末活跃；第三种是社交型，这类司机参与更多是为了丰富社交生活，而非赚钱。后两种情况体现了经济型人力资本服务共享化的特点。

一些机构运营共享经济平台主要是为了确保平台的可持续发展，而非单纯追求利润最大化，如公共人力资源共享服务平台。根据2018年颁布的《人力资源市场暂行条例》第十五条，明确规定了这一政策导向："公共人力资源服务机构提供下列服务，不得收费：人力资源供求、市场工资指导价位、职业培训等信息发布；职业介绍、职业指导和创业开业指导；就业创业和人才政策法规咨询；对就业困难人员实施就业援助；办理就业登记、失业登记等事务；办理高等学校、中等职业学校、技工学校毕业生接收手续；流动人员人事档案管理；县级以上人民政府确定的其他服务。"

（3）社会型人力资本共享化交付。

社会型人力资本服务共享化交付主要围绕服务提供者，在共享经济平台上提供必要的人力资本服务，其主旨在于服务社会并优化人力资源的使用效率。此类型的共享化交付模式包括服务交换，如时间银行，该模式允许志愿者将其投入的公益服务时间存储起来，以便在个人需要时提取相应的服务时间。此外，依靠外部资助运作的志愿者服务平台也属于社会型人力资本服务共享化交付的一部分。

5. 人力资本服务平台化交付

人力资本服务平台化交付是指利用互联网、云计算、大数据乃至人工智能等先进技术，提供更宽广、更有深度的人力资本服务。例如，好大夫在线、钉钉等平台。

人力资本服务平台化交付可以根据平台企业介入服务交付的程度，分为自发型平台模式、服务型平台模式、管理型平台模式和组织型平台模式。

（1）自发型平台模式。

自发型平台模式与人力资本服务信息化交付模式类似，二者都强调信息的提供和展示。例如，58同城是一个分类广告平台，不仅提供广告发布服务，还包括职位空缺、房屋出租、二手交易等多种分类信息，覆盖了广泛的服务领域和人力资本服务需求。这种平台通过聚合大量的需求和供应信息，有效地连接了服务提供者和需求者，使交易更加快捷和高效。

（2）服务型平台模式。

服务型平台模式基于用户需求提供服务，许多人力资本服务企业属于此类，如猪八戒、亚马逊土耳其机器人（Amazon Mechanical Turk，MTurk）。MTurk是一个Web服务应用程序接口，它利用人的网络来执行计算机不擅长的任务。尽管计算机技术正在快速进步，但在某些工作的效率上，人类仍然优于计算机。这些工作包括在照片或视频中识别特定对象、处理重复数据、进行录音转写或深入分析研究数据。传统上，这类工作需要聘请大量临时员工，这不仅成本高、耗时长，还难以扩展。MTurk通过其平台化的服务模式，简化了这一过程，使任务分配变得简单、可扩展且成本效益高。用户通过MTurk提交任务后，这些任务会被分配给注册的"Turk工人"，他们完成任务并提交结果。这种方式不仅提高了处理速度，也降低了操作成本。MTurk支付给工人的报酬基于他们成功完成的任务数量，而亚马逊则从中抽取一定比例的完成费用作为收入。这种服务型平台模式充分体现了如何基于用户需求提供灵活的服务，同时为企业带来经济效益。

（3）管理型平台模式。

由于平台服务内容涉及人身、财产安全等方面，平台会自愿或应政府要求承担部分政府和组织的职能，如价格确定、人力资源配置与工作安排等。滴滴出行是这个类型的典型代表，为了加强深夜出行服务，针对"夜间出行"推出了一系列运营规则。例如，滴滴的《夜间网约车试运行规则》规定，自2018年9月15日起恢复深夜出行服务，并试行夜间运营规则。在试运行期间，滴滴快车（包括优步、优享）及专车服务要求司机在夜间（23:00—5:00）工作时必须具备半年以上的注册经验且已完成超过1000个安全服务订单。同时，司机必须在出车前参加并通过安全知识考核，考核要求满分答对所有题目。此外，司机每天首次打开车主端应用程序时，还需通过面部识别验证，并参加安全知识问答，问答包含两个选择题，只有完全答对才能开始接单。这些题目覆盖了滴滴安全保障措施、安全服务违规的惩罚、应急报警按钮的使用、安全驾驶准则及与乘客的礼貌沟通等多方面内容。如果答错任一题目，司机需要重新答题直至全部正确。

（4）组织型平台模式。

组织型平台模式特指平台自身充当雇主角色，直接招聘所需的人力资源。在这种模式下，平台与员工之间存在直接的雇佣关系，员工虽然受到组织的安排工作，但工作活动并不在组织的物理空间内进行。例如，劳务派遣公司、快递公司和外卖服务公司通常采用这种模式。在这些情况下，如快递员或外卖送餐员，尽管他们的工作是在公司外部完成的，他们与公司之间依旧保持雇佣关系，公司负责安排他们的工作任务并管理他们的工作表现。这种模式允许企业灵活地管理分布在广泛地理位置上的员工，同时保持对服务质量和员工行为的控制。

四、专业模式的探索：从事务性到系统性

人力资本服务专业模式的核心在于专业理论和知识在服务中的应用深度。人力资本服务已从缺乏科学知识和专业理论支持的经验主义阶段，逐步过渡到以科学知识和专业理论为支撑的专业主义阶段。经验主义主要依赖价格竞争和人海战术，以企业规模和个人天赋为基础；而专业主义则强调丰富的人力资本存量和高度专业化的服务模式。人力资本服务的专业化模式可分为四类：事务性服务、流程性服务、专业性服务和系统性服务。

1. 人力资本服务事务性模式

人力资本事务性服务，如人事代理和人事档案托管，传统上依赖于经验驱动的服务模式。信息技术的迅猛发展正推动这些服务向数字化转型。在信息时代背景下，服务行业的信息化升级已成为不可逆转的趋势。越来越多的机构开始利用数字技术和信息技术，应用于人力资本事务性服务中，以提高效率和准确性。这种转型不仅提升了数据处理能力，还改进了文件管理和存储方法，使人力资源管理工作更加现代化和高效。

2. 人力资本服务流程性模式

人力资本流程性服务主要涉及人力资源业务流程的外包，如招聘流程外包。这种服务模式虽不涉及深度的专业理论知识，但所提供的服务内容具有专业性质。例如，在招聘流程外包中，企业会将招聘的全部或部分环节委托给外部机构处理。这一过程包括分析招聘理念、确定职位要求、与

招聘部门沟通、筛选简历、执行人才评估、组织面试并发送录用通知，直至新员工加入企业。这一流程是集成化的，要求服务提供者不仅要处理各个具体步骤，还需确保整个流程的连贯性和效率。

3. 人力资本服务专业性模式

人力资本专业性服务专注于为客户提供针对性的专业解决方案，如培训、人才测评、管理咨询、猎头服务等。这类服务基于特定的专业理论和科学知识，通常关注特定领域的专业问题解决。服务提供者需要拥有深厚的专业知识和实践经验，以确保能够有效满足客户在特定领域内的复杂需求。

4. 人力资本服务系统性模式

人力资本系统性服务旨在为客户提供一系列整合性的人力资源服务，如人力资源软件服务、信息共享、云服务和审计服务等。这些服务集成了多专业和多领域的复杂专业理论与科学知识，要求提供者具备广泛的技术和管理能力。例如，SaaS是随着网络技术进步和应用软件成熟而发展起来的一种创新应用模式。在此模式中，服务商在服务器上部署应用软件，用户通过互联网按需订阅服务，并根据使用时长和规模支付费用。这种服务需要高度的技术知识，并要求服务提供者能够有效管理和维护大规模网络系统，提供SaaS的厂商所需的专业知识壁垒非常高。

本章小结

本章以好大夫在线平台为例，从模式的概念出发，将人力资本服务模式划分为商业模式、交付模式和专业模式三大类。人力资本服务商业模式指的是企业实现盈利的方式，包含了常规商业模式的相关要素。人力资本服务交付模式可通过交付的广度和深度形成交付矩阵，可概括成四类交付模式。人力资本服务专业模式是根据专业含量进行的划分，从初端逐渐延续到高端。

关键术语

人力资本服务商业模式 非绑定式商业模式 长尾式商业模式 多边平台式商业模式 免费式商业模式 开放式商业模式 人力资本服务交付模式 人力资本服务本地化交付 人力资本服务信息化交付 人力资本服务共享化交付 人力资本服务平台化交付 人力资本服务专业模式

思考题

1. 模式、形式、范式的概念有什么区别和联系？

2. 人力资本服务共享化交付包括哪些类型？

3. 人力资本服务平台化服务可划分成哪些模式？

4. 人力资本服务专业模式可分为哪些模式？分别包含哪些服务内容？

第七章

人力资本服务战略

💡 **课前预习**

▶ **本章学习要点：**

1. 了解经典战略模型

2. 了解战略中的使命、远景与价值观

3. 理解战略环境分析的方法

4. 掌握各类型战略的概念和分类

本章从组织层面探讨如何有效开展人力资本服务业务，主要围绕企业战略、竞争战略、职能战略以及平台战略进行详细讨论。尽管由于篇幅限制，未能涵盖财务战略和研究与开发战略等其他重要方面，但本章提供的战略框架足以帮助组织理解和实施关键的人力资本服务策略，确保业务发展与竞争优势的持续增强。

● 引例：ADP战略变迁

1949年，会计师托布（Henry Taub）与他的兄弟乔（Joe Taub）共同创立了自动薪酬公司（Automatic Payrolls, Inc.），提供初步的薪酬服务。经过70年的发展，这家初创公司已经成长为全球性公司——自动数据处理公司（Automatic Data Processing, Inc., ADP），在超过100个国家为超过65万家客户提供基于云的人力资源全方位解决方案，这些解决方案包括薪酬处理、福利管理、人才招聘、人力资源信息系统、考勤记录、保险、退休计划及税务与合规服务等多个领域。

1. 1949—1960年，公司初创——从推广"薪酬外包"到自动化处理

1949年，托布以6000美元的投资创立了自动薪酬公司，旨在为公司提供工资处理解决方案。起初，公司主要依靠基础的记账机、几台计算器以及支票打印机进行运作，面对的主要挑战是技术的替代和更新。托布对新技术的热情极大地促进了公司的核心竞争力，他投资引入了更先进的记账设备——康普托计算机和自动穿孔卡片计算机，这些都是早期大型计算机的前身，从而将公司推向自动化的新阶段。到了1958年，经过一系列的整合与发展，公司正式更名为Automatic Data Processing，开启了新的篇章。

2. 1961—1969年，上市后的快速扩张

1961年，公司成功在股市上市，发行了10万股股票，定价为每股3美元，托布也被任命为首任CEO，此时公司已有125名员工。整个60年代，公司持续快速扩张，一方面通过收购其他薪酬服务企业并在波士顿、迈阿

密、费城等地开设新的数据处理中心。另一方面，公司也积极探索新业务，为华尔街的经纪人提供后台会计服务。技术上，公司在1961年租赁了其首台IBM 1401计算机，并后续升级至IBM 360，从而确保了该时期的技术领先优势。

3. 1970—1989年，国际化和业务模式多元化

在这一时期，公司不断创新其业务模型，随着步入国际化，产品矩阵变得更为灵活和广泛适用。1974年，公司首次通过收购一家荷兰薪酬服务公司正式拓展至国际市场。1977年，公司取得了联合加州银行的薪酬处理业务，但需要承担附加服务——为银行员工处理工资税申报。此后，美国几乎所有薪酬服务公司都开始提供税务申报服务。到了1984年，企业战略上选择了个人电脑作为下一代业务平台；1989年，公司创新推出了投资者沟通服务（Investor Communications Services），为证券投资者提供代理投票和年度报告等沟通服务，这一新业务在随后的十年内占领了美国90%的市场份额。

4. 1990—1997年，业务外包市场潮流&公司全球并购整合

到1990年，ADP已发展成为一个雇员人数达2万人、年收入超过20亿美元的巨型企业，领先于零售汽车和保险理赔处理行业，在美国，每十个工人中就有一个是通过ADP接收工资。到了1995年，ADP成功收购了欧洲最大的薪酬和人力资源服务公司GSI，此举不仅迅速拓展了其在欧洲的市场，还加深了其在不同地区的业务模式的延伸。

5. 1998年至今，互联网与云计算应用的行业领军者

ADP在1998年推出了自家网站，同年开发了名为"Easy Pay Net"的初期云服务，实现了通过互联网上传和获取薪酬信息的功能。1999年，ADP涉足专业雇主组织（PEO）行业，专注于为中小企业提供包括人力资源和企业福利设计在内的全套外包服务，填补了这些企业通常无法设立相关专业部门的空白。随后，PEO业务迅速成为ADP的核心业务之一。进入

2004年后，ADP加大了对大数据和新兴技术的投资。2006年，ADP启动了全美就业报告，成为美国经济的关键指标之一；2009年，推出了ADP移动应用；2012年，成立了ADP研究院，依托庞大的企业数据，为企业和政府提供人力资源和劳动力市场的研究；2013年，ADP建立了第二个创新实验室，专注于技术创新。2018年1月19日，ADP收购了Work Market，一家自由职业者管理平台，该平台在2017年4月曾获得来自埃森哲和Foundry Group的2500万美元融资。

资料来源：ADP中国.

🔍 案例评述

ADP自创立之初，就依托其对新兴市场需求与商业模式的敏锐洞察，特别是在薪酬外包及后台会计服务方面展现出显著的中介能力。随着市场的日益成熟和竞争的加剧，ADP不断拓宽业务范围并推广其市场影响力，从最初的新泽西州拓展到全美乃至全球市场，通过产品标准化实现规模效益，从而大幅提升了其营收和品牌影响力。技术创新是ADP能够持续领先行业、捕捉市场新需求的核心动力。自公司创始人托布以来，ADP始终敢于引入市场尚未普及的先进技术。从早期的康普托计算机到IBM 1401的引进，再到采用PC作为主要工作平台、推出行业首个云服务"Easy Pay Net"，以及近年来建立的研究院和创新实验室，每一轮技术更新都让ADP迈向新的发展阶段。

一、人力资本服务战略全景图

1. 经典战略模型

经典战略模型可以通过两条路径来解析（见图7-1）。首先，从宏观角度来看，所有战略都经历三个基本阶段：战略规划、战略执行和战略评估。具体到微观层面，每个阶段包含不同的关键活动。在战略规划阶段，企业需要界定业务范围、设定使命与愿景、进行内外部审计、设立战略目标，并设计、评估与选择战略。在战略执行阶段，企业则关注如何将战略融入企业的各个职能部门，包括管理、人力资源、营销、财务、会计、研发及企业形象的整合与实施。最后的战略评估阶段，主要涉及对已实施战略的绩效进行测量和评估，以确定其效果与持续改进的方向。

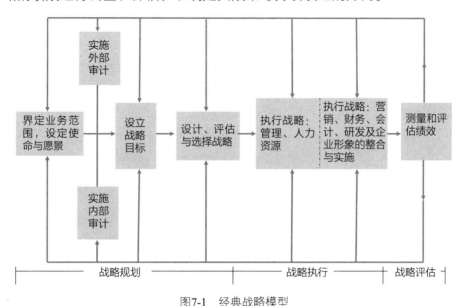

图7-1　经典战略模型

2. 战略：使命、愿景与价值观

战略的本质就是定位与能力坐标。[1]战略的核心在于解答组织的基本问题：组织要做什么，以及组织能做什么，并确保这两者能够恰当匹配。在确定"组织要做什么"的问题上，不同的组织可能会采用不同的方式来表达，这包括使命、愿景和价值观，以及越来越常见的企业精神、企业理念和企业宗旨等。然而，对于企业的顶层设计而言，最核心的要素仍然是使命、愿景和价值观。这些要素不仅指导组织的日常运营，也是战略决策的基石，帮助

1　三谷宏治.经营战略全史[M].徐航，译.南京：江苏凤凰文艺出版社，2016.

企业在追求长远发展的同时，确保其行动与企业核心理念相符。

（1）使命：我们为何而存在？

企业使命定义了一个企业存在的根本原因和价值，它阐明了企业的经营领域和核心理念，为企业的目标设定和战略规划提供了基础。在制定战略之前，明确企业使命是至关重要的步骤。需要区分的是，企业使命与业务不同：业务专注于具体产品和服务的提供，涉及日常运营的实际活动；而使命则在更高层面上表述企业的长期意图和目标，为业务活动提供指导和灵感。

（2）愿景：我们的终极目标是什么？

企业愿景定义了企业的理想未来状态，是企业发展的长远蓝图，展示了企业的终极追求。通常，一个企业愿景包含具有前瞻性和开创性的目标，为企业的成长和进步提供方向。在管理学中，西方的成功企业经常强调企业愿景的重要性，因为清晰的愿景不仅能激励和培育组织内的所有成员，还能激发个人潜力和提高整体生产力，进而增强顾客满意度。企业愿景的制定应涵盖所有层级的员工，不仅属于企业领导者，每个成员都应参与到愿景的构思和共识形成中。这种参与使愿景更具价值和实际意义，增强企业的竞争力。

（3）价值观：我们信奉的最基本信念是什么？

企业价值观是指导企业行为和决策的核心信念系统，是企业文化的基石。对于任何企业来说，形成一致的价值观需要大多数员工的个人价值观与之相融合。这些价值观不仅主导企业的日常操作和管理决策，还激励员工朝着共同的目标努力。企业价值观的建设是一个持续的过程，需要管理层不断地反思和讨论，确保这些价值观既切合实际又富有生命力。事实上，企业价值观的建设对企业的长远发展至关重要，许多成功的企业都将其视为生存和发展的关键。为了让所有员工深入理解这些价值观，它们应当用清晰、具体的语言表达，避免使用模糊和过于抽象的表述，从而确保每个人都能够明确理解并在工作中体现这些价值观。

3. 战略：环境分析

战略环境分析关注企业内外部的竞争环境，目的是识别企业的核心竞争力并确定其发展策略、路径与工具。

通常，企业采用PEST分析审视其外部宏观环境的竞争因素。PEST即政治（Political）、经济（Economic）、社会（Social）和技术（Technological）四个维度的分析，这一模型帮助企业评估那些可能影响行业和企业发展的宏观力量。尽管不同行业和企业的分析重点可能因其特性和业务需求而异，但这四个因素通常是影响企业外部环境的主要方面。

SWOT分析是企业战略规划和竞争分析中常用的工具，它涉及分析企业的优势（Strengths）、劣势（Weaknesses）、机会（Opportunities）和威胁（Threats）。通过对内部优劣势的评估以及外部机会和威胁的考察，SWOT分析帮助企业全面了解自身状况与竞争环境。此分析使企业能够突出其强势领域，优化资源配置，并应对外部挑战，从而使战略方向更加清晰。通过这种方式，企业可以有效地集中力量在最具潜力的领域，确保战略实施的效率和效果。

在进行优势与劣势分析时，企业必须客观区分哪些是基于事实的优劣势，哪些可能仅是主观想象。例如，劳动生产率可以通过具体数据来客观衡量，因此它通常被视为一个明确的事实优势。相对而言，管理层的团结程度较难量化，其衡量可能较为主观，有时可能被误认为是优势。此外，在分析机会与威胁时，企业也需警惕对某些不愿接受的事实视而不见，这些往往恰恰是潜在的威胁。确保这种分析的客观性和实际性，对于制定有效的战略和决策至关重要。

4. 战略：战略目标

战略目标是由使命、愿景、价值观及PEST-SWOT共同决定的。企业战略目标定义了企业在追求其使命过程中希望达成的关键成果，是对企业使命的深化和量化。这些目标描绘了企业在特定时间框架内（通常是三至五年或更长时间）的发展方向和预期成就，包括竞争地位、业绩标准和增长速度等。不同于企业使命的广泛性，战略目标具有明确的数量指标和时间限制。战略则是企业为实现这些战略目标所采取的具体策略和行动。

战略目标需要具有一致性。第一，内外一致，即企业战略目标和环境约束的一致性。一般来说，企业战略目标必须是可以实现的，不能突破环境对企业的限制。目标与关键成果（Objectives and Key Results，OKR）提出，目标是要有野心的、有挑战的、让人不舒服的。"最佳"的OKR分数在0.6~0.7之间，如果某人拿到1分，那么他定的目标显然是野心不够。所以，内外一致并非意味着目标要定得很低。第二，上下一致，即企业层面的战略目标和个人的目标是一致的。战略目标必须要分解到个体可执行的层面。第三，左右一致，即人力资源目标和财务目标是一致的，财务目标和生产目标是一致的，生产目标和研发目标是一致的等。第四，先后一致，即战略目标在时间轴上具有延续性，如今年的、明年的和后年的目标都是一致的。

在战略目标设置方面，中美两国文化存在显著差异。美国企业文化通常遵循"领先或退出"的原则，象征着在每个行业中都力求成为最佳或选择退出竞争。例如，美国通用电气公司的企业使命就是在其参与的每一个领域中要么成为领导者，要么选择退出市场。相比之下，中国企业倾向于"横向扩张"，即在成功的基础上复制模式扩大规模。以加油站为例，如果一家加油站运营成功，美国企业可能会增加与加油站相关的其他业务如便利店或修车服务，而中国企业则可能在附近开设更多的加油站以扩大市场占有率。这种战略思维的差异反映了两种不同的商业扩张和竞争策略。

5. 战略：规则与行动

在制定与执行战略之前，首先需明确内外部的规则边界。外部规则主要涵盖法律与政策，这些规则设定了我们行为的限制与界限，为所有相关主体提供了统一的行动标准。内部规则则包括制度与流程，这些是组织内部的指导原则，旨在明确行动的逻辑和层级，指导日常操作。

确定规则后，接下来是行动的规划和执行，以实现战略目标。首先，根据战略目标制定详细的战略规划；其次，依据这些规划拟定年度计划；然后，为年度计划中的每个关键活动设计具体的项目方案；最后，执行每个项目方案中的具体事务。这个过程不仅要求我们清楚每一步的行动计划，还需要明确战略目标与实际行动之间的界限。如果战略规划没有得到有效执行，那么即便是最完备的规划也只是纸上谈兵，既浪费了时间也浪费了资源。

6.战略：监控与审计

战略审计是一种针对企业战略管理的全面、系统的独立评估活动，定期进行以揭示问题、识别机会，并提供行动方案与改进建议，从而提升企业战略管理的有效性。该过程通常结合财务审计来利用已有的财务和非财务数据，确保策略的合理性和有效性。同时，与管理审计相结合，优化控制流程的效率和成效，并通过整合风险管理，探索潜在的风险点，评估这些风险对战略的影响，并制定调整策略以降低潜在风险造成的损失。

从战略决策到战略执行，再到战略审计，这是一条管理金律。战略的制定、执行与审计的思维是存在很大的区别。若只有战略制定，则战略无法实施、目标无法达成、企业没有发展，若只有战略决策和执行，虽然战略能够得到落实，但没有对战略适应性、可行性的评估，企业无法进一步发展。战略审计对提升战略决策和执行的效率至关重要，同时也是优化企业治理结构的重要手段。内部和外部的审计方式存在显著差异，因此对战略审计的重视尤为必要。应加强内部战略审计的同时，也需强化外部审计的独立性和客观性。因此，董事会应考虑成立专门的战略审计委员会，并聘请外部专家进行独立评估，如选择来自会计师事务所和咨询公司的专业人士，以确保审计活动的全面和深入。

在我国，企业经常面临一个显著的管理难题：强决策、弱执行、缺失审计。这种情况下，虽然决策过程得到了高度重视，但执行力往往薄弱，而对执行成果的战略审计几乎被忽视。这不仅限制了企业的战略管理能力，还严重影响了企业的持续发展和市场竞争力。为了改变这一局面，我们必须树立一个新的管理原则："凡事必审。"这意味着从决策、执行到审计的每一个环节，都需要进行严格的监控和评估，确保每一步都符合企业的长远战略和目标。

7. 战略：修辞学

修辞在战略传达中是一个常见但经常被学术界忽视的元素。其本意是通过精心的语言表达来更有效地展示和推广战略。然而，过度强调修辞易使其变质，成为目的本身，从而忽略了战略的核心。这种修辞的滥用可导致战略沦为仅仅是文字游戏，使得简单的问题被复杂化，企业的焦点可能从核心问题转移到表面形式，造成企业的理念与实际行动之间的严重脱节。因此，虽然修辞是战略传播的重要工具，但必须谨慎使用，以保证语言服务于战略内容的真正需要，而不是背离它。

二、稳健成长：制定有效的企业战略

企业战略包括企业在竞争、营销、发展、品牌塑造、融资、技术创新及人才资源开发等策略层面的全面计划。虽然这些战略领域具有多样性，其核心目的却保持一致：涉及对企业的全面长期和根本问题的系统思考。例如，竞争战略处理企业如何在市场中保持竞争力；营销战略规划如何有效推广产品或服务以最大化市场份额；技术战略聚焦于创新和技术发展等关键领域。虽然每种战略关注的细节和领域不同，但它们共同构建了企业的整体战略框架。总体来说，企业战略旨在明确企业的业务组合和各业务之间的关系，确定企业的总体经营方向，选择进入的市场领域，以及如何分配资源以支持这些领域的发展。

1. 成长战略

成长战略适用于市场领导者、潜力企业及新兴行业参与者，主张采取积极的进攻策略。这种战略形式具体包括多元化战略、垂直一体化战略、地域扩张战略。

（1）多元化战略指的是企业通过研发或引进新产品进行市场扩张。这种战略特别适用于大中型企业，可以有效地动用现有经营资源，提升未充分利用资产的使用效率。此外，通过拓宽业务范围，企业能有效减轻市场竞争的压力，降低运营成本，分散商业风险，并通过增强市场竞争力，促进企业向集团化发展。

（2）垂直一体化战略意味着企业通过自己生产原材料、直接进行销售来进行扩张。例如，从1998年开始，ADP利用企业内部的数据与技术发布了全美就业报告成立ADP研究院，成立了第二个创新研发实验室，深耕于技术开发等行为集中体现了垂直一体化战略。

（3）地域扩张战略最初是指扩大业务的地理覆盖范围，后来演变为开展海外业务。例如，1974年，ADP通过收购荷兰一家小型薪酬服务公司，正式开始其国际市场的拓展。

2. 稳定战略

稳定战略是一种特别适合中小企业或在市场低迷时期的大型企业采用的战略形态。这种战略的选择受到多种因素影响，包括家族企业的传承问题、市场容量的局限、企业规模的边界、竞争的约束以及国家的规制等。稳定战略主要分为无增长战略和微增长战略两种形式。无增长战略旨在保持企业当前的生产水平、市场份额和品牌形象稳定不变；而微增长战略则容许在此基础上轻微扩张。实施这类战略的企业通常专注于维护其现有实力并降低运营风险。虽然这种方法确保了企业运营的稳定性，但较慢的发展速度可能会削弱其市场竞争力。

3. 缩减战略

企业通常在面临市场需求减少、经济通胀、产品生命周期末期、管理混乱、持续亏损、资金紧张、资源短缺或发展方向不明确等多种挑战时采纳缩减战略。企业采取缩减战略的原因可能包括内部交易成本高（所谓的"科斯诅咒"）、战略性缩减、为了生存保持现有实力，或者需要通过资产清算解决债务问题。

缩减战略可以具体为转移战略、撤退战略和清算战略。转移战略涉及改变经营策略和市场重心，可能是从竞争激烈的大市场转向小市场，或从高科技向低科技领域转型。撤退战略则包括削减成本、降低生产规模、退出某些市场或销售渠道。清算战略涉及售卖企业资产以偿还债务或完全停止运营。

尽管缩减战略可以通过资源整合、优化产业结构来减少亏损、延续企业生命，它也存在缺点，如可能浪费有效资源、损害企业声誉、影响员工士气并引发人才流失。为了有效实施缩减战略，企业需要调整经营方针、推进系统管理、精简组织结构、优化产业布局、盘活存量资产。

4. 转型战略

转型战略是企业对抗行业变动和迈向新成长阶段的关键战略选择。例如，第二次工业革命的兴起推动了内燃机驱动的汽车的出现，使汽车行业加速发展。面对新技术的挑战，传统马车行业的主要从业者如果选择转型进入汽车行业，可能是一种更具前瞻性的策略。同样，在人力资源服务领域，政策变更引导了从劳务派遣向人力资源外包的转型。劳务派遣和劳务外包虽然在形式上类似，但劳务外包的灵活性和合规性在现代法规框架下更受欢迎。

转型战略可依据业务改变的程度分为：休克转型，即完全转向新业务，放弃旧业务；循序渐进转型，也称为"中医疗法"，通过新旧业务的平稳交替，减少业务转换带来的冲击；以及保旧添新策略，即在维持原有业务的基础上增加新的业务线。这些策略帮助企业适应外部环境的变化，同时促进长期的持续发展。

三、竞争制胜：打造独特的市场战略

企业战略构成了一个全面的战略框架，而竞争战略则是其关键组成部分，专注于在企业整体战略指导下，对特定业务单位的策略规划和管理。竞争战略的主要任务是定义如何在市场上建立并加强业务的持续竞争力。在当今这个竞争异常激烈的市场环境中，企业需探索如何在竞争中寻求成长。依据迈克尔·波特的理论，企业利润来源于行业内部竞争、与替代品的竞争、供应商与买家的议价力以及潜在新入市竞争者的影响。

竞争战略是企业在市场上与对手争夺优势时采用的进攻或防守策略。一种常见的策略是降价，这虽然能暂时击退竞争对手，但也可能伤害到自己，从而触发一个恶性竞争循环。以航空业为例，在亚洲金融危机期间，这个行业经历了严重的动荡，随着高速公路和火车速度的提升，客户的交通选择增多，而航空燃油和材料成本的增加对航空业构成了巨大威胁。在这种压力下，航空公司为了争夺市场份额采取了多级舱位和多样化票价策略，甚至不惜低价倾销，这种做法严重损害了航空公司的利益。

确定竞争战略应考虑企业所处环境和企业自身条件。企业竞争战略通常可分为三种：成本领先战略、差异化战略和集中型战略。每种战略的核心在于创造与众不同的优势：成本领先战略通过最低的成本获得优势；差异化战略则侧重于产品的独特特征；而集中型战略则在特定市场细分领域实施成本领先或差异化。正确的竞争战略能够有效区分企业在市场中的位置，从而提高其市场竞争力。

1. 成本领先战略

成本领先战略，也称低成本战略，是企业通过加强对生产、研发等领域的成本控制，将成本降至最低程度，成为行业中的成本领先者的战略。

采用成本领先战略的企业致力于成为该行业内成本最低的领袖。采取成本领先战略的方法包括：一是控制成本驱动因素，即管理好价值链上各个环节的成本推动因素，如利用规模效应和控制生产能力利用率等；二是重构价值链，跳过或省略价值链上产生高成本的环节，如仅提供基本的、无任何附加服务的产品或服务、寻求使用低成本原材料的各种途径。

成本领先策略并不总是导致最低的价格。如果企业的价格是最低的，但成本不是，那么企业只会被卷入无止境的价格战中。成本优势明显的企业在将价格设定为与竞争对手相同或更低时，其低成本优势便转化为更高的利润。然而，如果企业在产品的独特性上不具备优势，消费者认为其产品与竞争者相当或可以接受，那么该企业可能需要通过大幅降价来增加销量，这样可能会抵消其成本优势带来的益处。例如，德克萨斯仪器公司（Texas Instruments）因未能在手表业务中突出产品的独特性而退出市场；西北航空（Northwest Airlines）则及时调整策略，通过改善营销、乘客服务及旅行社支持，使其服务与竞争者不相上下，从而保持了其在成本上的优势。

2. 差异化战略

差异化战略，即通过创造与众不同的产品或服务，满足特定客户群体的独特需求来获取市场竞争优势。差异化战略注重在行业中保持顾客所看重的产品特征的独特性。

差异化战略的获利途径主要是利用价值链，企业通常是在其价值链的一个或几个环节上实施差异化战略。事实上，价值链上的每一个环节都存在创造出差异化的潜在可能性。这种战略的实施手段包括但不限于产品设计、服务质量和品牌形象等方面的创新。例如，卡特彼勒公司（Caterpillar Tractor）就以其广泛的经销网络、卓越的售后服务和高品质的产品而著称，这些特点对于其主营的大型机械设备市场至关重要，因为在这个市场中设备的可靠性极为重要。

尽管如此，执行差异化战略的企业也不能完全忽视成本控制，虽然成本不是其主要战略焦点。迈克尔·波特指出：差异化战略可能会与追求更大市场份额的目标发生冲突，因为高度差异化的产品或服务通常伴随高成本，而这可能使得不是所有消费者都愿意或能够承担更高的价格。因此，企业在推行差异化战略时需要权衡这种策略的独特性与成本之间的关系。

3. 集中型战略

集中型战略，也称聚焦战略，是指企业将战略资源和努力聚焦于特定的市场细分领域，目标是为特定区域或特定消费群体提供特色明显的产品或服务。

与全行业的成本领先或差异化战略不同，集中战略主要关注细分市场，并在该市场上超越竞争者，提供更高效的服务或产品。采取集中化战略的企业在进行目标市场的选择时，需要考虑目标市场是否足够大、能否盈利，分析目标市场的市场容量、成长速度以及获利能力的大小。

企业在明确了细分市场之后，将通过在该市场内实施差异化（提供有区别的产品）或成本领先（低成本生产）的策略来强化其市场地位。这种策略让企业能够在选择的细分市场内更精准地满足客户需求，从而实现增长与盈利。由于这些企业规模通常较小，它们往往需要选择其中一种策略来专注执行，而不是同时追求成本领先和差异化。这种策略帮助企业在选定的细分市场中建立竞争优势，尽管它们可能无法在更广泛的市场上竞争。

四、职能优化：部门战略推动整体成功

职能战略指的是企业内各个职能部门遵循的基本行动准则，以支持企业取得竞争优势。这些战略包括但不限于营销、人力资源、财务、生产、研发及公关战略等。与企业战略相比，职能战略具有几方面区别。首先，时间跨度通常比企业战略短，更加注重短期内的实施效果。其次，职能战

略在内容上更具体、更专业，并强调实际操作，而企业战略则主要设定企业的长远发展方向。此外，职能战略的制定需要广泛吸收来自各级管理人员的意见，这一参与性对战略的成功实施至关重要。职能战略和企业战略、竞争战略之间的关系如图7-2所示。

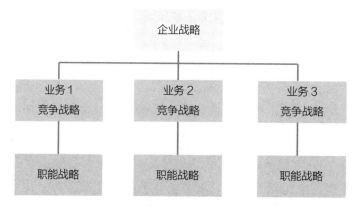

图7-2　职能战略和企业战略、竞争战略之间的关系

职能战略囊括了不同职能之间的战略体系，必须存在相应的匹配性：

首先，职能战略须与企业战略和竞争战略保持一致，支持其目标实现。例如，若企业策略注重通过创新实现差异化，那么其人力资源战略应促进创新精神，强化培训和学习机会，将创新成果纳入绩效考核，并在薪酬制度中对创新行为给予奖励，以确保战略的有效执行。这样的人力资源管理不仅鼓励创新，还确保企业各职能部门的策略实施与企业总目标的紧密结合。

其次，不同的职能战略之间要形成战略协同，不仅是具有一致的目标，还应形成一致的行动规则。例如，企业强调研究与创新战略，那么人力资源战略就必须将研发与创新人才的吸纳、培养作为目标之一。

再次，特定职能内部系统之间也要形成战略匹配。因为在不同的职能系统之下，存在多维的子系统，每个子系统之间必须相互响应和配合，才能促成该职能系统有效运转，最终实现该职能战略。例如，在人力资源管理下又包括了招聘、绩效考核、薪酬管理、培训等，每个模块之间都是相互联系，并存在螺旋式发展的趋势，从而共同达成人力资源战略的目标，即为企业的发展提供具有竞争力的人力资本，并将人力资本转化为企业效益。

最后，职能战略要存在动态匹配，即职能战略具有动态调整的过程。随着内外部环境的变化，职能战略要进行修改和调整。例如，在我国国有企业的改革过程中，薪酬战略由原来的平均主义（大锅饭）逐渐调整为以技能为基础、以岗位为基础、以个人绩效为基础等不同的薪酬体系。

五、战略选择：资源配置的平衡艺术

当我们讨论企业战略、竞争战略和职能战略时，还需要考虑一个无法回避的问题：企业的资源是否能够支撑这些战略的实施？因此，企业必须进行战略选择。毕竟，企业的资源和能力是有限的，不可能选择所有的战略。一般来说，战略选择可以分为三类：资源约束型战略、需求驱动型战略和战略引导型战略。

1. 资源约束型战略

资源约束型战略，也称适应战略，是由迈克尔·波特提出的。该战略认为企业的所有活动必须基于现有的资源条件配合战略实施，并确保企业的职能战略支持上层企业战略和竞争战略。通俗地说，资源约束型战略就是"有多少钱，办多少事"。

这与沃纳菲尔特（Birger Wernerfelt）于1984年提出的"企业的资源基础观（Resource-based View）"是一致的。资源基础观认为企业是资源的集合体，每个企业特殊的异质资源都是企业竞争优势的来源，并且具有不可模仿性。这种资源也是执行企业战略的基础，需要企业将目标集中在资源的特性和战略要素市场上。

日本有许多家族企业，这些家族企业通常采用资源约束型战略。在日本，存在1000年以上的企业有7家；500年以上的企业有32家；200年以上的企业有3146家；100年以上的企业超过50000家。在这些百年老店中，有89.4%的企业是员工人数不超过300人的中小型企业。目前，日本最长寿的企业是创办于公元578年的"金刚组"，至今已有1441年的历史。金刚组是家族型企业，他们代代相传，恪守最传统的建筑技巧。因为技巧在家族之间流传，没有失去底蕴，他们对建筑工艺和质量的要求依然非常严格。对于像金刚组这样的家族企业来说，他们可能是被动地选择了资源约束型战略。因为一旦他们超越资源的限制开始扩张，就可能无法保证所提供的产品或服务的质量。

2. 需求驱动型战略

需求驱动型战略，也称灵活战略，是一种根据市场需求及时调整企业战略的方法。它通过即时增配资源来满足市场变动，兼顾灵活性与响应速度。与传统的资源约束型战略不同，需求驱动型战略不会受到资源限制的严重束缚；同时，它也避免了超前战略可能带来的过度风险。其核心是需求导向，即市场需求直接影响企业的战略决策和行动。这种战略的主要优势在于能够使企业在变化多端的市场环境中保持竞争力，迅速适应市场变化，从而更有效地满足客户需求和把握市场机会。

3. 战略引导型战略

战略引导型战略，也称超前战略，是一种主张企业在资源与业务增长应同步扩张的战略方法。这种观点由哈梅尔（Gary Hamel）和普拉哈拉德（C. K. Prahalad）提出，其核心思想是不被现有资源限制，而是通过资源的积极补充和扩展来推动更广泛的业务发展。这包括使用银行贷款、发行股票、或债券等方式来筹集资金，从而扩大业务规模。

此外，风险投资是超前战略中一个重要的概念，它涉及资金雄厚的投资者对缺乏启动资金但拥有专业技术和良好市场前景的创业企业的投资。风险投资者承担创业初期的高风险，以期获得高回报。风险投资的循环特性意味着投资者将从风险企业中回收的资金再投入到其他高风险、高科技和高增长潜力的企业中，以实现资本增值。

六、创新引领：突破传统市场竞争限制

战略创新主要可分为三类：蓝海战略、长尾战略和平台战略。

1. 蓝海战略

"蓝海"是指尚未被开发的新的市场空间，其特点在于在尚未出现的行业、在未被开发的市场中经营，这里没有既定的游戏规则，也没有竞争。它运用的是创新的、充满活力的战略。蓝海战略聚焦于开辟未被竞争触及的新市场领域，逃离现有的激烈市场竞争（红海），探索并创造新需求，实现产品和服务的独特性以及成本效率的优化。这种战略通过重新定义市场边界，挖掘广阔的市场潜力，避开传统市场的竞争环境，从而获得更高的利润空间。其核心在于价值创新，即在降低运营成本的同时，提升顾客的价值感知，实现企业与顾客双方价值的同步增长，并推动企业向全新的市场空间扩展。红海战略与蓝海战略的对比，如表7-1所示。

表7-1　红海战略与蓝海战略的对比

红海战略	蓝海战略
在现有市场中与竞争者角逐	探索和创造全新的市场空间
参与市场竞争	避免与现有竞争对手直接对抗
争夺已有的市场需求	创造新需求和挖掘未被满足的市场潜力
服从于成本与价值的传统互换法则	打破传统的价值与成本的互换法则
选择成本领先或产品差异化策略	实现成本与差异化的同步优化

2. 长尾战略

长尾理论挑战了传统的"20/80法则"，即20%的核心产品创造80%利润的观点。长尾理论指出，需求曲线的尾部产品同样能带来丰厚的利润。所谓"长尾"，指的是需求曲线不断延伸形成的一条长尾巴，只要这条尾巴延续足够长（具有长度）且不会接近零（具有高度），企业就可以持续获利。因此，企业应将关注点从需求曲线前端的畅销品，转向位于尾部的

大量利基产品。这些利基产品对特定市场和消费者具有与畅销品相当的吸引力。

长尾战略的核心在于专注于那些需求曲线尾部的冷门商品领域。其主要观点是：未来的商业和文化重心不在畅销商品，而是在这些冷门商品中挖掘市场潜力。例如，亚马逊的书籍销售中，约四分之一的营收来自于排名十万名之后的书籍。这表明，在商品选择几乎无限的情况下，消费者的偏好和购买习惯正在发生根本性的变化，催生出一种新的商业模式。长尾战略强调利用互联网等技术，通过提供广泛的产品范围来满足更细分的消费需求，预期这些冷门产品的市场份额将持续增加，未来可能占据整个市场的半壁江山。

3. 平台战略

平台商业模式主要通过连接两个或多个特定的用户群体，并为他们提供交互机制以满足各方需求，从而实现盈利。该模式的核心在于破解传统产业链，构建一个具有强大成长潜力的生态系统。通过其独有的规范和机制，平台能够有效地促进各参与方之间的互动，并实现平台企业的长远目标。

所谓平台战略，就是指企业为了构建平台商业模式而采用的一系列平台化战略。在平台战略下，市场会出现两大特征：平台突起和服务平台化。平台突起指的是新的基于平台的企业类型开始出现，如滴滴出行、优步、爱彼迎等。滴滴出行的快车模式当中，没有一辆车属于滴滴公司。爱彼迎作为一个为用户提供多样住宿信息的平台，也没有任何一家民宿属于自己。这些都是新兴的企业类型，是平台化的企业。因为数字技术把分布式的资源整合起来，这些企业才得以出现。服务平台化指的是在数字技术的驱动下，会有越来越多的传统企业转向平台化的商业模式。如果不转型，由于成本竞争的问题，传统企业未来的生存空间会越来越小。

平台战略彻底改变了传统工业经济下的企业战略和战略选择，尤其是在人力资源管理方面。在传统模式下，如大学课程的开设，通常需要雇佣专职教师来授课。然而，在平台经济模式下，只需有能力和意愿教授该课程的个体，无论是通过视频分享、直播教学还是其他数字化手段，都可以有效地传授知识。这种模式在疫情期间表现尤为突出，许多教育活动都转移到了线上。因此，平台战略不仅减轻了传统的招聘和培训压力，还引领了人力资源管理向更灵活、更开放的方向发展。

本章小结

　　战略在人力资本服务发展中扮演着至关重要的角色，指导组织如何有效提供和扩展人力资本服务。本章从经典战略模型出发，深入探讨了使命、愿景与价值观的关键内容和核心意义，进一步分析了环境审视、战略目标设定、规则制定与行动执行、监控和审计的重要性。针对人力资本服务业务，本章重点阐述了企业战略、竞争战略、职能战略及平台战略这四个关键领域，提供了详尽的定义和分类，确保读者对如何通过各种战略加强企业的竞争力有清晰且系统的理解。

关键术语

　　战略目标 战略规则与行动 战略监控与审计 企业战略 成长战略 稳定战略 缩减战略 转型战略 竞争战略 成本领先战略 差异化战略 集中型战略 职能战略 资源约束型战略 需求驱动型战略 超前战略 蓝海战略 长尾战略 平台战略

思考题

1. 战略的概念和本质是什么？

2. 战略的环境分析方法有哪些？

3. 战略的规则与行动包含哪些内容？

4. 战略监控与审计具有什么重要意义？

5. 企业战略包括哪些类型？

6. 竞争战略包括哪些类型？

7. 职能战略需要从哪些方面做到匹配？

8. 从战略选择角度，人力资本服务战略包括哪些类型？

9. 从战略创新角度，人力资本服务战略包括哪些类型？

第八章

人力资本服务管理

💡 **课前预习**

▶ **本章学习要点：**

1. 理解人力资本服务价值链

2. 掌握人力资本服务三支柱

3. 掌握品牌的概念、价值、资产内涵以及建设步骤

4. 掌握融资的概念及分类

在上一章中，我们初步探讨了职能战略的各个方面，这些战略涵盖了营销、人力资源、财务、生产、研发以及公关等领域，都是组织管理体系的重要组成部分。本章将深入分析这些概念，重点关注人力资本服务管理的核心问题，包括品牌管理、融资策略和人力资本的有效管理。针对人力资本服务企业，我们将详细讨论如何通过战略性管理提升品牌价值，优化融资渠道，并有效管理人力资本，从而支持企业的整体发展并增强其竞争力。

● 引例：科锐国际上市之路

2017年6月8日，北京科锐国际人力资源股份有限公司（简称科锐国际）正式在深圳证券交易所创业板挂牌交易，首次公开发行A股4500万股，每股发行定价6.55元。

科锐国际作为国内领先的人力资源综合解决方案供应商，已在中国内地、香港、印度、新加坡、马来西亚等国家和地区设立了73个分支机构，拥有超过1000名招聘专家。公司为客户提供全面的服务，包括中高端人才搜寻、招聘流程外包、灵活用工及其他人力资源相关服务，业务范围覆盖全国乃至亚洲各地。

科锐国际目前已形成稳定的经营业务模式和持续盈利能力。同时，科锐国际通过引入经纬中国、摩根士丹利等全球著名投资人作为战略股东，借助其全球网络和资源，共同推动公司经营业绩持续增长，保持行业绝对领导地位。截至2016年，公司总资产为52 605.66万元，营业收入为86 813.67万元，其中灵活用工在营业收入中占比最高，达到53.14%，其次是中高端人才访寻（29.95%）、招聘流程外包（12.95%）、其他业务（3.95%）。2014—2016年，营业收入复合年均增长率达到17.73%。在利润方面，2016年公司扣除非经常性损益影响后归属于公司普通股股东的净利润较2015年增长17.06%，2017年1—3月，公司实现营业收入22, 974.66

万元，同比增长25.46%。

根据公开材料，科锐国际本次发行募集资金总投资额39 886.47万元、募集资金使用额25 783.06万元，主要用于业务体系扩建项目及信息化系统升级项目。业务体系扩建项目包括中高端人才访寻业务扩建、招聘流程外包业务扩建、灵活用工业务扩建以及才客网等线上平台建设。针对中高端人才访寻业务，项目拟在现有的行业及细分领域的基础上，加大该业务"专、精、深"的运营能力竞争优势；针对招聘流程外包业务，项目拟扩招120名业务人员，扩大公司在招聘流程外包业务的领先地位；针对灵活用工业务，项目拟加大执行团队及销售团队的投入，扩大公司在灵活用工领域的市场份额，增强公司在灵活用工市场的竞争力；才客网等线上平台的搭建完成，将加速形成全渠道管理，加大客户的忠诚度，扩大公司的市场占有率。

同时，通过借助最新信息化技术，信息化系统升级项目将实现基础网络及硬件、客户及候选人管理系统、财务管理系统、智能分析报表系统、人力资源外包管理系统、人力资源服务商管理系统、人事终端管理系统的全面升级。这不仅能够显著提升各业务网络、不同业务单元的协同运营管理效率，也为更科学、精确、实时的数据分析提供强有力的技术支撑。

未来，随着科锐国际"一体两翼"的发展战略的深入实施，即"以整体解决方案为一体，线下多种产品服务扩张、线上平台服务融合延伸"，科锐国际的业务规模将进一步扩大。科锐国际还将积极拓宽融资渠道，通过本次募集资金投资项目，增加人才投入，同时加大固定资产等非流动资产的投入，进一步优化公司的资产结构，提高经营效率、降低租赁及经营风险。随着募集资金投资项目的实施，科锐国际将能够进一步提高服务产能，基本形成覆盖全国的人力资源服务网络，公司业务布局日趋合理化、多样化，提高公司的抗风险能力。

资料来源：科锐国际：首次公开发行股票并在创业板上市招股说明书.

🔍 案例评述

科锐国际作为一家领先的人力资源解决方案供应商，通过其在亚洲多地的分支机构，提供包括中高端人才搜寻、招聘流程外包以及灵活用工在内的全面服务。为了提升业务增长和盈利能力，公司引入了全球知名投资者如经纬中国和摩根士丹利，借助其广泛的全球网络资源，推动了公司的稳健发展。在技术和信息化方面，科锐国际进行了大量投入，升级了客户管理系统和智能分析报表系统，从而大幅提升了运营效率与服务质量。此外，公司通过募集资金，进一步扩大了中高端人才访寻、招聘流程外包和灵活用工业务的规模，提高了市场份额。

科锐国际的成功案例突显了人力资本服务管理的几个关键要素。首先，通过持续的技术投入，显著提高了服务效率和客户满意度；其次，通过扩展服务范围和市场深度，灵活应对不同行业和客户需求的变化；最后，凭借有效的资本市场策略，加强了资金链管理，提升了市场竞争力。值得注意的是，品牌的强大不仅依赖于广泛的市场覆盖和全面的服务内容，还需要在行业内持续创新并提供差异化的服务。通过与全球投资者的合作和技术的不断创新，公司在行业内逐渐树立了强势品牌形象。其上市策略不仅是筹集资金的重要方式，还可以通过探索自我融资和众筹等多元化融资策略，支持公司的持续扩展和技术升级，从而保持其在市场中的竞争优势。通过精准的市场定位和技术升级，公司确保了服务质量和市场响应速度，同时通过战略性资本管理，优化资源配置，降低运营风险，这些都是维持公司长期竞争力和市场领先地位的关键因素。

一、掌控全局：人力资本服务管理的核心框架

1. 价值链模型

美国哈佛商学院的迈克尔·波特发展了"价值链分析法"，该方法

将企业内部和外部的价值增值活动区分为两大类：主体活动（也称核心增值活动）和支持活动（也称辅助增值活动）。主体活动包括生产经营、销售、内外部物流管理和客户服务等，支持活动则包括人力资源、财务、策划、研发和采购等方面。这些活动共同构成了企业的价值链模型，如图8-1所示。

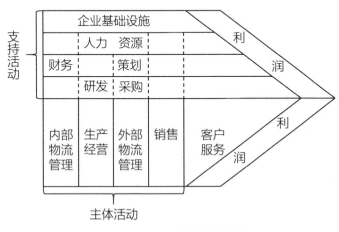

图8-1　迈克尔·波特的价值链模型

在分析企业的价值创造过程中，不是所有活动都能贡献价值；只有那些关键的环节，即"战略环节"，才是真正的价值创造者。企业要维持竞争优势，就必须在这些战略环节上占据优势。通过价值链模型分析，关注企业在这些战略环节上的资源配置是至关重要的，它确保了企业能够构建并保持核心竞争力。此外，企业的竞争优势不仅可以通过调整涉及的市场范围获得，还可以通过企业间的协调或整合价值链活动来实现效益最大化。[1]

2. 人力资本服务价值链模型

本书基于迈克尔·波特的价值链模型，进一步发展了人力资本服务价值链模型（见图8-2）。该模型将企业的价值增加活动分为三大类：主体性

---

[1] 杨锡怀，冷克平，王江. 企业战略管理：理论与实践 [M]. 北京：高等教育出版社，2004.

活动、交付性活动和支持性活动。其中，支持性活动处于价值链的外围，涵盖了组织基础设施（如办公设施和IT系统）和基础制度（即公司治理和法规遵循）。交付性活动位于中间层，主要包括人力资本和技术应用，强调人力资源的有效利用和技术的创新应用。最核心的主体性活动则涉及研究开发、资源投入、产品开发、市场营销、服务交付及客户服务等，这些是直接关联客户价值和企业盈利能力的关键活动。通过这样的分类，本模型不仅清晰地阐释了企业价值链的构成，也突出了在人力资本服务行业中各活动的特殊重要性和相互关系。

人力资本服务企业必须准确把握市场需求，并灵活调整其业务模式来应对市场和政策变化。例如，当政府对劳务派遣实施更严格的规制后，这些企业应迅速感知到市场需求的转变，随即动员资源，创新并推出人力资源外包等新服务。这一过程涉及从市场研究、产品研发到资源投入，再到产品推广、服务交付和客户服务等一系列环节。企业需通过这些系统性的活动，确保在变化的市场条件下保持竞争力，有效地满足客户需求，从而实现持续的业务成长和盈利。

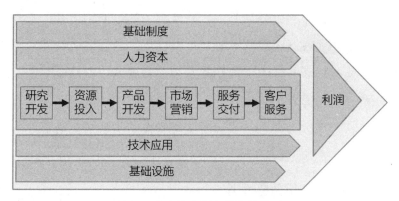

图8-2　人力资本服务价值链模型

3. 人力资本服务管理三支柱

在探讨人力资本服务的核心活动时，我们面临一系列关键问题：如何开展有效的研究与开发？如何选择合适的投入资源？如何市场化销售产品或服务？如何实现产品或服务的有效交付？这些都是人力资本服务管理中的重要环节。我们将这些管理活动细分为品牌管理、融资管理和人力资本管理三大核心要素。这三大要素不仅是人力资本服务业当前面临的主要挑战，也是推动行业发展的关键驱动力。

品牌管理在人力资本服务领域内起着核心作用，其影响力贯穿整个组织。在中国，人力资源服务产业的品牌管理正处于初步发展阶段。同时，融资作为一种支持性活动，对于人力资本服务管理至关重要。融资策略不仅受到资源约束的影响，也是企业战略选择的关键因素，从而直接影响企业的发展和市场扩张。此外，人力资本管理是人力资本服务企业面临的主要挑战之一。当前，我国许多人力资本服务企业在人才培养和管理模式上存在缺陷，急需提升专业人才的培训与管理能力，以支持业务的持续发展和竞争力的提升。

二、品牌塑造：如何打造强势人力资本服务品牌

1. 品牌概述

"品牌"（Brand）一词源出古挪威文Brandr，意为"打上烙印"。[1]在中世纪的欧洲，手工艺匠人通过在手工艺品上烙下标记，从而方便消费者对手艺品的产地和生产者进行分辨和识别。[2]被称为"现代营销之父"的科特勒（Philip Kotler）定义品牌为一组元素，涵盖名称、术语、符号、标志或设计，这些元素综合用于识别某个卖方的商品或服务，并将其与竞争者的相区分。[3]

产品、商标、名牌、文化、营销等都是与品牌密切相关的概念，这些概念和品牌之间的关系如图8-3所示。产品是实体工厂生产的，旨在满足

1　樊昌志.新闻与传播活动多维研究 [M].长沙：中南大学出版社，2004.

2　张杰.超市商场销售人员职业技能培训 [M].北京：电子工业出版社，2008.

3　晓钟.品牌成名造势之路 [M].北京：经济管理出版社，1999.

顾客的基本需求；而品牌则是建立在消费者心中的情感联系，基于这种联系，消费者愿意支付高于产品实际价值的价格。[1]品牌的最终目标是扎根到消费者脑中，但是需要以商标的表现形式，在工商局进行注册，从而才能在法律层面受到保护。[2]名牌是出名货物的牌子，[3]是知名度高的产品品牌。[4]文化是品牌的内涵来源，而品牌本身就是一种文化现象。营销和品牌是一以贯之的，营销是为了促进产品的销售，而建立品牌也是为了促进产品的销售，所以营销和品牌的目标是一致的。

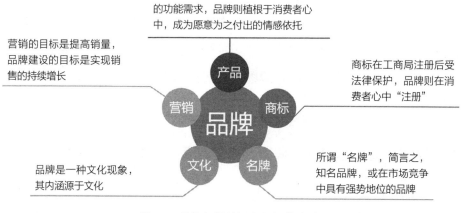

产品是工厂制造的，用以满足消费者的功能需求，品牌则植根于消费者心中，成为愿意为之付出的情感依托

营销的目标是提高销量，品牌建设的目标是实现销售的持续增长

商标在工商局注册后受法律保护，品牌则在消费者心中"注册"

品牌是一种文化现象，其内涵源于文化

所谓"名牌"，简言之，知名品牌，或在市场竞争中具有强势地位的品牌

营销　产品　商标　品牌　文化　名牌

图8-3　品牌与相关概念之间的关系

推销是品牌构建的初始步骤，关注于通过宣传商品特性来开拓市场和吸引购买。然而，推销本身并不直接等同于品牌建立。推销活动的核心在于销售现有产品，常常不够关注消费者的实际需求，而更倾向于通过激进的销售策略如积极推广和强制销售来实现销售目标。相比之下，营销包括更广泛的手段和策略，采用各种营销组合来更全面地满足市场和消费者

1　余明阳，韩红星.品牌学概论 [M].广州：华南理工大学出版社，2008.

2　谢付亮，朱亮.插翅高飞：中国茶叶品牌快速崛起之道 [M].福州：福建人民出版社，2011.

3　莫衡等.当代汉语词典 [M].上海：上海辞书出版社，2001.

4　宋子然，100 年汉语新词新语大辞典中册 [M].上海：上海辞书出版社，2014.

需求。[1]

推销和营销虽是建立品牌的不同阶段，但二者相互关联并影响品牌的形成和发展。无论是通过推销还是更综合的营销活动，目标都是推动产品销售，支持企业的持续发展，并最终实现盈利目标。这样的策略不仅促进短期销量，还应当着眼于建立长期的客户关系和品牌忠诚度。

推销、营销和品牌之间的关系如图8-4所示。

图8-4 推销、营销和品牌之间的关系

本节主要介绍关于品牌的三个问题：

（1）品牌为什么会产生？——市场需求驱动品牌价值。

（2）建设品牌的目的是什么？——品牌资产变现品牌价值。

（3）如何建设品牌？——品牌建设打造品牌资产。

2. 市场需求驱动品牌价值

品牌价值体现在为消费者创造的多维度价值上，涵盖功能性、情感性及象征性三个层次。

（1）功能性价值。

功能性价值，也称理性价值，是品牌建立和发展的基础。它指的是产品的实用特征和物理属性，如质量、效能、性能和服务等。例如，手表的精确计时和防水功能，钢笔的流畅书写，洗衣粉的强效去污能力，以及香

---

1 宋书文.管理心理学词典[M].兰州：甘肃人民出版社，1989.

皂的杀菌效果。功能性价值不仅是品牌在市场上立足的基石，也是消费者初步选择产品的关键因素。以宝洁公司产品为例：飘柔主要提供头发的柔顺和轻盈；潘婷突出其增强发质的健康和光泽；沙宣则专注于高级的发丝护理；海飞丝针对去屑功能，提升发质外观；伊卡璐则突出其产品的天然草本护理特性。这些都是各品牌在初期发展中依靠的功能性价值，没有这样的基础，任何品牌都难以长久立足。

（2）情感性价值。

情感性价值，也称感性价值，是品牌传达的情感内涵，如真诚、关爱、友情等，这使得产品超越物理属性而触动消费者的情感。品牌通过情感价值赋予产品生命力和感染力，提供独特的情感体验。例如，海尔的口号"真诚到永远"传递了对消费者深沉的忠诚；诺基亚的"科技以人为本"突显了其对人性关怀的重视；戴比尔斯钻石的宣传语"钻石恒久远，一颗永留传"象征着爱情的永恒；美加净护手霜通过"就像妈妈的手温柔依旧"唤起对母爱的深刻感受；而贵州青酒的"喝杯青酒，交个朋友"则表达了酒文化中友谊的温馨。这些品牌通过情感价值让消费者与产品建立深层次的情感连接，从而提升了品牌的吸引力和忠诚度。

（3）象征性价值。

象征性价值，也称个性价值，是品牌传达的深层文化意义、价值观、审美标准和社会地位的体现。它使消费者能够通过使用特定品牌的产品表达自己的生活态度、个性和社会身份。例如，奔驰不仅是汽车品牌，它还象征着权势、财富和成功，成为成功和社会地位的符号；百事可乐与青春、活力和激情联系在一起，吸引年轻消费者；麦当劳不只是快餐，它代表的是欢乐时光；香奈儿香水散发时尚与浪漫，象征高雅与经典；劳力士手表代表尊贵和成就，展示对完美生活的追求；哈雷摩托车则是自由和冒险的标志，吸引那些追求个性自由的人。对于人力资源服务企业而言，将功能性价值转化为情感性和象征性价值是提升品牌力和市场竞争力的关键。这种转化不仅满足客户的基本需求，还能触动客户的情感，增强品牌忠诚度和影响力。

关注于产品具体功能性的品牌核心可以有效地突显该产品的独特特性，从而为企业带来持续的竞争优势。然而，这种策略也可能将品牌限制在较窄的范围内。因此，许多品牌战略选择从某一产品的单一特性中提炼出更广泛的品牌意义，使其能够适用于旗下更多的产品和服务。相对而言，基于情感和象征性利益的品牌精髓在建立品牌与消费者之间的深层关系上更为有效，对产品本身的变化具有更高的适应性，这使得品牌更容易进行延伸和拓展。通过这种方式，品牌不仅仅局限于其功能性属性，而是在消费者心中构建了更为持久和有影响力的形象。[1]

3. 品牌资产变现品牌价值

阿克（David A. Aaker）在其1991年的作品《管理品牌资产》中首次提出了"品牌资产"这一概念，将其定义为与品牌名称和标识相关联的资产及负债集合，这些要素能够增强或削弱产品或服务为顾客或企业带来的价值。品牌为产品增加了实用之外的附加价值和益处，这种额外价值主要面向消费者，而益处则主要对企业和分销商有利。品牌资产的构成涵盖了品牌知名度、品牌美誉度、品牌忠诚度三个核心维度，它们共同影响品牌的构建、维护及评价流程。[2]

（1）品牌知名度："熟悉程度"。

品牌知名度衡量的是品牌在公众中的熟悉程度，反映了品牌与顾客的关系广度。作为评估品牌社会影响力的关键指标，品牌知名度通常呈连续变化，并可分为四个层级：无知名度（Unaware of Brand），消费者对品牌完全没有认知或印象；提示知名度（Aided Awareness），消费者能够在接受提

---

1 阿克，乔基姆赛勒．品牌领导力 [M]．耿帅，译．北京：机械工业出版社，2012.

2 戴维·阿克．管理品牌资产 [M]．吴进操，常小虹，译．北京：机械工业出版社，2019.

示或暗示后回忆起品牌名称；未提及知名度（Unaided Awareness），消费者无须任何提示即能自行回忆起品牌；第一提及知名度（Top of Mind），品牌是消费者在未受任何引导的情况下首先想到的。[1]这些层级在实现难度上呈现金字塔结构：最底层为无知名度，难度逐级上升，顶层是第一提及知名度。在竞争尚未形成明显优势的市场中，首个建立起高知名度的品牌往往能获得难以替代的市场地位。

（2）品牌美誉度："感知质量程度"。

品牌美誉度，也称感知质量，反映了消费者在了解产品的功能与用途后对其质量和优势的整体评价。这种评价基于消费者对品牌的整体感受，涵盖产品性能、质量、可靠性等关键因素。品牌美誉度是一种主观判断，依赖于消费者的感性认识。

（3）品牌忠诚度："追随程度"。

品牌忠诚度是指顾客对品牌的忠诚程度，反映了顾客在面对品牌价格调整或产品功能变化时转向其他品牌的概率。由于品牌忠诚度直接关联到产品销量，因此它与企业收益紧密相关。

品牌忠诚度通常分为几个不同层级：首先是价格型购买者，这些消费者主要关注价格或功能，对品牌没有忠诚度；接着是习惯型购买者，他们对产品基本满意，不会因为小不满而换品牌；然后是满意型购买者，他们对产品非常满意，而且转换品牌的成本较高；之后是喜欢型购买者，这些人真正喜欢品牌，情感上依恋，这种偏好可能由品牌象征、使用体验或质量感知决定；最高层是坚定型购买者，他们不仅自豪于使用这一品牌，还会积极推荐给他人，是所谓的品牌"粉丝"。[2]品牌忠诚度在形式上呈金字塔结构，底层是最易受价格影响的购买者，顶层则是最忠诚的坚定型购买者。每个忠诚度层级对品牌营销策略和品牌管理都提出了不同的挑战，意

1　李桂华.品牌价值管理[M].北京：经济管理出版社，2017.

2　戴维·阿克.管理品牌资产[M].吴进操，常小虹，译.北京：机械工业出版社，2019.

味着品牌需要采取不同的策略和管理方法来维持和增强这些不同层级的忠诚度。

4. 品牌建设打造品牌资产

品牌建设是一个全面的过程，包括对品牌的评估、定位、规划、识别、传播和维护等一系列行动。广告界的传奇人物奥格威（David Ogilvy）曾经指出："任何人都可以完成一笔交易，但创造一个品牌则需要天才、坚定的信念和持之以恒的努力。"通常，品牌建设可以划分为六个基本步骤（见图8-5）。

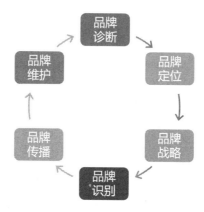

图8-5 品牌建设的步骤

（1）品牌诊断。

品牌诊断，也称品牌审计或品牌评估，是品牌建设过程的起点，旨在全面审视品牌的当前状态，评估其竞争力和整体健康状况。这一步骤为后续的品牌策略提供关键的基础数据和洞察。品牌诊断的范围和深度根据不同的需求和情况而异，通常涵盖以下关键指标：品牌知名度、品牌美誉度、品牌忠诚度、品牌市场占有率、品牌成长率等。[1]

（2）品牌定位。

品牌定位是品牌建设的核心环节，旨在为品牌在竞争激烈的市场中确

1　谢强. 品牌营销：企业价值万金的法宝品牌形象 [M]. 成都：西南财经大学出版社，2007.

立一个清晰、独特且符合消费者需求的形象。[1]这一过程涉及明确品牌将要服务的目标市场、理解目标消费群体的特性、确定品牌可以提供的独特价值，并在消费者心中构建一个有利的位置。有效的品牌定位不仅帮助企业集中资源构建强势品牌，而且能迅速吸引目标消费者，确立市场竞争优势。在消费者心目中占据一个独特且难以替代的位置，从而持续推动企业的成长和成功。

（3）品牌战略。

品牌战略的选择对企业市场竞争力和品牌建设至关重要。具体包括以下六种常见战略。[2]

单一品牌战略　例如，佳能将数码相机、复印机等产品统称为"Canon"。企业通过使用统一的品牌名称推广所有产品，这种策略的优势在于资源集中、品牌形象一致、推广新产品时市场成本降低，并增强了消费者对品牌的认知度和辨识度。

多品牌战略　宝洁公司是这一战略的开创者和成功范例，旗下拥有超过300个独立品牌。企业通过经营多个独立品牌来针对不同的市场细分群体，这种策略的优势在于能够覆盖更广泛的市场，分散经营风险，并且更有针对性地满足不同消费者的需求。[3]

母品牌战略　例如，浏阳河和金六福等品牌与五粮液之间的背书关系，通过一个主要品牌的成功，延伸出多个子品牌。这种战略利用已有的品牌信任和认知度，来降低新产品推广的难度和成本。通过借助母品牌的信誉，企业更容易在市场上推出新产品，节省推广费用并提高消费者的接受度。

品牌联合战略　例如，Intel与各大PC厂商合作推行的"Intel Inside"

1　黄静.品牌管理 [M].武汉：武汉大学出版社，2005.

2　陈春花，刘晓英.品牌战略管理 [M].广州：华南理工大学出版社，2008.

3　孙绍荣.管理工程学与管理咨询 [M].北京：经济科学出版社，2004.

品牌战略。多个品牌通过联合市场推广，实现互补优势并扩大市场影响力。该策略通过合作共享资源，达到双方共赢的效果。通过品牌联合，各企业可以充分利用彼此的优势，增强市场竞争力，提升消费者对产品的认可度。

品牌特许经营战略　品牌特许经营起源于美国，其中最成功的企业之一是麦当劳。此策略通过品牌所有者授权其他经营者使用其品牌，从而扩展市场和业务。这种方法不仅能迅速扩大品牌的覆盖范围，还能降低直接管理的成本。通过品牌授权，企业可以在更广泛的区域内建立影响力，同时将管理负担分散到各个经营者，从而实现高效运营和快速增长。

品牌虚拟经营战略　耐克是品牌虚拟经营的典范之一。企业将生产活动外包给其他制造商，自己则专注于品牌管理和市场营销。这种策略使企业能够集中精力在品牌建设和客户关系上，从而提高运营效率。通过外包生产，企业不仅降低了制造成本，还能灵活应对市场变化，进一步增强其品牌竞争力和市场影响力。

（4）品牌识别。

心理学研究表明，大多数信息是通过视觉获取的，因此构建一个卓越的品牌视觉形象成为竞争中的关键。[1]品牌识别设计涉及基本元素（如品牌名、商标、统一字体和颜色）和应用元素（包括产品包装、广告和展示材料）的创作设计。

（5）品牌传播。

品牌传播是通过广告、客户关系、公共关系、口碑、推销、促销等传播方式，告知消费者品牌有关信息，在消费中心中建立品牌形象，从而促进消费者对产品的购买。[2]品牌传播要以推广品牌核心价值为原则，并且是基于品牌形象的整体框架，是提升品牌价值和资产的有效手段。

1　熊素芳 . 营销心理学 [M]. 北京 : 北京理工大学出版社，2006.
2　王海忠 . 品牌管理 [M]. 北京 : 清华大学出版社，2014.

（6）品牌维护。

品牌维护是指企业在品牌管理过程中，针对内外部环境的变化，有效采取相关行动来维护品牌的形象、价值和市场地位。品牌维护是快速创建强势品牌的坚强保证，也是品牌长足发展的基础，需要品牌的经营者认真对待。[1]

三、融资赋能：从自我融资到众筹的多元化策略

1. 融资及其分类

融资可分为广义和狭义两种解释。广义融资，也称金融融资，涵盖了货币资金的调配，包括企业和个体通过多种途径筹集或放贷资金的总体行为。狭义上的融资特指企业筹集资金的具体行为和流程，即企业基于自身的运营状况、资金状况及未来发展需求，通过精确的预测和决策，选择适当的方法和渠道从投资者和债权人处筹资，确保其生产和经营活动的资金需求。这里所讨论的是狭义的融资，即专注于资金筹集的活动。对于人力资本服务行业的企业家或创业者而言，无论是自有资金还是融资，都意味着获取资金以成功地创建并运营企业。

企业融资方式主要有四种：自我融资、债权融资、"赠与"或补助融资、股权融资、众筹。[2]

2. 自我融资

自我融资是企业使用自己的资金进行投资和扩展的一种方式，包括控制成本和增加内部资金的积累。例如，企业可能会选择雇用较少的员工、租赁而非购买设备、在家办公或租用较便宜的办公空间，以及通过留存利润来融资。

1　杨光，赵一鹤.品牌核变 [M].北京：机械工业出版社，2003.

2　孙燕一.我国中小型企业的经营管理理论与实务研究 [M].西安：西北工业大学出版社，2009.

收益融资是自我融资的一种形式，特别适用于已经盈利并拥有稳定现金流的企业。通过这种方式，企业利用自身的利润部分进行再投资，从而扩展业务而无须依赖外部借贷。这种融资模式有助于企业保持财务独立和灵活性，同时避免过多的债务负担，促进企业的持续成长和发展。

3. 债权融资

债权融资涉及企业通过发行债券或从银行借款等途径筹集资金。这种融资方式的特点是，企业需要在约定期限内偿还本金并支付利息。[1]企业获得债权融资主要依赖于企业及其所有者的信誉，任何类型的企业都可以进行债权融资。公司制企业可以发行债券，但对于小企业来说，这种做法难度较大且成本较高。

债权融资的优势包括：借款期间，只要偿还按时且未违反合约，债权人不得干预企业管理；贷款总额固定，与企业价值无关；不涉及企业利润的分成。

然而，债权融资的缺点也不容忽视：若无法归还债务，债权人可能迫使企业破产；违约时，债权人可用企业或个人资产作抵押处理；债务偿还增加企业固定开支，压缩利润空间；还款减少了企业可用现金流；债权人可能要求定期检查企业财务状况以降低风险。

在考虑为企业借款前，借款人应充分理解潜在的还款压力。债权融资主要包括商业贷款、个人贷款、租赁和债券（见表8-1）。银行作为传统的贷款机构，通常按照"5C"原则评估贷款申请：抵押品（collateral），作为借款保障的财产或资产，如借款人未能还款，贷款机构可占有或出售这些资产以回收贷款；特征（character），通过信用报告来评估借款人的信用历史和信誉，确保其有良好的按时还款记录；能力（capacity），分析企业的现金流情况，判断其偿还贷款的能力；资金（capital），考查

1　杨兴全.上市公司融资效率问题研究 [M].北京：中国财政经济出版社，2005.

企业主对企业的投资额，这反映了他们对企业的承诺及财务健康；形势（conditions），考虑贷款期间的行业状况和经济环境，这可能影响贷款的安全性和还款能力。除了银行，保险公司也为企业提供贷款，通常将保单的现金价值作为借款的抵押。这些金融机构的贷款帮助企业在资金紧张时保持流动性和扩展业务。

表8-1 债权融资的主要类型

债权类型	描述	一般形式
商业贷款	银行或其他金融机构提供的典型贷款	房地产贷款、设备及设备改善贷款、运营资金贷款、资产抵押贷款
个人贷款	基于个人信用但用于企业的贷款	信用卡、住宅贷款、汽车贷款、个人短期贷款
租赁	拥有使用汽车、设备等特定财产权利时发生的债务	汽车租赁、设备租赁
债券	企业发行的、向公众销售的债务	政府债券、金融债券、企业债券

4."赠与"和补助融资

"赠与"和补助等融资形式为企业提供了特殊的资金来源，但伴随着一定的条件与要求。企业在探索这些融资途径时需谨慎行事。一般来说，"赠与"可能包含现金资助、税务减免、设备无偿使用、亲友的无偿劳动支持，或是债务减免及延期。补助资金则主要用于支持企业的研发及其商业化过程，对于初创或技术基础较弱的企业，获取补助可能较为艰难。因此，企业需详细了解各种融资方式的具体规定及其可能带来的限制，以便作出符合自身发展战略的选择。

5. 股权融资

公司制企业可以通过证券市场或私募方式公开出售股票来募集资金。这样，购买股票的投资者将获得企业的一部分股权，即在企业中拥有一定比例的所有权。虽然股权投资者承担的风险较大，但相应的潜在收益也更高。然而，过度依赖股权融资可能会对企业创始人造成不利影响。一个著名的例子是苹果公司的创始人乔布斯（Steve Jobs）。在初期为了资金，乔布斯出售了大量股权，这最终导致他在20世纪80年代末被时任CEO的斯库利（John Sculley）利用股东投票权力从自己创立的公司中驱逐。这一历史事件凸显了股权融资的双刃剑特性：既可以帮助企业快速发展，也可能在权力结构变化时对创始人产生不利影响。

股权融资的优势包括：若企业未获利，投资者不会收到回报；股东无法强制企业破产来回收投资；投资者可能提供实用的咨询与宝贵的网络资源。

然而，股权融资也有其缺点：出让太多股份可能导致创始人失去对企业的控制权；股权投资的风险性较高，导致投资者可能希望干预企业运营；创始人需与股东共享利润。

风险投资是一种主要形式的股权融资，主要针对有强大增长潜力的初创企业。风险投资家通常追求高收益，希望在大约五年内获得相当于投资六倍的回报，或实现约45%的年化收益率。风险投资家希望通过投资获得创业企业的股权，他们愿意为获得更高的收益承担更高的风险。有时风险投资家希望控股创业企业，在管理决策中拥有最终决定权。因此对于创业者来说，如果放弃过多的所有权，可能会失去对企业的控制。例如，福特曾用75%的公司股权换取了28000美元，经多年努力后才重获公司控制权。风险投资家获取投资收益的方式有两种：向其他投资者出售公司股权；等到公司上市将投资换成股票，出售股票。

天使投资是风险投资的一种形式，其特点是由个人投资者进行，这些投资者通常拥有约100万美元的资金，并愿意投入初创企业。对于企业运营规范、具有翔实可行的商业计划的初创企业而言，天使投资提供了融资机会。这类投资的金额通常在10万到50万美元之间，投资者期望在五年内实现投资金额的十倍回报。天使投资者偏好投资于制造、能源、科技和服务行业的企业，通常不涉足零售业。本地的风险资本网络可以有效地将创业者与天使投资者联系起来，促进投资与合作。

6. 众筹

众筹是一种创新的资金募集方式，涉及发起人、投资者和平台三方。通过互联网发布项目并募集资金，众筹以其低入门门槛、多样性和依赖大众力量的特点，支持各种活动，如灾难重建、公共项目、创业、艺术创作及科学研究等。成功的众筹项目需要在设定的期限内达到或超过目标金额。完成筹资后，支持者会根据发起人的承诺获得相应的实物或服务作为回报。如果项目未达到预定目标，则所有资金会退还给支持者。这种方式不仅能有效地集中小额资金支持大型项目，还能增强社区和消费者对项目的参与感和归属感。

四、人才引领：战略性人力资本管理的最佳实践

1. 从战略到人力资本战略

企业制定竞争战略，是为了将其转化为竞争优势。竞争优势是指使企业的产品或服务与竞争对手区分开来的因素，它能够帮助企业提高市场份额。人力资本战略作为职能战略之一，也能够帮助企业获得竞争优势。人力资源从两个渠道给企业带来竞争优势：高素质的人力资源队伍、高绩效的人力资源管理。

将人力资源管理与战略目标相结合，形成并执行人力资源体系，即人力资源政策和相关活动，以提高员工的相关能力和改进行为，从而实现企业需要达到的目标。企业的外部战略环境和企业的内部优势与劣势，会影响企业的战略形势，进而影响企业的战略规划，包括依据企业战略制定的人力资源战略以及其他职能战略，最终对组织绩效产生影响（见图8-6）。

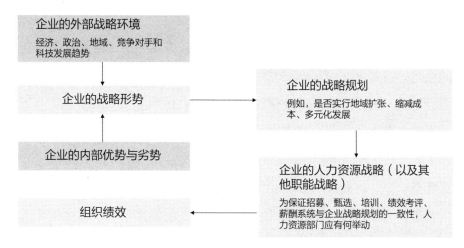

图8-6　企业与人力资源战略关系图

2. 战略人力资本管理系统

战略人力资本管理系统模型，如图8-7所示，展示了企业在战略指导下如何进行人力资本管理。最外层的虚线圆圈表示组织与外部环境的互动。首先，系统的核心任务是在企业战略的影响下作出关键决策并制定人力资本战略。其次，这一战略需要通过投入必要的资源、人力和技术来实施。然后是执行阶段，将这些策略转化为具体行动。最终阶段是产出预期结果，整个过程都在严格监控之下进行。

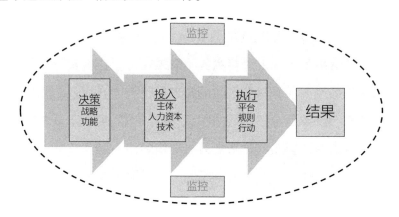

图8-7　战略人力资本管理系统模型

3. 人力资本获取

目前，我国并没有专门设置与人力资本服务相关的专业来培养专门人才。因此，我们要想获得人力资本战略所带来的竞争优势，必须要思考的一个问题是：人力资本从何处获取？

本章主要介绍了四个渠道：

（1）从甲方到乙方。许多在甲方从事人力资源工作的人往往感到缺乏工作成就感，这是因为人力资源部通常不是甲方的盈利部门。而乙方的人力资源公司则不同，其所有业务均与人力资源相关，公司提供的人力资源服务项目是其盈利的主要来源。这可能会对甲方的人力资源从业者产生较大的吸引力。

（2）行业人才。如果某人力资源服务公司提供的业务专门针对政府部门，那么该公司可以招募具有政府管理背景或相应能力的人来负责这项业务。

（3）社会人力资本。例如，如果某位大学教授为政府部门举办了讲座，那么这位教授对政府部门而言就是社会人力资本的体现。

（4）人力资本服务专业人才培养。这指的是通过在大学内设立相关专业来培育专门的人才。

4. 人力资本关系

如何处理人和企业的关系？在原始经济条件下，企业还没产生，社会主要依靠自然关系，即人与自然的关系来维系。在农业经济条件下，人和企业的关系可以用农民与地主的关系来代替，体现的是一种依附关系。在工业经济条件下，雇员与雇主的关系主要有两种类型：一种是劳动关系，即个人与工会化企业的关系；另一种是雇佣关系，即个人与雇主的关系。在数字经济条件下，个体与组织的关系主要有三种类型：一种是工作关系，即组织框架下的人力资本和时间的复合关系，如劳务派遣、人才租赁；一种是合作关系，即个人与组织的合作，如滴滴；一种是合伙关系，即个人与组织的融合。

5. 人力资本激励

人力资源给企业带来竞争优势的另一个渠道是高绩效的人力资源管理，也就是人力资本激励。人力资本激励有三条主要途径：赋能、绩效和报酬。

（1）赋能。

在数字时代，赋能尤为关键，特别是面对新一代年轻人的变化趋势。首先，他们宁可选择失业，也不愿意在工作中感受到被忽视；其次，他们倾向于积极参与而非被动接受命令，这反映了自我实现的普遍追求。因此，对于组织而言，从传统的管理模式向赋能模式转型成为重要课题。在传统的管理模式下，结构类似于正三角形，上层领导定方向，中层确保执行，而基层负责完成任务。相反，在赋能模式中，形态类似于倒三角，中高层领导的职责主要是整合资源，而实际的决策权下放至基层，使他们能够为决策提供必要的资源支持。赋能可分为两类：管理赋能和任务赋能。管理赋能指的是赋予一线管理人员人力资源管理决策权，即在组织的授权范围内，基层有权利直接做管理决策。任务赋能指的是组织对工作任务直接承担者的授权，员工可直接决定任务的内容以及完成方式等。亦即，大组织赋能小组织，小组织赋能个人。

（2）绩效。

目标与关键成果（Objectives and Key Results，OKR）是一个用于设定并持续沟通企业、团队及个人目标的管理工具。它通过关注成果来衡量过程，促进各个层级之间的协作。[1]OKR的一个关键在于设定具有高度挑战性的目标，激发员工的潜力和斗志，实现更高的成果。在谷歌的人力资源管理实践中，员工完成60%~70%的OKR就已经被视为很好的成绩了。

OKR虽然对于绩效的提升有极大帮助，但并非所有企业都适宜采用

1　陈镭. 目标与关键成果法：盛行于硅谷创新公司的目标管理方法 [M]. 北京：机械工业出版社，2017.

OKR。OKR特别适用于需要持续探索和创新的工作，如广告策划或产品开发等。这类工作涉及在多个可能的方案中寻找最佳解决方案，其特点是不可复制性和需要不断探索与优化。在当前快速变化的商业环境中，企业必须快速适应外部变化，通过不断的尝试和创新保持甚至超越市场速度，以维持竞争优势。探索型工作，即从无到有的过程，尤其需要容错和灵活性，非常适合采用OKR来推动和管理。

（3）报酬。

从20世纪70年代开始，企业已经开始关注战略性薪酬的设计。企业所采取的薪酬模式也从效率薪酬发展到人力资本金融，再逐渐发展到总报酬。总报酬模型是在21世纪初，由美国薪酬协会提出的。在这一模型中，薪酬和福利构成员工报酬的核心，目的是吸引、保留及激励员工。薪酬分为固定薪酬和浮动薪酬两大类。福利则作为现金报酬的补充，主要包括社会保险、集体保险以及其他非工作时间的补偿形式。除此之外，工作体验也是模型的关键部分，涵盖了工作与生活的平衡、绩效与认可、个人发展及职业机会等方面。工作-生活平衡通常通过特定政策或组织文化来实现。绩效管理强调通过目标实现来推动组织成功。个人发展关注为员工提供培训和学习机会以提升技能，职业机会则通过内部晋升和工作轮换支持员工职业成长。这种全面的模型不仅仅着眼于物质报酬，还重视通过丰富的工作体验来激励员工，从而达到组织与员工的共同成长。

本章小结

本章详细介绍了人力资本服务价值链模型，突出了其包含的主体性活动、交付性活动和支持性活动。这些活动与人力资本服务管理的三大支柱——品牌管理、融资管理与人力资本管理——直接相关，构成了本章的核心分析内容。通过逐一探讨这些管理领域的定义、价值及其实施细节，本章旨在提供对人力资本服务管理更为深入和系统的理解，帮助读者把握其核心要素与操作方式，从而有效地提升管理效率和效果。

关键术语

人力资本服务价值链 人力资本服务管理三支柱 品牌 品牌资产 融资 人力资本战略 人力资本关系 人力资本激励

思考题

1. 如何阐述人力资本服务价值链模型？

2. 人力资本服务管理包括哪几个方面？

3. 品牌价值体现在哪些方面？

4. 品牌资产的概念是什么？包含哪些维度？

5. 品牌建设的具体步骤是什么？

6. 融资包括哪些类型？各有什么优缺点？

7. 人力资本管理包括哪些内容？

第九章

人力资本服务规范

💡 **课前预习**

▶ **本章学习要点：**

1. 掌握人力资本服务规范的概念
2. 掌握人力资本服务规范的表现形式
3. 掌握人力资本服务规范的分类标准
4. 了解各类人力资本服务规范概念及相关内容

本章专注于人力资本服务规范，这些规范定义了人力资本服务领域中的最低要求或基本标准。需要明确的是，规范与政策在本质上是不同的：政策通常是国家为促进行业发展而设立的指导方针，它们倾向于具有支持性和鼓励性质，而不是约束性。例如，我国的国家级人力资源产业园区通常会实施房租补贴政策，这样的政策旨在吸引和支持企业入驻产业园区，显然属于一种支持性措施。这与人力资本服务的规范不同，后者设定了行业操作的底线标准，是必须遵守的基本要求。

● 引例：上海人才服务行业协会

上海人才服务行业协会成立于2002年4月9日，由上海市内各人力资源服务企业及事业单位自愿联合组成，具有行业代表性的非营利性社会团体。该协会是一个跨部门、跨所有制的组织，目前已拥有496个会员单位，涵盖了国际与国内领先的人力资源服务机构。这些会员单位共同占据了上海人力资源服务行业超过95%的市场份额。协会提供的服务范围广泛，包括人力资源管理咨询、高层人才搜寻、人力资源外包、人力资源派遣、人才培训、测评、在线招聘及招聘会等，其业务范围覆盖国际、亚太、全国、地区及本地商圈。上海人才服务行业协会已经成为本市现代服务业的核心力量，率先实现了行业国际化发展。

在市人社局、市社团局、市委组织部、市质监局等相关部门的指导和支持下，上海人才服务行业协会致力于增强和扩大人力资源服务产业。协会的发展战略定位为"强化本地、覆盖全国、影响全球"，并制定了一套"四位一体"的战略布局：一是支持政府制定利于产业发展的政策；二是进行产业研究、咨询和诚信体系的构建，制定行业标准；三是挖掘商机，发展多样化和多层次的服务产品；四是提供职业培训，加速从业人员的专业发展，并建立高效的管理体系，形成一个学习型、竞争型的服务团队。

上海人才服务行业协会在政府的指导下，积极参与行业战略规划和政策法规的制定，以促进行业的健康发展。该协会还致力于加强行业自律，成立了劳务派遣分支，并建立了行业公示系统和谴责机制。此外，协会还构建了一个行业诚信体系，严格控制入会条件，并开展了信誉良好的人才服务机构评选活动，同时参与了上海市政府质量奖的评选工作。在标准制定方面，协会多次参与国家级标准的研讨和制定，并牵头制定了多项上海市地方标准和行业规范。此外，协会还设立了16个专业小组，建立了专家库，并定期发布行业统计数据和实务书籍，如"上海人力资源服务行业白皮书"。为提升从业人员的素质，协会建立了培训师资数据库，并开发了分层级、分业态的培训体系。同时，协会搭建了行业服务交流平台，促进会员与政府、市场、国际和国内间的交流与合作，共同推动人力资源服务业的发展。协会还完善了内部管理机制，制定了一系列管理制度，以提高服务质量和运营效率。

上海人才服务行业协会积极负责制定和维护行业标准，以促进行业自律。目前，协会已经制定并正式发布了六项专业行规行约，涵盖不同服务领域：《上海市人才市场现场招聘会行约行规》《上海人才派遣服务行约行规》《上海市人才测评服务行约行规》《上海人才培训服务行约行规》《上海高级人才中介服务行约行规》《上海市人才网络招聘行约行规》。这些规范确保行业内服务质量，规范市场行为，保护服务提供者和接受者的合法权益，推动整个行业的健康发展。

资料来源：上海人才服务行业协会．

🔍 案例评述

自2002年成立以来，上海人才服务行业协会已成为推动本地人力资源服务行业标准化和国际化发展的重要力量。作为行业内具有代表性的非营利性社会团体，协会成功地整合了公私部门的资源，强化了行业自律，并显著提升了服务质量。通过服务整合和战略规划，协会不仅为上海市，乃至全国的人力资本服务行业设立了高标准，也为全球行业标准的制定提供了宝贵的参考和实践经验。

在全球化和信息化快速发展的背景下，上海人才服务行业协会的战略部署展现出对未来市场变化的深刻理解。随着人力资本服务需求的增长和行业竞争的加剧，协会的作用变得愈加关键，它不仅推动了本地市场的进步，还为国际合作与标准制定搭建了有效的桥梁。通过分析协会的实践，我们能够深入探讨人力资本服务规范的重要性及其实施效果，并研究如何通过职业准则、机构标准、行业规则、国家标准以及国际规范来塑造卓越的人力资本服务。

一、人力资本服务规范的全维度解析

1. 人力资本服务规范概念

人力资本服务规范是指对人力资本服务从业者个人、服务机构或行业组织乃至人力资本服务产品或服务流程或机构内部管理所提出的限制性要求。从表现形式上来看，人力资本服务规范可以是标准，如国际标准、国家标准；可以是规范，如《人力资源管理咨询服务规范》；可以是行规行约，如上海人才服务行业协会的行约行规；可以是道德守则；可以是法律法规，如《中华人民共和国就业促进法》；也可以是公约或建议书，如1949年的《收费职业介绍所公约》。需要特别明确的一点是，人力资本服务规范是服务底线，是对人力资本服务相关主体以及服务产品、交付流程、内部管理的最低要求。

人力资本服务规范大致有三种分类方法。一是基于服务产品的规范，该分类又可以根据效力范围划分为针对机构的服务产品的规范、针对行业的服务产品的规范、针对地区或国家的服务产品的规范，以及针对国际的服务产品的规范等。二是基于服务从业者的规范，同样，该分类也可根据效力范围进一步划分。三是基于效力层次的规范，包括人力资本服务机构规范、人力资本服务行业规范、人力资本服务国家规范以及人力资本服务国际规范。

2. 基于服务产品的规范

以上海人才服务行业协会为例，该协会出台的六项行约行规中，有三项是针对人力资本服务产品的规范，包括《上海高级人才中介服务行约行规》《上海人才派遣服务行约行规》《上海人才培训服务行约行规》。由此我们可以看到，目前我国已有的基于服务产品的规范，一般都是基于功能性产品分类的规范，即针对人力资本数据信息服务、人力资本知识服务、人力资本配置服务、人力资本解决方案服务等服务产品所提出的规范。但实际上，我们还有更多种可能的分类方法。例如，针对公共性服务产品和经营性服务产品的规范。

服务产品的规范具有明确的效力范围，这一范围依据制定规范的机构而定。例如，上海人才服务行业协会制定的针对人力资本服务产品的三项规范，其适用范围局限于行业内。一般而言，服务产品规范的效力范围可以是特定的机构、特定行业、某一地区或国家，甚至是国际层面。这些规范旨在确保服务质量和行业标准的统一，为服务提供者和消费者之间的互动设立清晰的指导原则。

3. 基于服务从业者的规范

基于服务从业者的规范即人力资本服务职业规范，是指个人在从事服务过程中所必须遵守或信奉的行为规范。人力资本服务职业规范可以分为两个层面，一是"遵守"，即遵守组织、社会、国家等对个人提出的职业规范；二是"信奉"，即个体对自己提出的行为要求。每个人对待工作的标准和要求都是不一样的，每个人都有自己信奉的行为规范。从行为规范的角度来说，"信奉"高于"遵守"。因为遵守的是底线、最低要求，不可突破；若个人信奉的行为规范突破了底线，就会受到相应的惩罚。

规范针对服务从业者也设有明确的效力范围，这些范围可以包括个人、组织、社会各层级，以及更广泛的地区、国家甚至国际层面。通常情况下，个体只有在加入特定的机构、行业或国际组织后，才需遵守相应的行为规范。这些规范的目的是确保从业者在各自的工作环境中维持一定的职业标准和行为准则，从而保障服务质量和行业的整体声誉。

4. 基于效力层次的规范

从效力层次看，人力资本服务规范大致可分为以下四类：

（1）人力资本服务机构规范。

人力资本服务机构规范是指人力资本服务机构对本机构从事人力资本服务的人员、服务内容和流程乃至内部管理等所确定的标准与要求。

（2）人力资本服务行业规范。

人力资本服务行业规范是指人力资本服务行业组织为促进行业发展，对人力资本服务机构及其服务产品等提出的规范性要求。

（3）人力资本服务国家（或地区）规范。

人力资本服务国家（或地区）规范是指指国家通过颁布法律、行政法规、部门规章的方式对人力资本服务产品与交付、服务机构以及行业组织等作出的最低规范。需要注意的是，本章所讲的人力资本服务国家规范也包括地方性规范。

（4）人力资本服务国际规范。

人力资本服务国际规范是指人力资本服务国际组织或行业协会对其内部的成员国或机构提出的相应规范和要求。此外，本章所讲的人力资本服务国际规范还包括国外行业组织的人力资本服务规范，以供参考和学习。

在人力资本服务的规范体系中，通常情况下，机构规范需服从行业规范，而行业规范则需遵循国家规范。从要求严格性的角度来看，机构规范往往设定了较高的标准，而国家规范则定义了基本的底线要求。然而，对于国际规范，虽然它们在技术上可能看似对国家规范构成补充，实际上并非总是要求更低。例如，国际劳工组织（International Labour

Organization，ILO）的公约和建议书需得到主权国家的批准才能在该国发挥作用，这些国际规范的要求在很多情况下并不低于国家规范。因此，虽然我们可以在大体上区分这些规范的效力层次，但这种分类方法在细节上仍有不足，应谨慎处理。

二、职业准则：塑造卓越的人力资本服务

1. 职业规范及其分类

本章重点讨论人力资本服务职业规范，即在提供人力资本服务过程中，从业者个人需要遵循的最低标准与行为要求。在实际应用中，无论是人力资本服务机构规范、行业规范、国家（或地区）规范，还是国际规范，都包含了对从业者个人的具体规定。为了系统性地阐述这些规范，本章将所有与从业者个人直接相关的规范，不论属于哪个层级，统一纳入"人力资本服务职业规范"这一节进行详细说明。具体来说，人力资本服务职业规范主要包括个人职业规范、组织职业规范和社会职业规范三个方面，这样的分类有助于更好地理解从业者在不同层面上应达到的职业行为标准。

2. 个人职业规范

在服务业中，由于业务本质上对人的依赖极高，个人职业规范显得尤为重要。这些规范定义了从业者在服务过程中应遵循的行为标准和职业道德。个人不仅是企业和行业规范的实践者，其行为还将直接影响服务的质量和企业信誉。此外，个人从业者也为了自身的职业发展，设定并遵守一套职业行为准则。

虽然大多数情况下，个人职业规范与所属机构的规范一致，但违背机构规范的现象并不少见。这种不一致可能会导致机构面临声誉和经济损失。因此，强化和维护个人职业规范的重要性不容忽视，它是维护服务质量和企业声誉的关键因素。

3. 组织职业规范

组织职业规范是指人力资本服务机构（企业或公益性机构）为确立自身在行业中的品牌而确定的针对组织中从事人力资本服务的员工的职业规范。

例如，英格玛集团自2002年成立以来，已发展成为中国领先的人力资源外包服务提供商，主要业务涵盖薪税外包、制造外包、中高端人才寻访等多个专业人力资源外包服务领域。2009年1月21日，英格玛人力资源集团在一年一度的年终集训会议上颁布了《英格玛宪章》。《英格玛宪章》是用以指导"英格玛"永续经营和致力于成为社会和求职者公认最佳雇主的一部法典及行动纲领，是中国人力资源行业内的第一份企业宪章。《英格玛宪章》对员工的职业规范做了部分规定，因此《英格玛宪章》属于组织职业规范。[1]

4. 社会职业规范

社会职业规范是指人力资本行业协会或相关职业协会确定的从事本职业所需遵循的基本规范。职业协会与行业协会不同：职业协会由从事该职业的劳动者组成，如律师协会、会计师协会；行业协会由该行业机构组成，如人力资源服务行业协会。以下以律师协会和会计师协会的职业规范为例，介绍职业规范的具体内容。

（1）律师协会的职业规范。

《中华全国律师协会律师执业行为规范》（修订）于2009年正式实施。该规范详尽规定了律师在执业中的行为规范。相关内容详见表9-1。

表9-1 《中华全国律师协会律师执业行为规范》

第一章 总则	第二条 本规范是律师规范执业行为的指引，是评判律师执业行为的行业标准，是律师自我约束的行为准则。
第二章 律师执业基本行为规范	第六条 律师应当诚实守信、勤勉尽责，依据事实和法律，维护当事人合法权益，维护法律正确实施，维护社会公平和正义。

---

1 资料来源：英格玛集团．

续表

第三章 律师业务推广行为规范	第一节 业务推广原则	第十六条 律师和律师事务所应当通过提高自身综合素质、提高法律服务质量、加强自身业务竞争能力的途径，开展、推广律师业务。
	第二节 律师业务推广广告	第二十四条 律师发布广告应当具有可识别性，应当能够使社会公众辨明是律师广告。
	第三节 律师宣传	第三十一条 律师和律师事务所不得进行歪曲事实和法律，或者可能使公众对律师产生不合理期望的宣传。
第四章 律师与委托人或当事人的关系规范	第一节 委托代理关系	第三十五条 律师应当充分运用专业知识，依照法律和委托协议完成委托事项，维护委托人或者当事人的合法权益。
	第二节 禁止虚假承诺	第四十三条 律师根据委托人提供的事实和证据，依据法律规定进行分析，向委托人提出分析性意见。
	第三节 禁止非法牟取委托人权益	第四十五条 律师和律师事务所不得利用提供法律服务的便利，牟取当事人争议的权益。
	第四节 利益冲突审查	第四十九条 办理委托事务的律师与委托人之间存在利害关系或利益冲突的，不得承办该业务并应当主动提出回避。
	第五节 保管委托人财产	第五十三条 律师事务所可以与委托人签订书面保管协议，妥善保管委托人财产，严格履行保管协议。
	第六节 转委托	第五十七条 非经委托人的同意，不能因转委托而增加委托人的费用支出。
	第七节 委托关系的解除与终止	第六十一条 律师事务所与委托人解除委托关系后，应当退还当事人提供的资料原件、物证原物、视听资料底版等证据，并可以保留复印件存档。
第五章 律师参与诉讼或仲裁规范	第一节 调查取证	第六十二条 律师应当依法调查取证。
	第二节 尊重法庭与规范接触司法人员	第六十六条 在开庭审理过程中，律师应当尊重法庭、仲裁庭。
	第三节 庭审仪表和语态	第七十一条 律师在法庭或仲裁庭发言时应当举止庄重、大方，用词文明、得体。

续表

第六章 律师与其他律师的关系规范	第一节 尊重与合作	第七十二条 律师与其他律师之间应当相互帮助、相互尊重。
	第二节 禁止不正当竞争	第七十七条 律师和律师事务所不得采用不正当手段进行业务竞争,损害其他律师及律师事务所的声誉或者其他合法权益。
第七章 律师与所任职的律师事务所关系规范		第八十五条 律师事务所是律师的执业机构。律师事务所对本所执业律师负有教育、管理和监督的职责。
第八章 律师与律师协会关系规范		第九十八条 律师应当参加、完成律师协会组织的律师业务学习及考核。
第九章 附则		第一百零五条 律师和律师事务所违反本《规范》的,律师协会应当依据《律师协会会员违规行为惩戒规则》和相关行业规范性文件实施处分。

（2）中国注册会计师协会的职业规范

为了规范中国注册会计师协会会员的职业行为,进一步提高注册会计师职业道德水平,维护注册会计师职业形象,中国注册会计师协会于2010年制定了《中国注册会计师职业道德守则》。其中,《中国注册会计师职业道德守则第1号——职业道德基本原则》《中国注册会计师职业道德守则第3号——提供专业服务的具体要求》对注册会计师的执业规范作出了明确规定。相关内容详见表9-2和表9-3。

表9-2 《中国注册会计师职业道德守则第1号——职业道德基本原则》

第一章 总则	第二条 注册会计师应当遵守本守则,履行相应的社会责任,维护公众利益。
第二章 诚信	第七条 注册会计师应当在所有的职业活动中,保持正直,诚实守信。
第三章 独立性	第十条 注册会计师执行审计和审阅业务以及其他鉴证业务时,应当从实质上和形式上保持独立性,不得因任何利害关系影响其客观性。
第四章 客观和公正	第十二条 注册会计师应当公正处事、实事求是,不得由于偏见、利益冲突或他人的不当影响而损害自己的职业判断。

续表

第五章 专业胜任能力和应有的关注	第十四条 注册会计师应当通过教育、培训和执业实践获取和保持专业胜任能力。
第六章 保密	第二十一条 注册会计师应当对拟接受的客户或拟受雇的工作单位向其披露的涉密信息保密。
第七章 良好职业行为	第二十八条 注册会计师应当遵守相关法律法规，避免发生任何损害职业声誉的行为。
第八章 附则	第三十一条 本守则自 2010 年 7 月 1 日起施行。

表9-3 《中国注册会计师职业道德守则第3号——提供专业服务的具体要求》

第一章 总则	第三条 注册会计师不得在明知的情况下从事任何损害或可能损害诚信原则、客观和公正原则以及职业声誉的业务或活动。
第二章 专业服务委托	第四条 在接受客户关系前，注册会计师应当确定接受客户关系是否对职业道德基本原则产生不利影响。
第三章 利益冲突	第十八条 注册会计师应当采取适当措施，识别可能产生利益冲突的情形。
第四章 应客户要求提供第二次意见	第二十六条 如果客户不允许与前任注册会计师沟通，注册会计师应当在考虑所有情况后决定是否适宜提供第二次意见。
第五章 收费	第二十七条 会计师事务所在确定收费时应当主要考虑下列因素：（一）专业服务所需的知识和技能；（二）所需专业人员的水平和经验。
第六章 专业服务营销	第三十六条 注册会计师不得采用强迫、欺诈、利诱或骚扰等方式招揽业务。
第七章 礼品和款待	第三十八条 如果客户向注册会计师（或其近亲属）赠送礼品或给予款待，将对职业道德基本原则产生不利影响。
第八章 保管客户资产	第四十一条 除非法律法规允许或要求，注册会计师不得提供保管客户资金或其他资产的服务。
第九章 对客观和公正原则的要求	第四十五条 在提供专业服务时，对客观和公正原则的不利影响及其严重程度，取决于业务的具体情形和注册会计师所执行工作的性质。
第十章 附则	第四十八条 本守则自 2010 年 7 月 1 日起施行。

除了职业或行业协会，地区或国家也会颁布相应的法律法规对人力资源服务从业者的执业规范作出规定。例如，2008年1月1日起施行的《中华人民共和国就业促进法》第三十九条规定，禁止任何组织或者个人利用职业中介活动侵害劳动者的合法权益。

三、机构标准：人力资本服务的核心指南

1. 人力资本服务机构规范概述

人力资本服务机构规范是机构对其从事人力资本服务的人员、服务内容、服务流程及内部管理设定的具体标准与要求。这些规范不仅涉及机构自设的标准，还包括通过认证方式提升机构的执业水平。具体来说，人力资本服务机构规范主要包括服务产品规范（即服务的标准）、服务交付规范（即服务流程）、从业者职业规范以及内部管理规范。其中，从业者职业规范已在人力资本服务职业规范章节中详细阐述。

2. 人力资本服务机构服务产品规范

人力资本服务机构，通过采用标准化服务产品规范，类似于制造业中的产品标准。以ISO 9000质量管理体系为例，该体系是国际标准化组织（International Organization for Standardization，ISO）制定的一套质量管理标准，主要为组织提供质量管理的要求和指导。自20世纪90年代，我国引入并将其转化为国家标准，并根据不同行业特性进行了细化。在人力资本服务行业中，通过实施这类标准化流程，可以有效提升服务质量、提高客户满意度，并确保所提供服务的专业性和可靠性。

3. 人力资本服务机构服务交付规范

人力资本服务机构的服务交付规范是关于企业如何标准化地提供其服务产品的详细流程。这些规范确保了服务的一致性和高质量，从而使服务过程可靠且效果可预测。为了达到这一目的，人力资本服务机构制定了详尽的服务交付流程规范，这些规范不仅规定了服务的每一步骤，还强化了

从业者在提供服务时必须遵守的职业行为标准。人力资本服务机构服务交付规范的核心是确保客户在接受服务时的体验符合预期标准，同时也促进了从业者在执行其职责时的专业性和规范性。

4. 人力资本服务机构内部管理规范

人力资本服务机构的内部管理规范是对组织内部管理体系的基本要求，旨在确保机构能够有效且高效地提供人力资本服务。这些规范通常包括环境标准和企业社会责任标准，它们不仅指导机构的日常运营，也确保其在履行企业社会责任时遵循最佳实践。通过这些内部管理规范，企业能够维护其运营的可持续性和道德标准，同时为客户提供一致且质量可靠的服务。

例如，《英格玛宪章》中提出的用工行为准则：

我们自己必须遵守以下准则，我们的客户也必须做到

保护员工权益：自由选择职业、不用童工、不歧视……

健康与安全：应急准备、职业伤害和疾病……

人文关怀：员工培训、心理健康、家庭援助……

四、行业规则：人力资本服务的行业自律

1. 人力资本服务行业规范概述

人力资本服务行业规范是指人力资本服务行业组织为促进行业发展，对人力资本服务机构及其服务产品等提出的规范性要求。人力资本服务行业中的各类协会属于自律性组织，为促进行业发展而制定规范。如前面引例中提到的上海人才服务行业协会制定的六项行约行规。

人力资本服务行业规范主要包括服务机构规范、服务产品标准、从业者职业规范等。其中，从业者职业规范已在人力资本服务职业规范部分进行阐述。

2.基于服务产品的行业规范

基于服务产品的行业规范主要指行业标准，如上海市社会团体标准《人力资源外包服务先进性质量要求》。该标准是由上海人才服务行业协会提出，按照GB/T1.1-2009（该标准已废止）给出的规划起草的。该标准从人力资源外包机构、企业客户、个人客户等角度，深入挖掘和分析人力资源外包服务和管理流程中的关键环节，结合政府规范、行业自律、市场反馈的整体情况确定人力资源外包服务业态的服务要求及其管理要求，建立人力资源外包服务先进性质量要求。[1]

《人力资源外包服务先进性质量要求》中对服务规范提出了具体要求：

- 在法律框架下开展协商、谈判、竞标等工作，与客户签订人力资源外包合同，明确双方的权利和义务，其中包括协议的变更、终止和违约责任等条款。
- 应核查客户的合法经营证明资料，并保留相关复印件备查。
- 应提供呼叫服务，呼叫中心系统应与机构ERP系统实现数据共享。呼入系统能识别客户身份并实时录音。
- 应设立专职服务人员，在不超过3个工作日处理及反馈客户提出的问题。
- 客户服务人员应业务熟练，用语规范，热情礼貌。

3. 基于服务机构的行业规范

基于服务机构的行业规范主要指行规行约，本节主要介绍人力资本服务行业组织对服务机构所提出的规范性要求。以中国对外服务工作行业协会制定的《中国对外服务工作行业协会行业公约》和上海人才服务行业协会制定的《上海人才派遣服务行约行规》为例。

成立于1989年的中国对外服务工作行业协会，已成为中国人力资源服

---

1 资料来源：《人力资源外包服务先进性质量要求》.

务产业中最有市场影响力的行业组织之一。协会现有会员单位近160家，涵盖从大型国有企业到响应中国加入WTO后兴起的各类民营和外资企业，业务覆盖人力资源服务行业的多个子领域。这些会员单位不仅推动了中国人力资源服务产业的多元化发展，也体现了该产业市场化的深化。2004年，为了进一步规范涉外人力资源市场经营和提升行业竞争力，协会致力于完善涉外人力资源市场体系，加强组织建设和提升行业服务水平，为此制定了《中国对外服务工作行业协会行业公约》。该公约对协会经营单位提供的服务做了部分规定：[1]

第十条 外服经营单位要增强企业的信用意识，适应并推动以道德为支撑、产权为基础、法律为保障的社会信用制度和道德风尚。

第十二条 外服经营单位在与用户的业务交往中，应讲究信誉、履行合同，做到服务项目、服务标准、服务流程、服务价格四公开，自觉保证用户有充分的知情权与合法权益。

第十三条 收费与投诉等管理制度为外服经营单位的必备制度，法律后援机构为外服经营单位的应设机构。外服经营单位不得违规经营，不得牟取暴利。

同样，上海人才服务行业协会制定的《上海人才派遣服务行约行规》也对人才派遣经营单位提出了规定和要求：[2]

第四条 人才派遣经营单位必须遵守国家法律、法规，严格执行国家有关政策规定，维护国家、社会、经济和人员的稳定、安全。

第五条 人才派遣经营单位必须维护社会公共利益和行业公共利益。遵循依法、诚信、公平、文明的经营原则，努力提高人才派遣业务的工作技能和水平，认真为客户提供服务优质、高效便捷、程序规范、价格合理的服务产品。

1　资料来源：《中国对外服务工作行业协会行业公约》.
2　资料来源：《上海人才派遣服务行约行规》.

第八条 人才派遣经营单位要增强企业信誉意识，适应并推动以道德为支撑、产权为基础、法律为保障的社会信用制度和道德风尚。

第九条 人才派遣经营单位在从事经营活动时，应自戒自律，自觉约束经营和管理行为，维护行业内公平竞争的市场环境。不得采取以下不正当竞争或违规行为：……

第十条 人才派遣单位在与客户的业务交往中，应讲究信誉、履行合同，做到"服务项目、服务标准、服务流程、服务价格"四公开，自觉保证客户的知情权与其他合法权益。

第十一条 收费与投诉管理制度为人才派遣经营单位的必备制度，法律后援机构为人才派遣经营单位的应设机构。人才派遣经营单位不得违规经营，不得牟取暴利。

第十四条 人才派遣经营单位应按国家有关部门对中介行业的要求配置工作人才，抓好本单位从业人才的业务培训和素质教育。从业人员应了解人才中介的相关政策法规，熟悉业务流程。避免过失责任投诉和发生违法、违规行为。

第十六条 人才派遣经营单位有义务大力宣传本行约行规。教育单位员工按照本行约行规从事经营活动，并在单位内部建立相应的规章制度，保证本行约行规的实施。

五、国家标准：确保人力资本服务合规性

1. 人力资本服务国家规范概述

人力资本服务国家规范涵盖了国家通过法律、行政法规及部门规章来设定的人力资本服务的基本标准。这些规范适用于服务产品与交付、服务机构以及行业组织等方面，确保全国范围内人力资本服务的质量与一致性。除此之外，根据各地区的具体条件和产业需求，也会制定符合国家法律框架的地区性服务规范。这些地区规范虽然因地制宜，但必须与国家规

范保持一致，共同构成了国家级的统一规范体系。这种分层次的规范体系旨在适应不同地区的发展水平和产业特点，同时确保在全国范围内人力资本服务的效率和标准化。

人力资本服务国家规范既包括法律约束，也包括国家标准。本节介绍的人力资本服务国家规范涉及人力资本服务法律规范、人力资本服务行政法规与部门规章、人力资本服务地方法规与行政规定、人力资本服务国家与地方标准。

2. 人力资本服务法律规范

国家通过法律来规范人力资本服务领域，确保行业健康发展。这些法律规定广泛，涵盖服务产品、服务从业者职业标准、服务机构运营要求，以及行业监管部门指导。国家通过立法措施，旨在建立一个透明、公平、高效的人力资本服务市场环境，从而促进行业的标准化与专业化发展。

自2008年1月1日起施行的《中华人民共和国就业促进法》，对人力资本服务机构提出了法律性要求。这些要求具有最强约束力，是人力资本服务机构必须遵守的行为规范。

第四十一条 职业中介机构不得有下列行为：

（一）提供虚假就业信息；

（二）为无合法证照的用人单位提供职业中介服务；

（三）伪造、涂改、转让职业中介许可证；

（四）扣押劳动者的居民身份证和其他证件，或者向劳动者收取押金；

（五）其他违反法律、法规规定的行为。

3. 人力资本服务行政法规与部门规章

2018年10月1日起施行的《人力资源市场暂行条例》，对公共人力资源服务机构和经营性人力资源服务机构提出了相应要求。从法律效力的角度来看，《人力资源市场暂行条例》的法律效力低于《中华人民共和国就业促进法》。从内容层面上我们也能看出，《人力资源市场暂行条例》大体上是按照《中华人民共和国就业促进法》制定的。

第十五条 公共人力资源服务机构提供下列服务，不得收费：

（一）人力资源供求、市场工资指导价位、职业培训等信息发布；

（二）职业介绍、职业指导和创业开业指导；

（三）就业创业和人才政策法规咨询；

（四）对就业困难人员实施就业援助；

（五）办理就业登记、失业登记等事务；

（六）办理高等学校、中等职业学校、技工学校毕业生接收手续；

（七）流动人员人事档案管理；

（八）县级以上人民政府确定的其他服务。

第十八条 经营性人力资源服务机构从事职业中介活动的，应当依法向人力资源社会保障行政部门申请行政许可，取得人力资源服务许可证。

经营性人力资源服务机构开展人力资源供求信息的收集和发布、就业和创业指导、人力资源管理咨询、人力资源测评、人力资源培训、承接人力资源服务外包等人力资源服务业务的，应当自开展业务之日起15日内向人力资源社会保障行政部门备案。

经营性人力资源服务机构从事劳务派遣业务的，执行国家有关劳务派遣的规定。

经陕西省第十三届人大常委会第五次会议通过并公布，自2019年1月1日起施行的《陕西省人力资源市场条例》，属于人力资本服务地方性法规。该条例依据《中华人民共和国就业促进法》、国务院《人力资源市场暂行条例》等有关法律、行政法规，并结合陕西省实际情况制定，因此在内容上与《中华人民共和国就业促进法》《人力资源市场暂行条例》非常相似。

第十九条 经营性人力资源服务机构从事职业中介活动的，应当依法向登记注册地的县（市、区）或者设区的市人力资源社会保障行政部门申请行政许可，取得人力资源服务许可证。未经许可的，不得从事职业中介活动。

经营性人力资源服务机构从事劳务派遣业务的，执行国家有关劳务派遣的规定。

第二十一条 经营性人力资源服务机构从事下列业务，应当自开展业务之日起十五日内向登记注册地的县（市、区）或者设区的市人力资源社会保障行政部门备案：

（一）人力资源供求信息的收集、发布和咨询服务；

（二）就业创业指导；

（三）人力资源管理咨询服务；

（四）人力资源测评；

（五）人力资源培训；

（六）承接人力资源服务外包；

（七）法律、法规规定的其他人力资源服务。

4. 人力资本服务规范性文件（行政规定）

2019年1月29日，北京市人力资源和社会保障局颁布了《关于贯彻实施<人力资源市场暂行条例>做好人力资源服务行政许可备案报告工作的通知》。该《通知》属于人力资本服务地方性行政规定，是对《人力资源市场暂行条例》的本地化解释与应用。

（一）职业中介活动行政许可条件和流程

经营性机构从事职业中介活动的，应依法向市（区）人力社保局申请行政许可，取得《人力资源服务许可证》。

经营性机构申请职业中介活动行政许可应符合下列条件：依法登记取得法人资格；有明确的章程和管理制度；有与服务范围相适应的使用面积不少于50平方米的固定场所；有开展业务必备的办公设施和资金；有不少于5名具备相应职业资质的符合规定的专职工作人员；申请组织开展现场招聘会，有不少于10名具备相应职业资质的符合规定的专职工作人员。

5. 人力资本服务国家与地方标准

（1）国家标准。

中华人民共和国国家标准化管理委员会（Standardization Administration of the People's Republic of China，SAC）是国务院授权履行行政管理职能、统一管理全国标准化工作的主管机构。国家标准化管理委员会针对人力资源服务领域制定了一系列标准，如表9-4所示。

表9-4　与人力资源服务相关的国家标准

标准号	标准名称	类别	状态	实施日期
GB/T 33860—2017	人力资源服务机构能力指数	推标	现行	2017-12-01
GB/T 33529—2017	人力资源服务术语	推标	现行	2017-09-01
GB/T 33530—2017	人力资源外包服务规范	推标	现行	2017-09-01
GB/T 32624—2016	人力资源培训服务规范	推标	现行	2016-11-01
GB/T 32625—2016	人力资源管理咨询服务规范	推标	现行	2016-11-01
GB/T 33667—2017	高校毕业生就业指导服务规范	推标	现行	2017-12-01
GB/T 33531—2017	就业援助服务规范	推标	现行	2017-10-01
GB/T 33527—2017	公共就业服务 总则	推标	现行	2017-09-01
GB/T 25124—2019	高级人才寻访服务规范	推标	现行	2020-01-01
GB/T 30663—2014	人才测评服务业务规范	推标	现行	2015-07-01

（2）地方标准。

在人力资源服务领域，除了国家规范，各个地区也会根据本地的具体情况和需求制定适应性的地方标准（见表9-5）。这种做法允许地方政府在遵循国家法律的基础上，进一步细化和调整规范，以更好地应对当地市场的特定需求和挑战，促进地方人力资源服务业的健康和有序发展。

表9-5　与人力资源服务相关的地方标准

标准号	标准名称	发布部门	类别/状态	实施日期
DB32/T 3248—2017	人力资源服务产业园服务规范	江苏省质量技术监督局	推标 / 现行	2017-06-05

续表

标准号	标准名称	发布部门	类别/状态	实施日期
DB13/T 3008.9—2018	人力资源服务规范 第9部分：人力资源管理咨询服务	河北省质量技术监督局	推标/现行	2018-08-01
DB31/T 504—2010	人力资源派遣服务规范	上海市质量技术监督局	推标/现行	2011-02-01
DB31/T 992—2016	人力资源外包服务规范	上海市质量技术监督局	推标/现行	2016-10-01

六、国际规范：全球视角下的人力资本服务标准

1. 人力资本服务国际规范概述

人力资本服务国际规范是指人力资本服务国际组织或行业协会对其成员国或机构提出的相应规范和要求。人力资本服务国际规范的制定主体大体上可分为四类：人力资本服务国际组织，如国际劳工组织（International Labour Organization，ILO）；人力资本服务国际行业组织，如世界就业联盟（World Employment Confederation，WEC）、全球私营职业中介机构联合会（International Confederation of Private Employment Agencies，CIETT）；国外人力资本服务行业组织，如澳大利亚国家雇佣服务协会（National Employment Services Association，NESA）；双边或多边人力资本服务组织或条约等，如北美自由贸易协议（North American Free Trade Agreement，NAFTA）。本节主要介绍前三类主体所制定的国际规范。

2. 国际劳工组织规范

根据《凡尔赛和约》，国际劳工组织于1919年作为国际联盟的附属机构成立；1946年，国际劳工组织成为联合国负责劳动就业、社会保障等社会事务的专门机构。国际劳工组织目前有187个成员国。国际劳工组织致力于推动社会正义与全球认可的人权及劳动权利。通过制定国际劳动标准

的公约和建议，国际劳工组织设立了基本劳动权利的最低标准。这些标准包括自由结社、就业安全、集体协商权、消除强制劳动、确保就业机会与待遇的平等，以及规范劳动条件的其他国际规定。

本节将对比国际劳工组织1949年通过的《收费职业介绍所公约》（第96号公约）和1997年通过的《私营就业机构公约》（第181号公约）（见表9-6）。1997年，国际劳工组织考虑到私营就业机构的运转环境与1949年时相比已有很大变化，并且认识到这些机构在劳动力市场中的重要地位，因此通过了1997年的《私营就业机构公约》。这两项公约的区别主要体现在国际劳工组织对私营就业机构的态度上。

表9-6　《收费职业介绍所公约》与《私营就业机构公约》对比

	《收费职业介绍所公约》	《私营就业机构公约》
一般性规定	第1条 就本公约而言，"收费职业介绍所"这一提法系指： （a）营利性职业介绍所，即任何为从一方或另一方获得直接或间接物质利益而充当中间人，以便为一劳动者找到工作或为一雇主找到劳动者的个人、公司、机构、办事处或其他组织；此一定义不适用于报纸或其他出版物，除非该报纸或出版物以在雇主与劳动者之间充当中间人为其专一或主要目的； （b）非营利性职业介绍所，即公司、机构办事处或其他组织，它们虽不追逐物质利益，但从为其提供服务的雇主或劳动者处收取"中介服务费"，分担份额或酬金。	第1条 就本公约而言，"私营就业机构"一词系指提供以下一项或多项劳动力市场服务、独立于公共当局的任何自然人或法人： （a）匹配就业的供与求的服务，而私营就业机构不构成因此而可能出现的就业关系中的一方； （b）构成为使工人可供第三方使用而雇佣工人的服务，第三方可能是自然人或法人（以下称用人企业），由用人企业给工人分配任务并监督这些任务的执行； （c）主管当局在同最有代表性的雇主组织与工人组织磋商之后确定的同求职有关、但并非旨在匹配特定就业的供与求的其他服务，如提供信息。

	《收费职业介绍所公约》	《私营就业机构公约》
管理规定	第3条 营利性收费职业介绍所应在一定期限内取消，期限长短由主管当局确定。 第4条 在其取消期限到达之前，营利性收费职业介绍所： （a）应接受主管当局的监督； （b）只能根据或经该主管当局的审定并经其同意，或由其制定的价格表收取费用。	第3条 1.私营就业机构的法律地位，须根据国家法律和惯例并在同最有代表性的雇主组织与工人组织磋商之后予以确定。 2.成员国须根据发放执照或证书制度，确定管理私营就业机构操作的条件，除非有适当的国家法律和惯例以其他方式规定或确定了这些条件。
	第6条 非营利性收费职业介绍所： （a）应有主管当局的授权并接受该主管当局的监督； （b）不得收取高于价格表的酬金，该价格表或经主管当局审定并经其同意，或由该主管当局严格参照投入费用制定； （c）只能经主管当局的授权并在现行国家法律规定的条件下，或介绍劳动者到国外就业，或在国外招募劳动者。	

除了上述区别，《私营就业机构公约》还对私营就业机构的行为作出了规定：

第6条 私营就业机构处理工人个人资料，须：

（a）以保护这些资料和根据国家法律和惯例保证尊重工人隐私的方式加以处理；

（b）将其限于同有关工人的资格和职业经验有关的事务以及其他直接有关的材料。

第7条 私营就业机构不得直接或间接地、全部或部分地向工人收取任何酬金或是让其承担费用。

3. 国际人力资本服务行业规范

世界就业联盟（World Employment Confederation，WEC）是全球市场化就业职介服务机构的行业组织。目前，该组织囊括了来自49个国家的行业协会会员及8个企业会员，长期致力于维护劳动者权益、推动民间职介行业的发展，并积极为创造利于该行业发展的法律环境发声。1999年，经中国外交部批准，中国对外服务工作行业协会正式加入该联盟，并成为海峡两岸的唯一法定代表，从而在促进中国人力资源服务行业国际合作与交流中起到了关键作用。

本节主要介绍《世界就业联盟行为守则》：

1. 尊重法律

私营就业服务机构须遵守所有有关的法律、法定及非法定规定，以及与其服务有关的官方指导原则。这一原则明确包括禁止使用强迫劳动、禁止人口贩卖和使用童工。

2. 尊重道德和职业操守

私营就业服务机构在处理求职者、工人及用工单位的事宜时，须遵守最高的道德、诚信、专业操守及公平准则，并须以提升行业形象及声誉的方式提供服务。

3. 尊重为求职者提供免费服务的原则

私营就业服务机构不得直接或间接、全部或部分地向求职者和工人收取与临时派遣或长期就业有关的任何费用。

4. 尊重雇佣条款的透明度

私营就业服务机构应向其雇佣的工人详细介绍工作条件、所从事工作的性质、工资率和薪酬安排以及工作时间。他们应该确保工人是在没有强迫的情况下同意的。

5. 尊重工作中的健康和安全

私营就业服务机构应努力评估风险，以促进工作场所工人的健康和安全。

私营就业服务机构应该告知工人任一特定的工作安排可能会对他们的健康和安全带来的风险。

6. 尊重不歧视原则

私营就业服务机构不应以种族、肤色、性别、宗教、政治意见、国籍、社会出身或国家法律和惯例所涵盖的任何其他形式的非法和不道德歧视，例如年龄或残疾，来歧视工人。

考虑到国家立法和惯例，应促进公平、客观和透明的工人工资计算原则。

7. 尊重工人的权利

私营就业服务机构不得以任何方式剥夺其雇员的结社自由和集体谈判的权利。

私营就业服务机构不得要求劳动者提供货币存款或者其他抵押物作为就业条件，不得扣留劳动者的身份证、护照等居留证件和其他个人物品。

根据国家法律和惯例，私营就业服务机构不得为用工单位安排工人代替该单位合法罢工的工人。

8. 尊重机密

私营就业服务机构应确保其所有交易的机密性。在披露、展示、提交与雇佣和招聘活动有关的机密或个人信息和数据之前，私营就业服务机构应确保已获得许可并形成文件。

9. 尊重服务质量和公平竞争

私营就业服务机构应确保其员工得到充分的培训和技能，以履行其职责，并确保提供高质量的服务。

私营就业服务应在公平竞争的基础上保证相互关系。不得共同讨论违反反竞争法规的问题。

10. 尊重获得救济的权利

私营就业服务机构应采取一切适当措施，确保工人能够获得法律规定的补救办法和可信的申诉机制，而不必担心受到指责或歧视。

4. 国外人力资本服务行业规范

澳大利亚国家雇佣服务协会（National Employment Services Association，

NESA）成立于1997年，是澳大利亚合同就业服务行业的代言人。NESA的优先事项是确保求职者和雇主，尤其是那些处于最不利地位的人，能够获得高质量的就业服务，以帮助他们克服经济和社会参与方面的障碍。NESA代表了从事该行业的广泛组织，包括提供全套澳大利亚政府就业援助计划的非营利性组织、营利性组织和公共组织。

NESA制定了《NESA道德守则》，其中内容包括：

1. 尊重：我们坚持促进公平、尊严和保护人权的行为。

2. 诚实：我们重视诚信、可靠和公正的就业服务。

3. 责任：我们承认就业服务机构的社会责任。

4. 专业：我们认识到组织内部需要技能、素质和特征，才能更有道德、更有效地提供就业服务。

本章重点探讨了人力资本服务规范，这些规范代表了人力资本服务领域中的基本要求和底线标准。人力资本服务规范通常具有限制性质，涵盖了标准、规程、行业行规、道德守则等多种形式。为了清晰地理解这些规范，本章从三个主要方面进行了分类和阐述：基于服务产品的规范、基于服务从业者的规范以及基于效力层次的规范。每个分类下，本章详细介绍了相关概念及其在实际中的应用，旨在提供全面的理解和指导，以确保人力资本服务的质量和专业性。

关键术语

人力资本服务规范 人力资本服务职业规范 人力资本服务机构规范 人力资本服务行业规范 人力资本服务国家规范 人力资本服务国际规范

思考题

1. 人力资本服务规范的概念是什么？

2. 人力资本服务规范通常表现为哪些形式？

3. 人力资本规范有哪些分类标准？

4. 基于不同标准的人力资本规范又可以划分成哪些类型？

第十章

人力资本服务集聚

💡 课前预习

▶ **本章学习要点：**

1. 了解产业集聚的概念和形成模式

2. 掌握三种分类方式下的人力资本服务集聚类型

3. 掌握人力资源服务园区的特点、功能与运营模式

4. 了解我国人力资源服务园区的发展历史与趋势

自2014年人力资源和社会保障部、国家发展改革委、财政部联合下发《关于加快发展人力资源服务业的意见》以来，中国人力资源服务业作为独立产业形态显著崛起，成为经济发展的新亮点。特别是人力资本服务的集聚，尤其是以产业园区形式集中展现，成为中国的一个显著特征。目前，从国家级到省、市、区级，各级人力资源服务产业园区相继设立，推动了行业的快速发展和规模扩张。例如，中国成都人力资源服务产业园，作为国家级第七个人力资源服务产业园，代表了这一发展趋势。这些园区不仅提升了行业的服务能力，还促进了地区经济的整体增长。

● 引例：中国成都人力资源服务产业园

中国成都人力资源服务产业园是经人力资源和社会保障部批准筹建的国家级人力资源服务产业园，由成都市国投明嘉资产管理有限公司负责经营管理。园区位于成都市核心区域——青羊区，占地面积106亩，总建筑面积达到25层，共13万平方米，可容纳8000~10000人。园区遵循"政府主导、企业主体、市场化运作"的模式，整合政府公共服务、人力资源服务、科技服务、金融创新、孵化和投资等功能，构建以人力资源服务为核心，与人才服务相关联的现代服务业聚集发展区，旨在打造成都的人才"聚宝盆"。

1. 特色个性化服务

（1）积极支持、协助入驻企业开展各项调研、研发及培训活动，为企业收集、提供国内外人力资源市场需求的动态信息，积极引导人力资源服务企业调整服务项目结构，增强企业活力，加强对本土企业的培育，做大做强重点骨干企业，培育品牌，形成独特的竞争优势。

（2）进一步加强调研走访，与入驻企业间的沟通互动，以点带面，盘活资源。定期举办恳谈会、联席会议等，深入企业、深入群众，及时了解企业发展需求，及时发现企业发展瓶颈，帮助企业破解发展难题，总结经验教训。园区管理办公室特别提出采取"一对一",即办公室固定每位工作人员专门负责对应企业联络工作的全程保姆式服务,从而组建职责明晰、高效协调的管理主体。

（3）建立激励机制,严格规范管理。加强对入驻企业的监督管理,设立专项基金和考核奖励机制,对为成都市经济社会发展作出突出贡献的入驻企业、机构及人员给予表彰奖励;对违反园区管理规定的入驻企业要及时指出并促其整改。对长期不能履行责任的入园企业要敢于采取强硬措施,直至终止其优惠政策并依法处理。组建人力资源服务业行业协会,加快建立行业诚信和标准体系,通过配合政府管理、引导入驻企业自律、维护竞争秩序及开展交流合作,为入驻企业提供良好的发展环境。

（4）继续完善园区核心区域,并充分利用人才集聚优势,加强园区及其辐射区域的发展建设,发挥园区集聚产业、拓展服务、孵化企业、提供信息咨询的功能,探索人力资源服务行业发展的新途径。

2. 园区功能

（1）公共行政服务功能,涵盖劳动就业、社会保障、工商管理、税务、法律、行政许可、技能鉴定、职业介绍、职称评价、财税工商等法规业务咨询服务。

（2）信息服务功能,包括信息网络平台的构建,如呼叫中心、网站、数据中心。

（3）商务服务功能,为入驻企业提供经济活动和生活所需的商业服务,包括人力资源展示会、专业媒体宣传、行业交流、行业培训、沙龙、专家指导、家庭生活服务等个性化、专业化的保姆式服务。

（4）产业集聚服务功能,通过引进与人力资源服务功能配套的各类企业,实现入驻企业功能配套的完整性,构建人力资源服务业的完整产业链。

3. 配套服务

（1）人力资源市场。园区三层设有成都市人才中心招聘大厅,配备独立的档案室及230个展位。

（2）人力资源和社会保障服务中心（成都市政务中心人才分中心）。服务大厅面积约3000平方米，涵盖就业创业、社会保障、人事人才、培训考试、职称评价、技能鉴定等业务。

（3）高级会议中心。作为国家级的人力资源服务业产业园，高级会议中心为产业园内企业提供了高端（达到五星级酒店会务标准）的会议室共13个，满足企业培训、会务、公共办公等多样化商务及会务需求。

（4）餐饮娱乐。产业园内设有约3000平方米的员工餐厅，包括包间和大厅，为园内所有企业员工提供用餐保障和便捷服务。

目前园区处于招商阶段，意向入驻企业已达28家，包括北京外企人力资源服务有限公司、上海外服（集团）有限公司、领英、智联招聘、英格玛、中国劳联、肯耐珂萨、晨达股份等。

资料来源：成都人力资源服务产业园.

🔍 案例评述

成都人力资源服务产业园作为国家级示范项目，充分展现了人力资本服务集聚的巨大潜力和战略价值。园区采用了"政府主导、企业主体、市场化运作"的模式，成功整合了政府公共服务、人力资源服务、科技服务和金融创新等多种功能，打造了一个以人力资源为核心的现代服务业集聚区。这种集聚效应不仅提升了企业的创新能力和市场竞争力，还推动了区域经济的高质量发展，使该园区成为成都乃至全国人力资源服务行业的标杆。

在更广泛的社会经济背景下，园区的成功经验体现了市场力量与政策支持的有机结合，以及从实体空间向虚拟平台转型的趋势。它展示了多元化服务的集聚如何形成了一个现代化的服务生态系统。这一成功案例不仅为成都和全国的人力资源服务行业开辟了新的发展路径，也为全球人力资源服务行业的发展提供了宝贵的参考模式。

此外，园区的运营成功为研究人力资本服务集聚效应、市场与政策的互动关系、服务功能的多样化，以及人力资源服务行业的空间转型提供了丰富的实证材料。这些研究成果有助于深入理解现代服务业的发展策略和高技能人才的培养方向，进一步推动人力资本服务业的持续创新与进步。

一、揭示人力资本服务集聚的力量

1. 产业集聚

产业集聚是产业经济学中的一个概念，是指经营同一群产业的企业在地理上的集中。产业集聚本身既可以看成静态的现象，也可以看成动态的过程。产业集聚所形成的空间区域就是产业集聚区。在本章中，产业集聚区指的是物理的空间区域。

产业集聚的形成主要有两种模式：市场性产业集聚和政策性产业集聚。市场性产业集聚基于长期的成本与收益考量，由组织或机构自主决定加入。一个经典例子是美国的硅谷，它围绕斯坦福大学的师生及多家创业投资公司而形成，成功汇聚了人才、技术和资本。尽管以市场力量为主导，政府的角色仍然重要。例如，通过采购产品或提供研发支持来促进集聚区的发展。与之相对的是政策性产业集聚，这依赖于政府的直接干预和政策引导，以达到经济发展的特定目标。例如，台湾新竹科学园区就是一个由政府主导、具有明确计划性的示例。为降低企业的初始成本并吸引入驻，台湾当局向园区内的厂商提供了多项优惠政策。这包括实施只租不卖的土地政策，预建多个标准化厂房，大幅减少企业的设立和运营成本。此外，园区管理局设立了一站式服务窗口，简化了入园手续，即便是资金不充足但具备创新概念的企业也能顺利入驻。这种政策性支持在经济赶超阶段尤为重要，因为它能够为地区经济提供全方位的资源支持，加速地区的快速发展。

中国政策性产业集聚区展示了三个显著特点：首先，"先行先试"策略使中国经济特区自20世纪70年代末期起成为改革开放的试验田，积累了宝贵的产业发展经验，促成了90年代以来中国经济的快速增长。其次，政策补贴有效降低了企业运营成本，吸引了优秀企业入驻，加速了产业的集聚和成熟。最后，产业集聚区在发展过程中遇到了"条块分割、地方主义"的挑战，反映了中央与地方政策执行的矛盾，以及地方政府在保护本地产业时可能的过度行为。

2. 人力资本服务集聚

尽管人力资本服务业（传统的人力资源服务）在实践中似乎不具备市场性产业集聚的自然条件，主要是因为其服务的高度分散性，理论上并不支持其集聚。然而，人力资本服务业可以因为与其他产业的集聚而间接产生集聚效应。例如，在现代装备制造业的集聚区，对工人、管理人员及其他商业服务的需求促使服务提供者地理上靠近这些集聚区以提供更有效的服务。这种现象表明，生产性服务业如人力资本服务，往往从属于其他主体产业的发展，因而当这些产业发生集聚时，相关的服务业也会随之集聚。

政策投入对人力资源服务业的影响显著，可以迅速改变企业的成本收益结构，增加该行业集聚的可能性，并推动产业发展。政策支持的形式多样，包括但不限于基础设施的适配性、运营补贴和政府采购等。例如，政府可以根据人力资源服务产业的特定需求，合理规划产业园区的布局。此外，通过为供给侧（企业）和需求侧（服务用户）提供直接的财政补贴，可以降低运营成本并激励市场活动。政府还可能直接采购产业园区的运营服务，如前文所述，这种购买不仅确保服务的持续性，还助力整个产业的集聚和成长。

3. 人力资本服务集聚的类型

（1）基于形成机制的分类。

基于形成机制，人力资本服务集聚可分为三种主要类型：市场型集聚、政策型集聚和市场与政策的混合型集聚。市场型集聚自然形成，当同一产业的企业在评估成本与收益后选择集中在某地区。政策型集聚主要在政府引导或激励下形成。实际上，纯粹的政策型集聚较罕见，多数人力资本服务集聚是市场与政策因素共同作用的结果。企业追求盈利，不会仅仅因为政府补贴而选择入驻产业园区，而是综合考量市场潜力和政府政策，作出符合自身发展战略的决定。

（2）基于空间性质的分类。

基于空间性质，人力资本服务集聚可以分为三种类型：物理型集聚、虚拟型集聚、全域型集聚。随着全球经济从传统工业经济向数字经济转型，集聚模式也在发生变化。物理型集聚依赖于具体的地理空间，如工业园区。在数字技术日益发展的今天，虚拟型集聚，如电子商务平台淘宝，已成为一种新兴的集聚形态，这种平台集成了多种电商模式，并在全球范围内发挥作用。尽管在人力资本服务领域虚拟型集聚还处于初期阶段，如招聘网站主要提供信息匹配服务，但其潜力巨大，未来有望超越物理型集聚。全域型集聚则融合了物理型和虚拟型集聚的特点，旨在利用两者的优势，提供更全面的服务。

（3）基于服务功能的分类。

基于服务功能，人力资本服务集聚可以分为四种类型：物业型集聚、专业型集聚、产业型集聚和生态型集聚。每种集聚的可持续性取决于它能为企业提供的服务和功能，这些服务和功能不仅促进了集聚区内企业的成长，也满足了集聚区本身的运维需求，从而实现集聚区与企业的互利共生。物业型集聚主要提供必要的物业服务，如办公空间。例如，在北京，仅提供物业服务的人力资源服务产业区由于较低的租金成本，已能吸引大量企业入驻。专业型集聚则聚焦于提供专业服务，增强服务机构的专业能力，可细分为单一专业型集聚和组合专业型集聚等。产业型集聚超越了专业型集聚，形成了以人力资源服务业为主导的产业群，与其他相关产业共同发展。生态型集聚通过整合供给侧和需求侧，促进行业生态的整体发展，企业在此类集聚区可以更全面地解决客户、交易、市场和收益等问题。

4. 人力资本服务园区

虽然本章已介绍多个关于产业集聚的概念，但重要的是区分"园区"与"集聚区"这两个术语。园区通常有更明确的界线，而集聚区则较为广泛。不是所有产业集聚区都会形成产业园区，但在政策驱动下形成的产业集聚区往往与产业园区相对应。在中国，人力资源服务产业园区通常被视为人力资本服务的集聚区，二者在功能和目的上基本等同。然而，由于人力资本产业园区常常具有明显的政策导向，其潜在风险也相对较大。事实上，中国的人力资本服务产业园区先于人力资本服务的集聚现象出现。

人力资本服务园区的建设和成功运营需要满足多种基本条件。首先，政策条件必须为园区提供成本和收益的支持，确保企业在优惠政策的帮助下实现经济效益。其次，经济条件要求园区所在地区具有良好的经济增长和支持性的产业结构。此外，产业条件要求人力资源产业本身应有足够的发展规模和市场潜力。技术条件也至关重要，包括人力资源相关技术或IT技术及其基础设施的发展水平。人才条件涉及园区能否吸引和保留所需的人力资源产业人才。管理条件包括高效的管理机构、明确的运营规则和专业的管理人员。最后，物理条件如适宜的建筑和设施也是不可或缺的，这些都为园区的日常运营提供物理支持。

二、形成机制：市场与政策的共舞

1. 市场型人力资本服务集聚

市场型人力资本服务集聚通常是由企业基于市场机会和盈利目标自发形成的。由于人力资源服务通常是派生性的，它们往往集中在其他产业集聚的周边，以满足这些产业的需求。例如，在现代装备业的集聚区附近，经常可以看到人力资本服务集聚区的出现，这些服务集聚区主要解决装备制造业企业和员工的人力资源问题。此外，由于人力资本服务涉及多种政策性因素，这些服务集聚区也可能围绕人力资源和社会保障部或公共人力资源服务机构形成。市场型集聚主要由经营性人力资本服务机构构成，这些机构在追求市场机会和盈利目标上比公共服务机构更为积极。

2. 政策型人力资本服务集聚

政策型人力资本服务集聚主要是政府策略和行动的直接结果。以2017年人力资源和社会保障部发布的《人力资源服务业发展行动计划》为例，该计划凸显了政府在推动人力资源服务业发展中的积极角色，提出："各地要结合实际，制订人力资源服务业行动计划实施方案，出台有针对性的政策措施。落实人力资源服务业发展的税收相关政策。……进一步简化优化审批流程，提高服务的便捷性和可及性。……加强对人力资源服务业的宣传，充分发挥各级人力资源社会保障网站第一平台作用。"由此可见，我国的人力资本服务集聚，尤其是园区型集聚，主要源于政策驱动，展示了政府在培育和扩展这一产业中的核心作用。

政府推动建设人力资源服务集聚区的原因主要有以下三点：

（1）推动产业发展，在市场尚未能在人力资源配置中发挥其决定性作用时，政府的推动与引导对于产业发展来说是至关重要的。

（2）政绩创新，在国家强调人力资源服务产业发展的背景下，推动建设人力资源服务集聚区是政府创造政绩的有效举措之一。

（3）模仿效应，政府型集聚区可能引发模仿热潮，促使更多人力资源服务集聚区的出现，带动产业发展。

政府建设人力资源服务集聚区的方法主要有三种：行政性招商、政策型补贴（仅针对集聚区）、政府购买（仅针对集聚区）。例如，汕头市人社局出台《关于鼓励人力资源服务机构入驻市人力资源服务产业园的意见》，提出了多项对入驻企业的优惠扶持政策，如"入驻机构为我市引进高新技术产业、战略新兴产业创业团队，经市人社局评估，可给予15万元至25万元的引才奖励；鼓励入驻机构发展'互联网+'和'专、精、深'等新兴业务和产品。对荣获国家、省、市科技创新奖项的机构，分别给予5万元至20万元的奖励。"

3. 混合型人力资本服务集聚

（1）先市场后政策。

苏州人力资源服务产业园高新区枫桥分园是"先市场后政策"模式的典型例子。最初，这一区域自然形成了市场型人力资源服务集聚。随后，政府基于市场已有的集聚基础，加入规范与支持，进一步促进产业园的发展。该产业园位于马涧市民服务中心大楼，枫桥西部地区，自2014年5月启建，占地约1.2万平方米，建筑总面积达2.78万平方米。2015年7月，苏州高新区枫桥人力资源服务有限公司在此设立，并与地方劳动与社会保障部门共同办公，共创了3.3万平方米的人力资源服务产业园。园区配备顶级设施，采纳前沿的管理服务理念，吸引30余家企业入驻。该园区集成了社区服务、医疗卫生、社会保险、就业创业、教育培训及人才市场等多功能服务，为区域内的高科技企业及中高级人才提供了全面的人力资源服务。

（2）先政策后市场。

"先政策后市场"是一种政府策略，政府首先提供一定期限的政策支持以创办和培养人力资源服务产业园。这种策略旨在通过政府的初期投入帮助园区稳定发展。然而，这种做法带来的主要挑战是市场风险。一旦政府支持结束，还未完全成熟的园区可能面临因市场波动和外部环境的不确定性而难以持续发展的风险。这要求在政府逐步撤出之前，园区需要建立自我维持和市场竞争的能力，确保长期可持续发展。

（3）市场与政策并行。

在经济发达地区如北京和上海，市场机制和政策激励通常有效结合，促进行业发展。特别是上海，自2003年以来，人力资源服务业便以每年不低于30%的增长率快速发展。到2009年，上海不仅培育了多家具有地方特色的知名人力资源服务机构，还成功引进了众多国际知名机构。2008年，上海市政府将人力资源服务业列为重点发展产业。随着2009年上海人才大厦的启用和相关公共服务机构的进驻，人力资源服务机构开始向该大厦集中。这一集聚效应促使上海政府于2010年11月正式设立国内首个国家级人力资源服务产业园区。上海人力资源服务产业园区的成功建设，得益于市场需求的驱动、行业集聚的优势和政府的有力支持，这些因素共同构成了园区发展的坚实基础。

三、空间维度：物理到虚拟的转变

1. 人力资本服务空间集聚模型

人力资本服务空间集聚模型由两个维度组成：时间维度和空间维度。按照时间长短，人力资本服务集聚可分为持续型集聚和临时型集聚；按照空间形态，人力资本服务集聚可分为物理型集聚和虚拟型集聚。由此，我们可以将人力资本服务集聚分为四种类型，如表10-1所示。

（1）"持续型+物理型"集聚，如传统的人力资源服务产业园。

（2）"临时型+物理型"集聚，如各类人力资源服务博览会。

（3）"持续型+虚拟型"集聚，如各类招聘网站、提供人力资源相关信息的网站。

（4）"临时型+虚拟型"集聚，如临时的以互联网为载体的创业大赛等。

表10-1　人力资本服务空间集聚模型

	持续型集聚	临时型集聚
物理型集聚	中国上海人力资源服务产业园区	中国浙江人力资源服务博览会
虚拟型集聚	何马网	中国宁波人力资源服务创新创业大赛

2. 物理型人力资本服务集聚

物理型人力资本服务集聚指的是在一个地理空间上的建筑或建筑群中，集聚着大量的提供人力资本服务的机构。根据存续时间的长短，物理型集聚可进一步划分为"物理型+持续型"集聚与"物理型+临时型"集聚。"物理型+持续型"集聚是指在较长时间内在一个物理空间中经营，而"物理型+临时型"集聚是指在较短时间内在一个特定的物理空间（如会展中心或高级酒店等）中展示宣传。

"物理型+持续型"集聚的典型代表是中国上海人力资源服务产业园区。上海人力资源服务产业园区成立于2010年11月9日，地处上海市静安区。园区营造了良好的发展环境和完备的公共服务体系，截至目前已集聚260家人力资源企业。

"物理型+临时型"集聚的典型代表是中国浙江人力资源服务博览会。该博览会于2017年在杭州国际会议中心开幕，历时一天，共有124家单位参展，包括领英、美世、科锐国际、浙江外服、浙江中智、薪福多、健峰企管、千里马、千汇、国信人力等业内知名企业。

一般意义上的物理型人力资本服务集聚指的是持续型集聚，而临时型集聚被称为人力资本服务机构的一种商业活动。

3. 虚拟型人力资本服务集聚

随着数字技术的快速发展，虚拟型产业集聚已变得非常普遍。例如，在中国，淘宝作为中小企业的典型虚拟产业集聚平台，由阿里巴巴提供丰富的基础设施和增值服务支持。在人力资本服务领域，虚拟型集聚尚处于起步阶段，但正逐渐积累力量，这不仅包括适应市场的培养，也涉及技术准备。

一个典型尝试是何马网，它已发展成为全球最大的人力资源服务在线交易市场。何马网提供数万种人力资源相关产品、服务及解决方案，并且举办各类人力资源管理主题的论坛、研讨会和培训。该平台不仅为人力资源服务供应商提供一站式的整合营销服务和技术支持，而且帮助他们提升品牌影响力、进行大规模的产品和服务宣传、获取销售机会，并优化客户服务和市场活动管理。此外，何马网还装备了强大的供应商管理系统，协助数百万人力资源经理有效管理供应商并作出采购决策，从而显著降低采购成本。

虽然虚拟型集聚相较于物理型集聚拥有巨大潜力，但其发展模式仍在探索阶段。

4. 全域型人力资本服务集聚

人力资本服务集聚通常不局限于纯物理或纯虚拟的模式，而是结合了两者的优点。这种综合性的集聚模式被称为全域型人力资本服务集聚，它兼具物理和虚拟形式。在实践中，即使那些完全依托于虚拟空间的人力资本服务机构，也需要在某些时刻通过物理形式与客户进行直接的面对面交流。相反，以物理形式为主的集聚通常也融合了虚拟元素，以增强其功能和可达性。例如，大多数人力资源服务产业园区都建立了自己的网站，这不仅展示了入园企业的信息，还提供了网络互动平台，增强了园区的虚拟集聚效果。

四、功能分类：多元化服务的汇聚

本节专注于基于服务功能的集聚方式，其中物业型、专业型、产业型和生态型人力资本服务集聚都被划归为供给侧集聚。这种分类反映了不同集聚类型如何通过提供特定的服务或设施来支持人力资本服务行业的供给侧需求。这些集聚方式通过聚焦于提高服务质量和效率，共同促进了人力资本服务行业的发展和繁荣。

1. 物业型人力资本服务集聚

物业型人力资本服务集聚是一种较为松散的集聚形式，主要提供基础的物业服务，如办公空间、装修、卫生保洁、停车设施、食堂和网络等，以满足企业的日常运营需求。尽管这种集聚类型对企业的具体业务模式没有严格要求，但不应被误解为低端集聚。实际上，它是基于对特定服务功能的需求而形成的。例如，在北京，由于房价高涨，许多人力资本服务企业的首要需求就是找到合适的办公空间。正是这种需求推动了物业型人力资本服务集聚的发展。

2. 专业型人力资本服务集聚

专业型人力资本服务集聚主要围绕特定的机构类型而形成，旨在通过提供专业服务增强各参与机构的服务能力。这种集聚不仅包括基础的物业服务，还涉及专业能力的提升和业务的扩展。专业型集聚可细分为单一专业型和组合专业型两种形式。

单一专业型集聚指的是相同类型的人力资本服务机构在同一地点集中，如专门的培训服务区或劳务派遣区。这种形式便于形成特定服务的高效供应链。

组合专业型集聚则更为复杂，包括横向组合、纵向组合、生命周期组合和共生组合。横向组合集聚区提供从招聘到员工关系管理等一站式服务，实现服务的全面性。纵向组合则聚焦于整个价值链，将上游和下游业务整合，常见于人力资源服务企业与当地政府部门业务联系密切的区域。生命周期组合涵盖从初创到成熟企业的全阶段服务，既有知名企业也有新兴企业，促进了知识和资源的共享。最后，共生组合强调大企业引领，支持周边中小企业通过业务分包等形式共同发展。

3. 产业型人力资本服务集聚

产业型人力资本服务集聚以人力资源服务为核心，整合其他支持性产业以满足其发展需求。例如，金融行业为各产业提供必要的资金支持，而营销和品牌机构则帮助企业提升市场认知度和客户接触效率。这种集聚形式专注于为人力资本服务业提供全面的产业配套设施。

在某些情况下，产业配套与物业服务可能存在重叠。例如，提供办公空间的同时，也为企业提供网络、安全、清洁等基础设施服务。广义上，这些也可视为产业型集聚的一部分。

特别地，一些机构专门为人力资本服务企业提供专业服务，如人力资源产品的研发和创新，这也是产业型集聚的一个重要方面。这样的集聚不仅支持了人力资本服务业的内部需求，还促进了整个行业的技术进步和服务创新。

4. 生态型人力资本服务集聚

生态型人力资本服务集聚代表了人力资本服务行业集聚的一个高级阶段，它融合了供给侧和需求侧，以促进整个行业生态的发展。在这种集聚模式中，供给与需求不仅共存，还相互促进，形成一个自我维持的生态系统。

尽管生态型集聚被视为人力资本服务集聚的理想形态，它的成功实施并不总是保证的。成功因素依赖于集聚区的规模、地理位置、产业环境等多种条件。通常，生态型集聚因其能够内部解决客户和供应链问题而对企业具有较强的吸引力，这促使更多企业选择入驻。

市场型人力资本服务集聚往往展现出生态型集聚的特性，但其发展程度和完整性可能受到政府政策和技术发展的显著影响。因此，虽然生态型集聚具有诸多优势，其成效和可行性需要根据具体情况细致评估。

五、园区典范：人力资本服务集聚

在中国，人力资本服务园区目前是人力资本服务集聚的主要形式。这些园区不仅是产业集聚的核心，而且担负着产业布局和管理的关键职责。尽管如此，各个园区在运营模式上存在一定的差异。这些差异体现在园区的管理结构、服务提供方式以及与政府和市场的互动中。通过明确这些运营模式的特点和功能，可以更好地理解各园区如何促进人力资本服务业的成长与发展。

1. 人力资本服务园区的特点

（1）管理性。

人力资本服务园区是一种管理型的产业集聚形式，其中专门的园区管理机构负责统筹协调和服务园区内的企业或机构。这种管理方式理论上能够促进园区内企业之间的有序竞争和协同发展。通过集中管理，园区能够提供统一的服务标准，优化资源分配，同时为企业之间建立合作关系提供便利，从而推动整个人力资源服务行业的健康发展。

（2）政策性。

人力资本服务园区通常由政府直接发起或通过政策支持来设立。这些园区及其中的企业享受政府提供的多种政策优惠，包括税收减免、资金支持以及其他创业便利条件。这种政策扶持旨在鼓励企业发展和创新，同时促进人力资源服务行业的整体增长。

（3）社会性。

产业园区往往由于政策支持或其产业特性而呈现出显著的社会性特征，可以被视为"社会性企业"。这些园区不仅是经济实体，也直接关联到社会重要议题，如就业、失业和社会保障等。政策的设计使得这些园区在促进商业活动的同时，也承担了改善社会福利、增强就业机会和提供职业培训等社会责任。

（4）产业性。

产业园区的核心目标是推动人力资源服务行业的发展，并在此过程中追求经济利益。这种产业性不仅要求园区在促进专业服务和技术创新方面发挥作用，而且强调通过这些努力实现可持续的商业成功。园区的设计和运营旨在创造一个环境，其中企业可以增长和繁荣，同时为行业带来新的发展机会。

2. 人力资本服务园区的功能

（1）产业集聚。

人力资本服务园区通过集聚众多人力资源服务企业或机构，极大地提高了服务效率。这种集聚效应的优势早在英国经济学家马歇尔（Alfred Marshall）的研究中就已经被识别出来。马歇尔指出，地理上集中的企业通常比那些孤立运作的企业更加高效。在人力资本服务园区内，企业之间的紧密联系和协作不仅优化了生产链的分工，还促进了整个企业群的劳动生产率。这样的协同效应不仅加速了信息的交流和技术的传播，还提高了创新能力和响应市场变化的速度。

（2）产业布局。

人力资本服务园区通常会吸引人力资源服务产业的上下游企业入驻。这种有策略的产业链布局不仅减少了企业日常运营的成本，还促进了整个产业的高效发展。在园区内，企业能够更容易地访问合作伙伴和供应商，实现资源共享和技术交流，这不仅提高了操作效率，还加速了创新和市场反应速度。

（3）产业管理。

企业集群的形成不仅增强了企业在与政府和公共机构协商时的议价能力，还使企业能以更低成本获取公共资源或服务。此外，集群区域因提供丰富的就业和发展机遇，吸引外地人才汇聚，形成磁场效应。在这样的环境中，企业可快速且经济地聘请具备特定专业技能的人才，有效降低人力资源成本。这种集群效应为企业提供了一种独特的竞争优势，使其在人才招聘方面更具效率和成本优势。

（4）产业服务。

人力资本服务园区通常为了吸引并支持入驻企业提供了一系列专业和后勤支持服务。以成都人力资源服务产业园区为例，园区不仅提供日常商业服务，如人力资源展览会、专业媒体宣传和行业培训，还组织行业交流、沙龙和专家指导会议，以促进企业之间的合作与知识共享。此外，园区还提供针对企业员工的家庭生活服务，如托儿所和生活便利设施，确保员工的工作生活平衡，这些个性化、专业化的"保姆式"服务极大地提升了园区的吸引力和企业的满意度。

（5）产业培育。

产业聚集区促进了企业间、企业与客户间的互动，从而加速了创新过程。在这种环境中，新的工艺和技术能够快速扩散，企业也更容易识别产品或服务中的缺陷，并激发新的市场机会和产品开发。此外，产业聚集带来的员工间频繁的互动和交流，有利于触发新的思维火花。同一区域内企业的管理层和技术人员的定期对话，能够激发各方面的创新灵感，这种知识和技术的相互渗透极大促进了创新活动的发展。

（6）产业运营。

产业园区不仅支持企业发展，也可以像企业一样运营，为当地政府创造经济收入。通过吸引和培育成功的企业，园区能够增加税收和其他收益，这些收入反过来又能用于公共服务和基础设施的改善。此外，成功的产业园区运营还能显著提升政府的政绩，因为它们直接反映了地方政策的效果和吸引投资的能力，从而增强了政府在经济发展和创新驱动方面的声誉。

3. 人力资本服务园区的运行模式

人力资本服务园区的运行模式多样，主要可以分为四种类型：一是，政府或其所属事业单位直接管理和运营；二是，由本地人力资源服务行业协会负责运营；三是，企业根据市场机制自主运营；四是，政府委托市场企业进行运营管理，通常称为托管模式。无论采取哪种模式，成功的关键都在于明确的目标定位和坚实的制度保障。这些因素确保园区能够有效地服务于人力资源行业，促进区域经济发展，并提升服务质量和效率。

全球人力资源解决方案的领导者，万宝盛华集团（ManpowerGroup），识别出了五大主要的园区运行模式，每种模式根据其管理结构和策略的不同，展现独有的特征和优势。第一种是自然发展模式，如美国硅谷和128公路，这些园区由市场自发形成，无须专门管理机构。第二种是政府管理模式，如日本筑波和韩国大德科学城，由政府设立的管理机构全权管理。第三种是大学管理模式，如美国斯坦福研究园和剑桥科学园，由大学管理其科学园区或孵化器。第四种是公司管理模式，如印度软件科技园和英国的科技园，由一个由各方组成的董事会和经理团队运营。第五种是基金会管理模式，如法国的安蒂波利斯科学园和美国北卡罗来纳三角研究园，由政府、企业、银行和大学等机构共同管理，分担责任。

4. 我国人力资本服务园区的发展

人力资源服务产业园区代表了产业园区发展的一种新趋势，其发展速度令人瞩目。这些园区专注于人力资源服务领域，不仅为相关企业提供了专业的发展平台，还促进了就业和人才培训的优化配置。随着全球对优质人力资源服务需求的日益增长，这些园区的设立显著推动了地区经济的创新和增长，展现了其在现代产业发展中的关键作用。

> **上海市人民政府：**
>
> 《上海市人民政府关于商请支持筹建"中国上海人力资源服务业集聚区"的函》（沪府函〔2010〕41号）收悉。经研究，我部同意你市关于在闸北区筹建人力资源服务业集聚区的方案。建议将名称定为"中国上海人力资源服务产业园区"，先行授予"中国上海人力资源服务产业园区（筹建）"的牌子。待筹建工作完成后，经核定正式挂牌。

2010年11月9日，我国人力资源服务产业园区发展的重要里程碑诞生，上海市闸北区的中国上海人力资源服务产业园区正式揭牌，成为全国首个国家级人力资源服务产业园区。此后的九年内，此类产业园区在全国范围内迅速增长。到2018年底，已有超过100家人力资源服务产业园区在全国各地挂牌、筹建或计划中。目前，包括上海、重庆、中原（河南）、苏州、烟台、浙江、海峡（福建）、长春、成都、西安、南昌、北京、天津、广州、深圳在内的19个城市拥有国家级园区。其中，江苏、浙江、广东和江西等地发展尤为迅速，园区数量众多。

自2010年中国上海人力资源服务产业园区成立以来，我国已经总结并积累了多条人力资源服务产业园区的发展经验：

（1）创新园区管理机制。完善多方协调联动机制，实施三级管理体制及园区联席会议制度，同时推进园区市场化运作，由国资控股园区管理运营实体。

（2）整合产业载体资源。增加楼宇资源供给，重点吸引总部型、实力强的知名人力资源企业入驻园区。

（3）加大政策扶持力度，优化环境。进行"先行先试"，复制推广自贸区的成功经验，并加强行业人才队伍建设。

（4）推进重点项目实施，发挥示范效应。开展人力资源服务标准化试点和创新人力资源服务项目，发布人力资源产业发展指数。

（5）加快园区平台建设，增强发展活力。建设园区网站，组织园区企业家联谊会，促进人力资源服务供需对接。

5. 我国人力资本服务园区发展展望

自2010年11月中国首家人力资源服务产业园区成立以来，在短短九年时间里，中国人力资源服务产业园区取得了显著成就。根据人力资源和社会保障部2017年发布的《人力资源服务业发展行动计划》："到2020年，人力资源服务产业规模达到2万亿元，培育形成100家左右在全国具有示范引领作用的行业领军企业，培育一批有特色、有规模、有活力、有效益的人力资源服务业产业园，行业从业人员达到60万，领军人才达到1万名左右。"人力资源服务产业园区的发展前景十分广阔。

但是，在人力资源服务产业园区快速发展的同时，我们还要保持警醒。第一，做好两个区分。产业和园区是不一样的，不同园区的主体也是不一样的，如政府、企业、行业协会等。第二，解决好两个问题。一是存量集聚，同室操戈。尽管产业集聚能够引发激烈的正面竞争，但企业同样面临红海市场的挑战。在这种市场中，行业界限和竞争规则已众所周知，随着参与者的日益增多，市场逐渐饱和，盈利和增长空间逐渐缩小。竞争变得异常激烈，企业间为争夺有限的市场份额而斗得难解难分，市场因此充斥着残酷竞争的景象。二是租金与运动化。即人力资源服务产业园区的存在可能迫使某些人力资源服务企业从甲地迁往乙地。有时，这样的强行搬迁不仅不能对企业产生正面的影响，还给企业带来了很多不必要的成本。

万宝盛华集团给我国人力资本服务园区提供了五个发展方向：

（1）小——袖珍园：公共服务齐全、内涵丰富饱满、功能完整多元，如小微产业园。

（2）巧——园中园：如CBD人力资源服务中心、大型商务楼宇服务站。

（3）靠——著名企业集团专属服务产业园：如上海汽车城人力资源服务产业园、某炼油石化城人力资源服务产业园。

（4）连——著名产业园加盟园"飞地经济"：商业跨地区连锁，价值链跨地区连锁。

（5）高——主题园：科技类、知识类园区附属人力资源产业园，如软件园人才产业园、陆家嘴金融集聚区人才产业园。

本章小结

本章深入探讨了产业集聚理论在人力资本服务业中的应用，并考察了是否存在市场性产业集聚的条件。由于生产性服务业的派生特性，人力资本服务业往往因为其他产业的集聚而自身也形成集聚效应。在中国，人力资本服务业的集聚，特别是以产业园区形式的集中展现，已成为一个显著的现象。本章从形成机制、空间特性和服务功能三个维度对人力资本服务集聚进行了详细分类，并深入介绍了人力资本服务园区的核心特点、主要功能和运行模式。此外，本章还概述了中国人力资本服务园区的发展历程和未来展望，提供了对其战略意义和实际影响的全面分析。

关键术语

　　人力资本服务集聚 市场型人力资本服务集聚 政策型人力资本服务集聚 混合型人力资本服务集聚 物理型人力资本服务集聚 虚拟型人力资本服务集聚 全域型人力资本服务集聚 物业型人力资本服务集聚 专业型人力资本服务集聚 产业型人力资本服务集聚 生态型人力资本服务集聚 人力资本服务园区

思考题

　　1. 人力资本服务集聚形成的原因是什么？

　　2. 人力资本服务集聚有哪三种分类方式？

　　3. 在不同的分类方式下，人力资本服务集聚可以划分成哪些类型？

　　4. 人力资本服务集聚与人力资本服务园区存在什么区别与联系？

　　5. 人力资本服务园区的特点、功能和运营模式是什么？

　　6. 我国人力资本服务园区发展有哪些特点？

第十一章

人力资本服务政策

课前预习

▶ **本章学习要点：**

1. 掌握人力资本服务政策的分类方法

2. 掌握供给侧人力资本服务政策的概念及类型

3. 掌握需求侧人力资本服务政策的概念及类型

4. 掌握综合性人力资本服务政策的概念及类型

5. 掌握人力资本服务园区专项政策的概念及类型

政策通常涉及政府对资源的分配和管理，通过这些资源的配置以及行政权力的行使，实现引导或限制个人和组织行为的目的。本章详细介绍了人力资本服务政策的四大类别：供给侧政策、需求侧政策、综合性政策以及园区专项政策。首先，供给侧政策关注于支持人力资源服务企业的发展，通过政策实施提升企业的服务质量和效率。其次，需求侧政策的目标是激励企业采购人力资源服务，通过各种优惠和支持措施刺激市场需求。再次，综合性政策则包含了一系列旨在活跃整个市场的措施，通过政策协调供给与需求，推动行业的整体繁荣。最后，考虑到人力资源服务产业园区在中国人力资源服务业中的核心地位，本章特别深入探讨了这些园区的相关政策。这些政策不仅支撑了园区的集聚与发展，也为整个人力资本服务行业的政策趋势提供了基础。通过本章的学习，读者将能够全面了解这些政策如何塑造现代人力资源服务业的格局，及其对行业未来的深远影响。

● 引例：北京市加速人力资源服务业发展的综合策略

2014年，北京市发布了《北京市人民政府关于加快发展人力资源服务业的意见》，在产业培育、服务建设和环境优化三个方面推出了十余项措施，以加快推进北京市人力资源服务业发展。

1. 大力培育人力资源服务产业

（1）推进规模化发展。……引导人力资源服务产业与高端制造业、战略性新兴产业、文化创意和设计服务等新型高端服务业的产业对接和产业融合，重点打造人力资源服务与产业人才需求联动的服务产业链，拓宽服务领域，为重点行业发展和重点功能区建设提供更好的人力资源服务保障。

（2）推进集约化发展。……争取国家相关部门支持，推进建设中国北京人力资源服务产业园区，形成全市人力资源市场公共服务枢纽型基地和人力资源服务产业创新发展平台。……通过实施减免租金、贷款贴息、政府优先购买服务等优惠政策，吸引各类人力资源服务机构入驻园区。

（3）支持重点领域发展。鼓励人力资源管理咨询、人力资源外包、素质测评、人力资源培训、高级人才寻访、人力资源信息网络服务等重点领域发展。

（4）扶持小型微型企业发展。……高校毕业生创办人力资源服务企业的，纳入国家和本市高校毕业生创业政策扶持范围。

（5）推进科技创新。……加强技术集成和服务模式创新，鼓励开展云计算和软件运营服务，促进人力资源服务产业技术升级。

（6）打造优质服务品牌。……鼓励企业注册和使用自主商标，培育一批国内著名、国际知名的人力资源服务北京品牌，对获得"中国驰名商标""北京市著名商标"荣誉称号或通过人力资源服务机构等级评定的企业，研究制定相关奖励政策。

（7）加快推进国际化步伐。……支持开展国际人才交流与合作，鼓励承接国际服务外包业务，发展服务贸易，发展外向型服务，促进人力资源服务发展方式转变。

（8）加大投融资力度。将人力资源服务业纳入本市现代服务业产业发展政策和资金的支持范围。

（9）加快专业人才培养。……不断提高人力资源服务从业人员的专业水平、服务能力及综合素质，加强从业人员资格培训和高级管理人员研修培训，组织人力资源服务机构高级管理人员赴国（境）外培训或聘请外国专家来京开展培训。

2. 加强人力资源市场基本公共服务

（1）推进公共服务体系建设。整合人才市场和劳动力市场，充分运用和发挥人力资源市场公共服务机构的职能优势，加强公共服务管理，规范公共服务流程。

（2）完善基本公共服务功能。坚持以人为本的服务理念，规范服务项目，拓展服务功能，扩大服务供给，创新人力资源市场公共服务提供方式。

（3）提升基本公共服务水平。加快建设人力资源市场信息系统和公共服务网络平台，实现全市人力资源市场公共服务体系业务处理信息化、管理手段现代化、服务方式智能化的全过程管理。

（4）加大政府购买基本公共服务力度。

3. 优化人力资源服务业发展环境

（1）加强统筹协调，形成工作合力。各区县政府、市政府各相关部门要高度重视人力资源服务业发展工作，形成齐抓共管、整体推进的工作局面。

（2）改进宏观监测，加强规划研究。建立科学的人力资源服务业统计制度和信息发布机制，完善统计调查方法和指标体系。

（3）创新管理方式，优化市场环境。……依法治理和规范引导相结合，处理好政府和市场的关系，形成科学有效的人力资源市场管理体制和运行机制，规范人力资源服务行为，提升人力资源市场配置效率。

（4）发挥首都优势，实现协同发展。……采取积极措施，打通京津冀人力资源市场，加强战略合作，积极开拓和融入京津冀及环渤海地区人力资源协同发展新空间，在更大范围发挥功能拓展、资源配置和辐射带动作用，显著增强辐射区域、服务全国、融入国际市场的能力。

资料来源：《北京市人民政府关于加快发展人力资源服务业的意见》.

🔍 案例评述

北京市政府发布的加快发展人力资源服务业的政策文件，清晰展现了对该行业重要性的深刻理解和战略规划。文件涵盖产业培育、服务建设、环境优化等多个方面，构建了一个全面而精细的发展蓝图，不仅彰显了政府推动人力资源服务业增长的坚定决心，也体现了其在提升服务能力和优化经营环境方面的系统思考。

政策文件中特别强调了科技创新和品牌建设，为人力资源服务业提供了关键的供给侧支持。通过激励技术整合和服务模式创新，鼓励企业注册并推广自主品牌，政府推动了行业的技术升级与品牌形象提升。在需求侧，文件提出了通过提高公共服务水平和扩大政府服务采购来刺激人力资源服务市场需求的措施。这些政策不仅提升了服务质量和效率，还通过政府的示范和引导作用，激发了更广泛的市场需求，成为需求侧政策应用的典范。

总体而言，北京市的这一政策文件为人力资源服务业未来的发展绘制了清晰的路线图，通过一系列创新的供给侧和需求侧措施，全面提升了行业的服务质量和市场活力。这种双向驱动策略不仅优化了当前的服务环境，也为行业的长期可持续发展奠定了坚实的基础。

一、政策解码：全面解析人力资本服务

1. 政策概念

"政策"这一词本质上涉及政府对公共事务的管理和指导。[1]在日常语境中，政策可以表现为多种形式：从政党在选举中提出的目标声明，如"对外政策"的指导原则，到政府的决策文档，乃至政府执行的重大行动。[2]具体地，政策是决策者为实现特定目标而设定的规则和程序集合。有效的政策不仅需要设定清晰的目标，还必须配备恰当的工具，并由能够执行政策的决策者来管理。更为关键的是，工具和目标之间需要有理论和实

---

1 邓恩.公共政策分析导论(第二版)[M].谢明,杜子芳,等译.北京:中国人民大学出版社,2002.

2 Hogwood，B. and Gunn，L. Policy Analysis for the Real World[M]. Oxford: Oxford University Press，1984.

证联系，确保所采取的措施能够实际达到预定的目的。只有当实际效果与既定目标一致时，我们方可认定一项政策及其制定者的成功。

公共政策由各级政府机关及其官员制定，涉及复杂的集体选择过程，反映了政治意愿和对经济社会目标的综合考量。[1]在学术文献和政策文件中，公共政策常被定义为包括"目标声明""规划目标""未来政府重要决策的基本原则"。

政策体系的多元构成反映了中国政府如何通过不同层级和机构的协同，制定和执行公共政策。这些政策不只是由全国人民代表大会或其常委会制定的宪法和法律，还包括国务院及其部门发布的行政法规。此外，政策的范围也扩展到了中国共产党发布的各类指导性文件和国家领导人的重要讲话。这些讲话不只是影响政策的形成，有时直接构成了政策本身。

政策可以分为限制性和促进性两大类。限制性政策设定了人力资本服务从业者、企业及机构必须遵守的基本规范和底线要求，主要通过法律和政府规定来实施。例如，政府可能会设立投资目录或负面清单，以指导和限制某些特定行业或活动的投资和运营。2019年5月31日，中国商务部发言人高峰公布了创建"不可靠实体清单"制度的政策决定。此项制度旨在列清基于非商业目的采取行动、严重损害中国企业或相关产业利益、或对中国国家安全构成威胁的外国组织和个人。这是一个明显的限制性政策例子，显示了政府如何通过规定来保护国内市场和提升国家安全。

政策影响社会经济的方方面面，包括经济、社会、军事、文化、技术等多个领域。这些广泛的领域下，政策进一步细分为具体的类别。例如，在经济政策领域，我们可以区分为财政政策、货币政策、收入政策和产业政策等。其中，人力资本服务政策作为产业政策的关键组成部分，专门针对提升人力资源的质量和效率，从而促进整体产业竞争力的提升。

1　邓恩.公共政策分析导论（第二版）[M].谢明,杜子芳,等译.北京:中国人民大学出版社,2002.

2. 人力资本服务政策

人力资本服务政策是一种关键的产业政策，由中国的各级政府机构，包括党委、政府、人大和政协共同制定。这些政策旨在规范和引导人力资本服务行业，确保行业的健康发展和有序增长。通过制定人力资本服务政策，政府不仅主导了行业标准，也促进了人力资本的有效开发和管理，从而支持整体经济的竞争力和可持续发展。

本书已详细讨论了人力资本服务的规范，特指那些具有限制性的公共政策。因此，本章将聚焦于一个更狭义的概念，即促进性的人力资本服务政策。这类政策主要支持和促进行业发展，而不包括法律和其他限制性措施。值得注意的是，尽管第九章提到多个主体，如企业、机构和政府，都参与到人力资本服务的规范制定中，唯有政府制定的规范才属于限制性政策。

3. 人力资本服务政策类型

人力资本服务政策可以通过多种方式进行分类。例如，根据政策的激励角度，我们可以区分哪些政策旨在激发行业增长，哪些可能限制某些行为。从政策的效力范围来看，有的政策影响全国范围，有的则局限于地方或特定区域。此外，从人力资本服务的功能角度分类，可以识别出针对不同功能（如数据信息服务、知识服务或资本配置服务）的专门政策。最后，从人力资本服务的市场角度看，政策可分为供给侧政策、需求侧政策、综合性政策和园区专项政策等。

（1）政策的激励角度。

人力资本服务政策从激励角度可分为两类：限制性政策和促进性政策。限制性政策主要通过政府的规定，对个人或群体的行为设定约束，从而限制行为的自由度以达到某些公共目标。相对地，促进性政策则通过奖励和支持措施，鼓励人力资本服务从业者从事对社会有益的活动。促进性政策不仅提供物质或金融上的激励，还包括精神和社会认同的鼓励。本章将专注于这类促进性人力资本服务政策，探讨其在促进行业发展中的作用和实施策略。

（2）政策的效力范围角度。

人力资本服务政策在效力范围上展现出多样性，分为国家级政策和地方级政策。国家级政策涵盖全国范围内的策略，地方级政策则根据各地区的具体需求和特点制定，包括省级、城市和县级等。此外，特定的行政区域，如少数民族地区、特区，以及保税区、自贸区、经济开发区和高新技术区等，也会根据其独特的经济和社会环境制定相应的人力资本服务政策。全球范围内的促进性人力资本服务政策相对较少，部分是由于实施这类政策的经济成本较高。这种政策的设计和执行需要考虑广泛的地域特性和经济条件，使得其复杂性和成本显著增加。

（3）人力资本服务的功能角度。

人力资本服务政策根据其功能可以细分为多个类别，包括人力资本数据信息服务政策、知识服务政策、人力配置服务政策、专业服务政策和平台服务政策等。以北京市为例，北京市人力资源和社会保障局联合市人才工作局及市财政局等部门共同发布了《关于进一步发挥猎头机构引才融智作用建设专业化和国际化人力资源市场的若干措施（试行）》。该措施旨在促进猎头机构更精确地为政府部门、事业单位、各类企业及社会组织等提供人才招聘服务。它不仅提供了对猎头机构精准引进人才的奖励政策，同时还包括对人才保障、产业园区发展、金融扶持、技术与服务创新、国际化进程、品牌塑造、产业联盟、诚信体系构建以及市场准入条件放宽等多方面的支持措施。

（4）人力资本服务的市场角度。

从人力资本服务的市场角度对政策进行分类与分析，主要包括供给侧人力资本服务政策、需求侧人力资本服务政策、综合性人力资本服务政策以及人力资本服务园区专项政策。供给侧人力资本服务政策着眼于优化人力资源服务的提供，提升服务效率和质量。需求侧人力资本服务政策旨在激发市场对人力资源服务的需求，通过各种激励措施刺激市场活力。综合性人力资本服务政策则结合供需双方的需求，制定全面的策略以促进整个行业的健康发展。此外，针对特定的人力资源服务产业园区，也制定了一系列专项政策，以支持这些园区的特定需要和发展目标。

二、定位与选择：精准的人力资本服务政策方向

1. 人力资本服务政策存在的问题

2017年，中国设立了中央全面依法治国领导小组，这一行动象征着对法治建设进行更为统一的指导和加强的管理。尽管法治体系得到了加强，但中国在很多方面仍然依赖于政策驱动的管理模式。特别是在人力资本服务政策方面，虽有法律的支持，但实际操作中仍面临多项挑战。这包括政策出台草率、政策割据明显、政策实施粗糙、政策效果模糊、政策调整突然和政策倾销竞争等方面的问题。

（1）政策出台草率。

中国各省市相继出台了与人力资源服务业相关的政策意见。观察这些政策文件，我们发现大约70%~80%的细则条款是高度一致的。内容一致性可归因于宏观管理的通用性，然而，这种做法忽视了各地产业发展的特殊性，表明政策的制定在某种程度上是仓促的，体现为基层政府对政策的实质内容和程序的论证往往不够深入和细致。此外，部分政府官员倾向于将政策制定出台视为政绩考核的一部分，这可能影响政策实施的质量和效果。

（2）政策割据明显。

政策割据是指不同政策之间出现的矛盾和冲突。在我国，许多与大学生就业相关的政策就存在这样的问题。例如，一些政策可能旨在增加就业机会，而其他政策则可能无意中限制了这些机会的产生。这种政策间的

不一致不仅混淆了政策的目标，还可能抑制了大学生就业市场的潜力。为了解决这一问题，需要对相关政策进行细致的审查和协调，以确保它们之间的一致性和协同作用，从而有效支持大学生的就业发展和人力资本开发利用。

（3）政策实施粗糙。

政策实施粗糙主要体现在政策理解和执行不到位。例如，尽管十九大报告中特别提到了人力资本服务在培育新增长点、形成新动能，深化供给侧结构性改革中的关键作用，但是在政策传达和实施过程中，存在对政策内容的理解不深和执行措施不精细的问题，缺乏从理论视角进行全面理解，使得政策观点在实际执行中往往难以得到有效落实。

（4）政策效果模糊。

政策效果模糊通常源于政策制定后缺乏必要的评估与审计。然而，政策评估在整个政策周期中扮演着至关重要的角色。通过系统的评估，可以全面检验政策的实际效果、效率和效益，从而显著提升决策过程的科学性和民主性。此外，有效的政策评估有助于优化资源配置，并确定最佳的政策循环方式。实施定期和严格的政策评估，不仅能够确保政策目标的达成，也有助于调整和完善政策措施，确保它们能够有效地应对不断变化的社会和经济需求。

（5）政策调整突然。

"说好不变了，又来新文件了。"这句话生动地反映了政策调整的常见现象。政策调整通常有其必要性，一方面是由于政策环境和相关问题的发展与变化，另一方面则是人们对这些政策问题和环境认识的不断深化。从这个角度看，适时的政策调整有助于确保政策的科学性、稳定性和严肃性。然而，如果政策调整过于频繁，可能导致已投入的资源浪费，削弱公众的参与热情，并对公共机构的形象产生不利影响。因此，制定政策时应寻求在响应环境变化与维持政策连续性之间找到恰当的平衡。

（6）政策倾销竞争。

倾销通常是指出口国将产品以低于正常市场价值的价格销售到另一国家的行为，目的是增加市场份额并排挤竞争对手。而政策倾销竞争则涉及一个国家或地区采用政策措施，通过极低的定价策略，远低于生产和市场成本，获取竞争优势。这种策略常见于高度竞争的国际市场，其中政府通过财政补贴、税收优惠等政策手段，支持本国企业在全球市场上以低价格竞争，有时这也被视为一种"政策探底"的做法。

2. 人力资本服务政策的定位

人力资本服务政策的核心定位可以概括为三个主要导向：市场导向、法治导向和人文导向。三者共同构成了人力资本服务政策的基石，旨在通过综合考虑市场效率、法律框架和人的因素，实现更加公正和高效的人力资本服务。

（1）坚持市场导向。

人力资本服务企业的经营战略应主要以市场竞争为导向，而非依赖政策优惠。依赖政府的优惠政策可能会削弱企业的核心竞争力，因为这种依赖性导致企业在面对市场变化时缺乏应变能力。因此，企业应将政策优惠看作是获取超额利润的机会，而非其商业模式和生存的基础。人力资本服务企业在稳固其市场地位的同时，有效地利用政策优惠增强其长期竞争力。

（2）坚持法治导向。

法治环境是产业发展的基础，通过法律手段引导和规范经济主体的行为并协调各种利益关系，为人力资本服务业提供坚实的支撑。在此基础上，有效的政策应该致力于创造一个有利于产业成长的综合环境，包括经济、政治和社会方面。特别是对于处于起步阶段的新兴产业，适当的保护政策不仅帮助它们渡过初期脆弱期，还能提高其竞争力。同时，政策还需针对行业发展中的短板和关键问题提供解决方案，以促进行业的整体进步。此外，对于那些遭遇危机的产业，及时的政策援助至关重要，不仅能助力其快速恢复，也是维护经济稳定的重要措施。

（3）坚持人文导向。

人力资本服务在社会经济发展与人们对美好生活的追求之间架起了桥梁，由此确定了其核心目标——推动人性化服务的增长。通过高效配置人力及非人力资源，既能促进社会经济发展，也能满足个人及社会的综合需求。每个人都有权利运用自身的劳动、时间及资源追求生活和发展的机会。正如亚当·斯密所述："劳动所有权是所有其他所有权的基础，应被奉为神圣且不可侵犯。"基于此，人力资本服务政策旨在提升经济效益的同时，保障和尊重每个人的劳动基本权利。

三、供给侧政策：驱动人力资本服务的创新动力

供给侧人力资本服务政策是指鼓励人力资本服务企业更好地提供人力资本服务的政策，包括人力资本服务运营支持政策、人力资本服务能力建设政策、人力资本服务品牌推广政策、人力资本服务融资政策以及人力资本服务合作政策。

1. 人力资本服务运营支持政策

人力资本服务运营支持政策旨在协助企业顺利进行日常运营，通过提供场所支持、租金补贴、税收减免以及行政流程优化等措施，帮助企业降低运营成本和提高效率。

（1）场所支持。

场所支持是指政府或相关机构为人力资本服务企业提供办公空间及必要的后勤服务设施，如停车位和食堂等。在我国，众多的众创空间和孵化基地为新创企业提供了场所上的便利，从而降低初创期的经营成本，支持企业的成长和发展。

（2）租金补贴。

租金补贴作为一种政策工具，通过为人力资本服务企业提供办公空间

租金减免和装修补贴，减轻其财务负担。在租金昂贵的城市，如北京，这种补贴对于帮助新成立或正在成长的企业降低运营成本、促进其持续发展具有至关重要的作用。

（3）税收减免。

税收减免政策允许人力资本服务企业从其在本地区所支付的企业所得税中获得部分返还。该举措的主要目的是减轻这些企业的财务负担，鼓励企业扩大运营和增加投资。通过降低运营成本，税收减免政策有助于企业增强竞争力，促进就业和提高人力资源的有效利用。

（4）行政流程优化。

行政流程优化涉及政府部门的简政放权、降低企业准入门槛，并创新监管方式以促进公平竞争。此外，政府还致力于提供高效的公共服务和营造便利的经营环境，特别是通过实施"一站式服务"模式，简化人力资本服务企业在注册、运营及合规方面的行政程序。

2. 人力资本服务能力建设政策

对于人力资本服务企业而言，增强自身的业务能力是至关重要的。为此，政府制定了一系列人力资本服务能力建设政策，支持企业在多个关键领域的发展。这些政策包括提升从业人员的专业能力、培养行业所需的专业人才、支持服务产品的研发，以及提供从业人员的保障措施。

（1）从业人员能力提升：经营管理人员与专业服务人员。

政府正加强建设和推广基于网络的虚拟学习平台，目的是为人力资本服务行业的专业人士提供更多的高等教育与职业技能提升机会。此外，政府还特别针对行业的经营管理人员和专业服务人员推出培训激励措施，包括对技能认证的认可与鼓励，以促进其专业成长和提升整个行业的服务质量。

（2）专业人才培养：国民教育适应产业发展需要。

政府正在推动高等教育机构与人力资源服务行业及其他行业的密切合

作，确保大学教育与市场就业需求紧密对接。通过这种合作，高校将直接吸纳市场的具体需求，进而调整和优化教学计划和课程设置。此举将促使大学教育体系更加完善，培养出更多符合市场需求的专业人才，增强人力资源服务行业的专业实力和服务质量。

（3）服务产品研发支持。

尽管服务产品研发是行业发展的关键，目前的政策文本中对此的具体内容仍然较少，缺乏具体可执行的支持措施。政府有机会通过制定明确的产品研发支持政策来促进企业增加研发投入。这不仅可以激发行业创新，还能充分发掘人力资本服务行业的潜力，进而推动整个行业的可持续发展。

（4）从业人员保障：权利、社会保障。

人力资源服务业的从业人员通常面临较低的收入和职业成就感，以及高流动性问题。为改善这些状况，政府需要采取多项措施。首先，加强对物理和虚拟工作场所的监管，确保从业人员的基本工作权利、条件和安全得到保障。其次，政府应推动建立一个基于工作交易平台的新型社会保障体系，以适应现代工作模式并实现全民参保计划的目标。在这种模式下，从业人员在平台上工作的时间、地点和收入等数据可以被精确记录，从而允许政府实时监控工作交易情况，并据此科学地设计和征收社会保障税费。

3. 人力资本服务品牌推广政策

当人力资本服务企业在政府的支持下稳定运营并具备服务能力是，品牌推广成为其下一步关键任务，以确保更多潜在客户了解其服务。有效的推广途径包括利用行业集聚的品牌效应、参与相关会展活动、通过多渠道媒体传播、系统地建设服务品牌，以及积极参与政府采购项目。

（1）人力资本服务集聚的品牌效应。

随着市场上产品同质化程度的增加，品牌效应成为保护和提升企业竞争力的关键因素。品牌不仅是企业形象的体现，也能显著影响消费者的购买决策。即使消费者未直接体验产品，高知名度的品牌依然能吸引消费者购买。因此，在人力资本服务领域，成功打造集聚区品牌不仅能提升该区域内企业的知名度，还能促进整个集聚区的商业发展和竞争力。

（2）人力资本服务会展。

参加专业展会，如中国（浙江）人力资源服务博览会，是人力资本服务企业提升知名度的有效途径。通过博览会，企业不仅能展示其服务和能力，还能与潜在客户和合作伙伴建立联系，增强品牌的市场影响力。

（3）人力资源服务媒体传播。

新闻媒体，特别是与政府关联的媒体渠道，对提升企业的知名度起着至关重要的作用。在中国，企业与政府的合作关系往往能增强市场和客户的信任感。通过合作，企业不仅能在公众视野中提高其曝光率，还能借助政府的权威性加强其品牌的可信度。

（4）人力资本服务品牌建设。

人力资本服务品牌建设包括从诚信评选到知名品牌塑造。例如，深圳市人力资源和社会保障局、市发展改革委和市财政委于2018年联合印发的《深圳市关于加快发展人力资源服务业的若干措施》中指出："支持本市人力资源服务机构开展市场营销和品牌宣传，塑造优质服务品牌。每年投入不少于300万元用于宣传推介本市知名人力资源服务机构、人力资源服务平台、人力资源服务创新项目（产品）。"

（5）政府采购。

政府采购不仅是一种经济活动，也是一个强有力的品牌建设工具。通过选择特定的供应商，政府采购行为本质上支持并推广了这些企业的品牌，增强了它们的市场认可度和信誉。

4. 人力资本服务融资政策

人力资本服务融资政策涵盖了政府对该行业企业的经济支持措施，具体措施包括提供补贴和税收减免，支持供应链融资，设立专门的人力资本服务业发展基金，以及促进风险投资和帮助企业上市融资。人力资本服务融资政策不仅减轻了企业的财务负担，也提高了整个行业的投资吸引力和创新能力。

（1）补贴减免型融资。

补贴减免型融资是政府采用补贴和财务支持减轻企业运营成本的策略。例如，通过这种方式，政府激励人力资本服务企业积极吸纳并雇用更多的优秀人才，从而提升企业的竞争力和创新能力。

（2）供应链融资。

2017年，中共浙江省委、浙江省人民政府印发的《高水平建设人才强省行动纲要》提出："支持设立人力资源服务产业引导基金，可先行垫付用人单位引进高层次人才的前期费用。"这种融资方式属于供应链融资，政府引导基金的设立，用以支持用人单位在招聘高层次人才时的前期费用，企业可以在不立即承担全部财务负担的情况下，开始人才引进和相关项目的开展。

（3）人力资本服务业发展基金。

《深圳市关于加快发展人力资源服务业的若干措施》的通知中承诺加大财政支持："市级财政每年安排专项经费，支持人力资源服务业发展，主要用于引进知名机构、培育本土品牌、鼓励招才引智、推动产业集聚、支持创新创业、加强人才培养和统计分析等方面。"通过设立人力资本服务业发展基金可全面提升人力资本服务的质量和效率，推动行业的长期繁荣。

（4）风险投资、上市融资。

在我国，风险投资和上市融资作为融资政策，在人力资本服务领域的应用相对较少。特别是在风险投资方面，有一半的资金通常被投向招聘相关的创业项目。这反映出尽管这类融资方式不是主流，但在支持招聘服务创新和扩展方面扮演了重要角色。

5. 人力资本服务合作政策

人力资本服务合作政策的主要目的是通过政府的引导和支持，促进不同产业间的合作与交流。这包括业务合作、运营托管以及并购政策，旨在加强企业的协同效应，优化资源配置，进而推动行业的整体发展和竞争力的提升。

（1）业务合作。

业务合作通常是指公共人力资源服务机构与经营性人力资源服务机构在业务层面的协作。这种合作模式旨在整合双方的专长和资源，提高服务效率和市场响应速度，从而更好地满足市场和客户需求。

（2）运营托管政策。

运营托管政策允许经营性人力资源服务机构托管公共人力资源服务机构的日常运营。这种政策旨在利用私营部门的专业知识和效率优势，提升公共服务的管理和服务质量。通过这种合作模式，公共机构能够更有效地实现其服务目标，同时保持公共责任和透明度。

（3）并购政策。

在人力资本服务领域，并购政策通常旨在推动混合所有制的企业形式，允许公共和私营部门的资本与资源进行整合。这样的政策通过整合不同所有制类型的企业，旨在提升服务效率、促进资源共享，并增强市场竞争力。混合所有制的人力资源服务机构能够利用公私合作的优势，拓展更广泛的服务网络，同时提高服务质量和创新能力。

四、需求侧政策：激活人力资本服务的市场活力

需求侧人力资本服务政策专注于鼓励甲方人力资源企业积极采购人力资源服务，这类政策包括人力资本服务政府采购政策、人力资本服务需求激励政策、人力资本服务国际化政策。

1. 人力资本服务政府采购政策

2023年8月1日起施行的《人力资源服务机构管理规定》中第三十条规定："经营性人力资源服务机构提供公益性人力资源服务的，可以通过政府购买服务等方式给予支持。"政府采购人力资本服务不仅具有显著的示范效应，也是推动这一新兴产业发展的关键策略。在许多企事业单位尚未将人力资本服务纳入常规采购目录之际，政府的积极参与可起到引领作用。通过拓宽政策框架并增强对人力资本服务的采购，如人才招聘、培训和测评等，政府不仅能引导更多社会单位重视并采用这些服务，还能助力整个行业的成熟与成长。政府的这种先行者角色将有助于塑造行业标准并推动人力资本服务的广泛应用。

2. 人力资本服务需求激励政策

要促使人力资源甲方企业购买人力资本服务，服务提供方需要确保其服务具备竞争力，主要包括成本更低、质量更高、服务更新颖和平台更完善四个方面。

（1）成本更低。

政府可以通过提供免费的公共人力资源服务或购买补贴来降低企业的采购成本。例如，《关于进一步发挥猎头机构引才融智作用建设专业化和国际化人力资源市场的若干措施（试行）》一文中提出："猎头机构受托按照人才选聘项目清单推荐选聘人才成功后，参照猎头机构奖励标准同时给予用人单位资金奖励。政府机关、事业单位可将支付的猎头服务费列入财政预算。"

（2）质量更高。

政府应出台激励政策，鼓励人力资本服务企业提升服务质量，确保服务满足甲方企业的高标准需求。

（3）服务更新颖。

人力资本服务企业提供独特且难以替代的服务或产品，如基因检测等创新服务，可以成为甲方企业持续采购的强有力动因。

（4）平台更完善。

建设功能全面、操作便捷的管理平台，如钉钉。这种平台因其优良的用户体验和高效的管理功能，受到各行业企业的广泛欢迎。

3. 人力资本服务国际化政策

人力资本服务的国际化涵盖多个领域：首先，通过工程承包形式的劳务输出，这是国际经济合作中人力资本输出的主要方式；其次，人力资本服务贸易，如在三亚医院提供的针对中东酋长的保健疗养服务；再次，人力资本服务外包，包括会计、医疗和教育等行业；最后，跨国在线交付平台，这些平台使服务能够超越国界，便捷地向全球客户提供支持。

随着全球化的深入，中国人力资本服务行业正逐步开放，采取多项措施吸引外资并促进国际合作。首先，鼓励外资人力资源服务机构进入中国市场，这不仅引入了国际先进的管理理念，还促进了市场的健康竞争和成熟。例如，我国已在全国12个自贸区实施外商独资人力资源服务机构的政策试点，放宽审批权限以吸引更多外资企业。此外，特别对港澳服务提供者开放，在内地设立机构时，他们可享受与内地企业相同的政策待遇。同时，政策也鼓励中国的人力资源服务机构"走出去"，参与国际人才交流与合作，增强国际竞争力。

五、综合性政策：打造人力资本服务的全方位支持

综合性人力资本服务政策旨在激活和增强人力资本服务市场的整体活力，这类政策可被概括为四个方面，分别是人力资本服务产业促进政策、人力资本服务基础设施建设政策、人力资本服务统计信息政策以及人力资本服务基础研究政策。

1. 人力资本服务产业促进政策

（1）市场机制与法治原则。

在制定政策时，市场机制和法治原则是关键的考量因素。首先，政策应重视市场在经济体系中的核心角色，确保市场力量能自由发挥其配置资源的基础性功能。同时，政策还需要有效发挥宏观调控的作用，通过法律和规章来维护市场秩序，保证经济运行的健康与公平。

（2）市场准入。

在国际贸易领域，市场准入通常指两国政府之间就相互开放市场所做的承诺，包括对关税和非关税壁垒的放宽程度。在人力资本服务产业背景下，市场准入策略不仅强调非歧视性，确保公共和私营人力资源服务机构在市场中享有平等待遇，同时强调对新兴领域的包容审慎态度。人力资本服务产业促进政策鼓励创新并适应新模式的出现，同时确保其在法律和监管框架下得到合理的管理和引导。

（3）行政便利。

行政便利是产业促进中的一项关键政策支持。通过实施"放管服"策略，即简政放权、降低市场准入门槛、创新监管方法以及提供高效服务，政府可以显著减少不必要的行政程序，缩短处理时间，并降低企业运营的行政成本。

2. 人力资本服务基础设施建设政策

（1）产业基础设施建设。

产业基础设施建设是促进行业发展的关键支柱。从狭义的角度来看，它主要关注产业园区内的设施建设，如人力资本服务产业园区为企业提供办公空间、装修服务、卫生保洁、停车和食堂等基础设施。从更广义的角度来看，产业基础设施还涵盖交通、电信和金融等重要领域，这些都是支撑产业生态系统发展的关键元素。

（2）网络建设。

政府正在加速发展新一代高速、移动、安全的信息基础设施，以提升人力资本服务市场的基础设施水平。此举措对于建立一个动态、透明且高效的劳动市场至关重要，旨在确保企业能够实时发布准确且详尽的职位信息，同时保证劳动者可以通过一个或多个平台及时全面地获取工作信息。

3. 人力资本服务统计信息政策

衡量一个行业的发展水平一直是我国统计领域的挑战，但近年来，国家和地方政策已经开始重视并强调统计信息的重要性。准确的统计数据不仅有助于深入理解行业现状，还是制定有效政策和作出战略决策的基础。

人力资源和社会保障部、国家发展改革委、财政部于2014年联合下发的《关于加快发展人力资源服务业的意见》中指出："完善行业统计调查制度，逐步建立科学、统一、全面的人力资源服务业统计制度，建立覆盖各级的人力资源服务机构数据库，加强数据的分析与应用。"此外，《深圳市关于加快发展人力资源服务业的若干措施》的通知中指出："加强人力资源服务业的数据分析应用和信息共享，定期发布人力资源服务业发展报告和人力资源市场供求统计、人力资源市场紧缺人才岗位和专业目录等信息，为促进经济社会发展科学决策提供依据。"

4. 人力资本服务基础研究政策

基础研究是行业发展的理论支柱，为应用研究和服务产品的开发提供了根本的知识基础。然而相较于应用领域，基础研究往往受到较少的关注和投资。高等教育自上而下和自下而上的专业设置途径体现了这一现象。自上而下的途径由国家进行顶层设计，根据社会对人才的需求来决定大学的专业设置；而自下而上的途径则是由市场对人才的需求来驱动专业的形成。部分高校因为就业率不高而裁减专业，这可能导致过分强调市场需求，而忽视了培养基础研究能力的重要性。对此，《关于加快发展人力资源服务业的意见》中指出："加强人力资源服务业的理论研究和宣传，扩大人力资源服务业的知名度、美誉度和社会影响力。"类似地，《深圳市关于加快发展人力资源服务业的若干措施》的通知中指出："引进知名的全球性专业协会及专业研究机构，支持在本市开展人力资源服务领域的国际认证等项目，以及开展人才规划、人才评价体系、人才服务指数等人才领域研究，提升我市人才竞争力。"

六、园区专项政策：专项支持人力资本服务集聚

人力资本服务园区专项政策专门针对旨在发展人力资本服务行业的园区，这类政策可归类为人力资本服务园区发展促进政策、人力资本服园区资金支持政策以及人力资本服务园区运营支持政策。

1. 人力资本服务园区发展促进政策

中国致力于通过专项政策支持人力资源服务产业园区的发展，核心目标是整合和优化人力资本服务资源。政策旨在建设具有广泛影响力、大规模、功能齐全且布局优化的产业园区，从而加速人力资源服务行业的整体进步。目前，无论是国家层面还是地方层面的政策文件中，都明确强调了促进这些园区发展的重要性，表明了政府对于加强这一领域基础设施建设的承诺和支持。

例如，《关于加快发展人力资源服务业的意见》中指出："加强人力资源服务产业园的统筹规划和政策引导，依托重大项目和龙头企业，培育创新发展、符合市场需求的人力资源服务产业园，形成人力资源公共服务枢纽型基地和产业创新发展平台。……重点在全国范围内建设一批有规模有影响，布局合理、功能完善的人力资源服务产业园。"此外，中共浙江省委、浙江省人民政府2017年印发的《高水平建设人才强省行动纲要》中提出："深化人力资源服务产业园建设，完善园区公共服务功能，加快集聚高级人才寻访、人才测评、人力资源管理咨询等高端专业人才中介机构。"《深圳市关于加快发展人力资源服务业的若干措施》的通知中提出："结合我市经济社

会发展及产业布局，统筹规划人力资源服务产业园，建设一批布局合理、功能完善、优势互补、各具特色的人力资源服务产业园，发挥园区创新引领、辐射带动作用，推动人力资源服务产业集聚发展。"

2. 人力资本服园区资金支持政策

（1）专项支持类。

《关于加快发展人力资源服务业的意见》指出："研究通过中央财政服务业发展专项资金、国家服务业发展引导资金对人力资源服务业发展重点领域、薄弱环节和生产性服务业创新团队给予支持。"

（2）补贴减免类。

《北京市人民政府关于加快发展人力资源服务业的意见》指出："推进建设中国北京人力资源服务产业园区，形成全市人力资源市场公共服务枢纽型基地和人力资源服务产业创新发展平台。……通过实施减免租金、贷款贴息、政府优先购买服务等优惠政策，吸引各类人力资源服务机构入驻园区。"

（3）贡献奖励类。

《深圳市关于加快发展人力资源服务业的若干措施》的通知中指出："积极引进国（境）内外知名人力资源服务机构，对世界500强企业、中国500强企业、中国服务业500强企业的人力资源服务机构总部迁入本市的，经报市政府审定，分别给予1000万元、800万元、500万元落户奖励。……首次上榜中国500强企业、中国服务业500强企业的人力资源服务机构，经报市政府审定，分别给予1000万元、500万元奖励；对新获得国家驰名商标的机构给予100万元奖励；对新获得省著名商标的机构给予50万元奖励。"

3. 人力资本服务园区运营支持政策

（1）园区基础设施建设。

园区的基础设施通常由政府投资建设和维护。以中国成都人力资源服务产业园区为例，政府支持措施不仅包括提供一流的人力资源服务生态环境，还包括筑巢引凤计划，如提供办公场所以及对水、电和网络等基础设施的租金补贴。此外，政府还加速了金融中心、商务中心、超市、酒店、学校、医院、人才公寓、健身房、运动场地和艺术中心等配套设施的建设，以营造一个宜居宜业的工作和生活环境，这些措施共同促进了园区的综合吸引力和竞争力。

（2）园区推广与招商服务政策。

为吸引更多企业入驻产业园区，成都市青羊区出台《中国成都人力资源服务产业园产业引导措施十五条》。这套包含十五项的产业支持政策涵盖住房租金补助、企业业绩奖励、激励吸引与培育中高层次人才、支持建设人才培训和实训（实习）基地、协助企业拓展海外市场、促进企业创新能力提升、支持平台型企业成长等方面。该引导政策适用于入驻中国成都人力资源服务产业园且主营业务属于人力资源服务及其上下游产业的企业（机构）和高层次人才初创型、成长型企业。

（3）园区运营管理服务。

目前我国各地政府大都以招标的方式，将人力资源服务产业园区的运营管理服务项目交给专门负责园区运营的公司管理。例如，山东诸城人力资源服务产业园运营管理服务项目就是如此，该项目的服务内容包括提供园区的竞争性发展路径、园区扶持政策的研究、园区的推介和招商、优化园区整体的功能布局、园区入驻机构的日常管理和服务、园区运营管理、园区的品牌建设等，确保园区各项工作顺利进行，推动园区发展。

（4）政府定向采购。

尽管政策明确指出需要"加大政府采购人力资本服务的力度"，实际执行中仍存在差距。目前，政府采购主要集中在人力资本数据服务上，但未来应扩展到更多样的人力资本服务。特别是在中国某些地区，园区运营支持政策与产业支持政策往往保持一致。政府已在人力资源服务产业园区建设上投入大量精力和资源，通过集中采购园区企业的服务来推动园区及整个产业的发展。然而，重要的是要认识到，发展人力资源服务产业本身比单纯发展园区更为关键。

本章小结

本章从政策的基本概念出发，详细介绍了人力资本服务政策的分类方法，包括政策激励、政策效力范围、服务功能以及服务市场角度。特别地，我们聚焦于四种主要的政策类型：供给侧人力资本服务政策、需求侧人力资本服务政策、综合性人力资本服务政策以及人力资本服务园区专项政策。在中国，人力资源服务产业园区已成为行业集聚和发展的重要平台，因此，本章还特别阐述了针对这些园区的专项政策，并探讨了这些政策如何被扩展应用于整个人力资本服务行业的发展。

关键术语

供给侧人力资本服务政策 人力资本服务运营支持政策 人力资本服务能力建设政策 人力资本服务品牌推广政策 人力资本服务融资政策 人力资本服务合作政策 需求侧人力资本服务政策 人力资本服务政府采购政策 人力资本服务需求激励政策 人力资本服务国际化政策 综合性人力资本服务政策 人力资本服务产业促进政策 人力资本服务基础设施建设政策 人力资本服务统计信息政策 人力资本服务基础研究政策 人力资本服务园区专项政策

思考题

1. 人力资本服务政策有哪些分类方法?

2. 人力资本服务政策存在什么问题? 如何定位与选择?

3. 供给侧人力资本服务政策的概念是什么? 包含哪些类型?

4. 需求侧人力资本服务政策的概念是什么? 包含哪些类型?

5. 综合性人力资本服务政策的概念是什么? 包含哪些类型?

6. 人力资本服务园区专项政策包含哪些类型?

第十二章

人力资本服务展望

💡 **课前预习**

▶ **本章学习要点：**

1. 了解第二曲线的思维方式

2. 掌握人力资本服务发展的三种第二曲线设计

3. 了解不同第二曲线下的人力资本服务内容

本书从人力资本服务的概念入手，从微观角度介绍了人力资本服务的客户、主体、类型、技术，从宏观角度介绍了人力资本服务的模式、战略、规范、集聚和政策。本章作为全书的最后一章，将对人力资本服务的发展进行预测和展望。本章框架基于"第二曲线"理论，从探险型、开拓型和专业型三个方面，分别对人力资本服务的未来发展趋势进行分析。随着社会、经济与技术的快速变迁，人力资本服务业及其从业者需要迅速适应变化，把握发展机会，任重道远，时不我待！

● 引例：新冠疫情与共享员工服务

1."共享员工"渐成风尚

疫情期间，线下服务业（如餐饮和酒店业）遭受重创，导致大量员工失去工作；与此同时，线上生鲜电商需求激增，迫切需要更多的拣货员、打包员和配送员。这种情况催生了"共享员工"的灵活用工模式。自2月3日起，超过3000名由餐饮和零售行业"共享"的员工已加入盒马鲜生，同时，沃尔玛在全国范围内的400多家门店也接纳了超过3000名兼职员工，并与全国各地的餐饮企业合作开展了"共享员工"项目，涉及近2000名潜在员工。这一模式不仅解决了员工的就业问题，也帮助企业在特殊时期维持运营。

在用工短缺与过剩并存的状况下，各地政府积极介入，引导企业通过"共享员工"模式解决用工问题。例如，东莞市人力资源和社会保障局推出了三类企业用工余缺调剂服务。合肥市发出《到复工企业就业的倡议书》，倡导企业利用"共享员工"、"弹性用工"及远程工作、钟点工等灵活就业形式，支持企业复工复产。

2.员工如何"共享"

面对用工需求激增的情况，许多企业通过与输出企业及员工达成共识后，签订三方协议以调配员工支持生产。此外，还有企业选择通过第三方劳务机构来完成协议签订。

与此同时，多家互联网公司推出了跨界用工平台。例如，阿里本地生活服务公司推出了名为"蓝海"的就业共享平台，该平台通过提供灵活且便捷的短期用工解决方案，帮助缓解企业的人力资源压力；猎聘网在2020年2月初启动了"员工共享"项目，旨在为多种行业提供人才支持服务。

在"共享员工"模式中，多数企业选择按小时或按件计酬。根据企业说明，员工薪资由借调企业负责支付，通过原企业发放，根据实际工作时间来计算报酬，同时社保关系保持不变。

此外，企业在共享模式下亦积极保障员工权益。例如，盒马推行"共享员工"免费获取保险公司提供的疫情保险；哈啰单车则通过第三方劳务派遣公司，为员工配置人身意外保险，以确保员工权益得到充分保护。

人力资源和社会保障部表示，在当前环境下，通过"共享员工"模式，一些人手不足的企业与尚未恢复运营的企业间进行员工调剂，有效提升了人力资源的配置效率。在此模式下，劳动者与原雇主之间的劳动合同关系保持不变，原用人单位需要继续保障劳动者的工资、社保等权益，且不得出于营利目的将员工借给其他单位。同时，原用人单位和接收单位都不应以"共享员工"为由进行非法的劳务派遣，或促使劳动者登记成个体户以逃避雇主责任。

3. 疫情之后"共享员工"能走多远

北天平律师事务所的欧卫安律师指出，"共享员工"作为疫情期间的临时用工模式，涉及复杂的法律问题，给企业带来了不确定的法律风险，他认为这一模式在疫情后不会大规模存在。

盒马公众与客户沟通部工作人员崇晓萌表示，盒马考虑在繁忙时段借用商场员工，以解决人力资源的不匹配问题，认为"共享员工"在未来有一定的发展潜力。

数字经济智库高级研究员胡麒牧预测，随着参与"共享员工"模式的企业增多，可能会涌现专门管理此类员工的平台企业，使"共享员工"成为更加灵活的用工方式。

浩伟律师事务所律师许飞则提醒，企业在实施员工共享时，必须保障劳动者的知情权和权益，确保双方行为基于自愿和平等，且相关协议需要明确书面形式，并得到劳动者的同意。

资料来源：《疫情期间的"共享员工"，是权宜之举还是未来趋势？》.

🔍 案例评述

企业在面对既有成功模式可能导致的停滞或衰退时，应主动探索新的发展路径，即通过破坏性创新找到新的增长点。"共享员工"模式是对传统雇佣关系的重新思考，它展示了企业在应对外部冲击时的适应性和创新性。这种模式不仅是一种临时的应对措施，而且可能预示着未来劳动力管理的新趋势。

传统的雇佣模式通常依赖于稳定而长期的雇佣关系，但"共享员工"模式引入了更灵活的劳动力管理方式，使企业能够根据实际的业务需求动态调整人力资源。这种方式允许企业在面对需求波动时迅速响应，通过优化资源配置，提高整体运营效率。

此外，"共享员工"模式不只是解决短期的人力资源问题，它还促使企业重新考虑如何高效利用和管理人力资源，推动了行业内的资源共享和优势互补。例如，企业可以在非高峰期将员工共享给需要额外劳动力的企业，既缓解了部分企业的用工过剩问题，也解决了其他企业的人力短缺问题。

然而，实施这种模式也面临挑战，包括如何在确保劳动者权益和遵守法律规范的同时，实现企业之间的高效协作和文化融合。这要求企业不仅要革新管理方法，还要在实践中不断调整和优化策略。正是这种持续的创新和改进，构成了第二曲线理论中所强调的"自我革命"的核心。

一、开辟人力资本服务"第二曲线"

在企业生命周期理论中，爱迪思（Ichak Adizes）将企业的动态轨迹描述为孕育期、婴儿期、壮年期、官僚期、死亡等十个阶段，每个阶段都有其独有的特征和挑战，反映了企业从诞生、成长到成熟和衰退的自然过程。[1]爱迪思提出的"钟形"发展曲线不仅适用于企业，也适用于解释个体生命和组织发展等事物衍化的普遍规律。一切事物的发展都难逃"生命周期"规律，唯一的变数在于曲线的长度，即时间刻度。

汉迪（Charles Handy）在此基础上进一步提出，除了遵循爱迪思描述的第一曲线的传统发展路径，企业还存在一条被称为第二曲线的发展路径（见图12-1）。第二曲线即破坏性创新曲线，是企业为防止陷入既有成功模式的陷阱而进行的自我革命。企业通过颠覆性变革和创新衍生出第二曲线发展路径，寻找新的增长点和发展机遇。因此，关键问题是：第二曲线应在何时开辟？

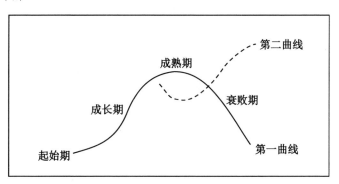

图12-1 第二曲线图

为了保证第二曲线的顺利发展和成功，其启动时间必须在第一曲线达到顶峰之前。这是因为第二曲线的早期阶段通常伴随着资源的大量投入，

---

1 爱迪思.企业生命周期[M].王玥，译.北京：中国人民大学出版社，2017.

此时仍保持增长势头的第一曲线产生的盈利可被重新投资于第二曲线，从而为第二曲线提供必要的资源支持。[1] 若等到第一曲线达到顶峰或开始衰落后再去启动第二曲线，可能会面临资源不足的风险，此时企业会更加关注如何减缓既有业务的衰退，缺乏资源进行发展新的增长曲线。因此，企业需要提前规划和实施第二曲线的发展策略。只有通过提前布局和适时投资，企业才能在第一曲线的增长期内汇聚足够的资源，为第二曲线的发展打下坚实基础，从而实现平稳过渡和持续成长。

苹果公司的发展历程是第二曲线理论的经典实例，展示了如何通过持续的颠覆性创新实现企业持续成长。以乔布斯为核心的苹果公司，在推出市场领先的Mac电脑之后，并未满足于单一产品线的成功，而是通过持续的创新和多元化产品策略，推动公司实现长期的市场领导地位和基业长青。从iPod到iPhone再到iPad，每条新产品线都是在前代产品未达到市场饱和就已经开始研发投入。产品之间保持紧密联系同时，又针对于不同的市场需求和目标群体，避免了因单一产品依赖导致的潜在风险。

在总结第二曲线成功案例时，我们可能会产生一种错觉，认为这一过程通常顺利实施且易于实现。然而，汉迪强调，第二曲线更多地体现为一种综合性思维方式，成功实施第二曲线需要企业具备理性分析能力、丰富的想象力、敏锐的直觉，以及非凡的天分和挑战精神等诸多条件。[2] 诚然，第二曲线理论的提出并非意在令人望而却步，而是传达一个核心思想，即在事物发展的某个阶段，可能需要进行根本性的改变和创新。这意味着我们不应仅仅满足于当前的成就，而要用全新的视角去审视和解决问题。

第二曲线的思维方式对于人力资本服务行业的发展同样至关重要。随着基于工业经济范式的传统人力资源服务逐渐发展到相对成熟的阶段，并迅速接近其第一曲线的巅峰，第四次工业革命引发的经济和管理范式的转

1　汉迪.第二曲线：跨越 S 型曲线的二次增长 [M].苗青，译.北京：机械工业出版社，2017.

2　汉迪.第二曲线：跨越 S 型曲线的二次增长 [M].苗青，译.北京：机械工业出版社，2017.

换为人力资本服务领域提供了转型创新、启动第二曲线的绝佳时机。

在这一转型过程中，人力资本服务的第二曲线可以围绕探险型、开拓型与专业型三大策略发展，分别对应大曲线、中曲线和小曲线。第二曲线的思维方式将鼓励人力资本服务从业者超越现有的业务模式和策略，探索新的增长途径和服务创新，从而创造更大的市场价值和社会影响。

二、探险型服务设计：开辟大曲线

在人力资本服务领域，第二曲线的大曲线代表了一种探险型服务的设计，它基于当前新兴技术的发展潜力进行塑造和发展。如图12-2所示，大曲线的发展轨迹显著高于传统的第二曲线，这表明探险型服务在市场和技术两方面都具有坚实的发展基础和强劲的增长势头。大曲线成功的关键在于敏锐地捕捉市场和技术趋势，并快速响应这些变化。这要求人力资本服务从业者不仅要有前瞻性的市场洞察力，还需要具备强大的技术实施能力和创新精神。通过开展探险型服务设计，人力资本服务企业能够在竞争激烈的市场中取得领先地位，为劳动力市场提供更有价值的服务，并创造更多的商业机会。

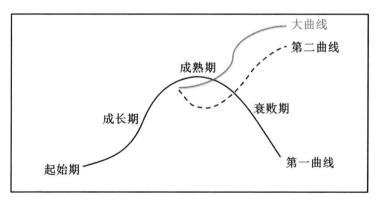

图12-2　大曲线示意图

1. 基于大数据的人力资本配置服务

人力资源招聘与配置要解决的问题是把合适的人放在合适的位置上。

大数据技术通过深度挖掘和分析员工的各种信息，如工作能力、行为特征、胜任力等，能够精准预测员工在组织中最适合的岗位。同时，这项技术也对招聘岗位的要求进行深入分析，如任职资格和岗位要求等。通过将员工特征与岗位需求的数据进行智能匹配，大数据技术有助于实现人岗之间的最优配置，提高组织效率和员工满意度。这种技术驱动的招聘和配置策略不仅提高了人力资源管理的效率，也为企业带来了更精准的人才决策支持。

IBM的员工调配中心能够整合来自"全球工作机会"交易系统以及IBM员工登记网站的信息，为员工提供一个全面的职位搜索和匹配平台。员工与调配中心的互动方式既主动又被动。员工有权在调配中心主动搜寻职位，为他们提供了广阔的职业选择和对职业生涯的掌控感。与此同时，他们也可选择接受平台根据分析结果提出的调配建议，从而被动地接受职业发展机会。调配中心的运作基于对员工工作行为和生产数据的持续搜集与分析，通过评估员工的任务偏好、工作表现、学习活动和职业兴趣等多方面信息，调配中心能够有效判断员工可能适合的岗位，帮助他们实现职业上的最佳匹配和成长。此外，调配中心采用的技能定位器是一个集大数据分析与算法处理于一身的先进工具。它的主要功能是实时监测和分析员工的工作行为和学习活动，从而准确推断出员工的技能发展和职业兴趣。例如，当员工频繁在线学习西班牙语时，系统可识别出其对西班牙语的兴趣和学习进展。当企业在西班牙有工作机会时，这个系统可以迅速识别并推荐这位正在学习西班牙语的员工，实现精准的人岗匹配。这不仅提高了人才配置的效率和准确性，也更好地满足了员工的个人发展需求。该技术展现了人力资源管理在智能化时代的创新发展，强调了个性化职业发展路径与企业需求之间的动态匹配，充分体现了现代人力资本服务中技术与人性化需求的结合。

2. 基于生物机理的人力资本测评服务

个体的性格特征对其在职场上的表现和职业选择有着深远的影响。性格不仅决定了个人对工作的态度和行为方式，还关系着与同事共处和团队协作的能力，是影响其才能发挥的重要因素。因此，在人力资源管理中，职业性格测评成为一个重要工具，旨在帮助雇主和求职者更好地理解个体的性格特质及其与特定职位的契合程度。职业性格测评通常包括一系列标准化问卷，这些问卷旨在揭示个体的行为倾向、动机、价值观和个人偏好等。通过这些测评，求职者能够了解自己的职业兴趣和潜力，而雇主则可以通过这些信息来评估候选人是否适合公司的企业文化和岗位需求。然而，这种测评方法也存在一定的局限性。首先，测试结果依赖于求职者在填写问卷时的诚实度和对自我认知的准确性。如果参与者出于某种目的而歪曲答案，如为了适应所认为的雇主期望，那么结果可能不会反映其真实的性格特征。其次，性格测评只能提供有关个体性格的快照，而无法全面捕捉个体行为的复杂性和多变性，也难以有效预测个体在特定工作环境下的实际表现。

当前，人工智能技术正在逐步融入人力资源管理领域，具备了对人的情绪和性格特征进行分析并据此采取措施的能力。以色列的Beyond Verbal公司开发的算法，通过分析10秒左右的语音片段，就能精准判断出人的细微情感状态，准确率高达85%。这种基于语音分析的情感识别技术，可被应用于诸多人力资源管理场景。例如，在招聘过程中，该技术用来分析求职者的语音，帮助公司了解其真实情绪和性格特点，进而判断其是否适合公司文化和岗位需求。在员工绩效评估和团队管理方面，这种技术也可以帮助管理者了解员工的情绪状态，为员工提供更适宜的支持和干预。

招聘网站Jobaline的应用实例凸显了智能语音分析技术在人力资源管理中的革命性作用。通过综合分析求职者的语气或语调的抑扬顿挫，智能语音分析技术能够揭示出求职者的情绪状态和个性特质。与传统的职业性格测试相比，这种方法具有明显优势。它不依赖于求职者的主观陈述，而是通过客观的语音数据分析，对求职者的适职能力作出更准确的预测。算法技术的应用扩展了传统招聘过程的边界。首先，智能语音分析技术为企业提供了一个更为客观、科学的人才评估工具，有助于减少招聘过程中的偏见和误判。其次，智能语音分析技术能够快速处理大量求职者的数据，提高招聘效率。最后，智能语音分析技术还能帮助求职者找到更适合自己的工作岗位，从而提升工作满意度和工作绩效。

杭州纽洛斯人工智能有限公司推出的心墨镜产品代表了技术创新在健康监测领域的新趋势。心墨镜结合了神经科学、心理学、生理学和深度学习技术，通过30秒的摄像头拍照，能够快速且准确地识别和分析个体的生理和心理状态，不仅提高了健康监测的效率，也极大提高了个体的健康意识。心墨镜的创新之处在于其综合性和即时性，极大地简化了传统的健康监测方法，用户只需用手机进行短暂的拍摄，便可得到全面的健康分析报告。此外，心墨镜的另一个显著优势是在预防医学领域的潜在贡献。通过对生理和心理状况的连续监测，心墨镜有助于及早发现潜在的健康问题，采取预防性措施，对于促进个体健康、减少疾病风险、降低医疗成本具有重要意义。

在人力资源管理中，人工智能的应用虽然提高了效率和准确性，但也存在着对人类判断和直觉的依赖。以机长萨伦伯格（Sullenberger）成功操纵客机从3000英尺高空迫降哈德逊河的事件为例，我们可以看到在某些关键时刻，人类的直觉、经验和判断力是无法被机器完全替代的。在人力资源管理实践中，虽然人工智能可以处理大量数据，提供准确的分析和预测，但它无法完全理解人类的情感和行为复杂性。例如，在招聘过程中，人工智能可以通过数据分析找到合适的候选人，但最终决策往往需要基于人类面试官对候选人的直觉和判断。同样，在员工管理和培训中，人工智能可以提供有价值的见解，但对员工的激励和教育仍需要人类经理的直接参与。因此，尽管人工智能在人力资源管理中起着重要的辅助作用，但它不应该完全替代人类的直觉、判断和决策，人类的经验、情感和直觉在管理实践中仍然具有不可替代的价值。在使用人工智能时，我们应该寻求达到人机协作的最佳平衡，以便在提高效率和准确性的同时，保留人类独特的决策能力。

● 案例：哈德逊河迫降事件

地面指挥认为飞行员萨伦伯格可选择返回拉瓜迪亚机场或向北至新泽西的一个小机场，但萨伦伯格判断两者均不可行，决定尝试在哈德逊河上迫降。借助他42年的飞行经验和卓越的应急处理能力，萨伦伯格成功在水面安全降落，全体155人得以生还。

美国国家安全运输委员会（National Transportation Safety Board，NTSB）在事件发生后对萨伦伯格决定在哈德逊河进行迫降的选择展开了深入调查。NTSB利用一系列证据搜集、工程分析和飞行模拟器测试，试图证明萨伦伯格的这一决策实际上极其鲁莽。

萨伦伯格最终揭示了实际与模拟之间的关键差异——所需的人为反应时间，这为他的决策提供了有力的支持。他指出，虽然理论计算和模拟操作显示有足够的时间使飞机在附近其他机场降落，但这些假设忽略了在实际紧急情况下必需的35秒反应和决策时间。即便是经验丰富的机长也需要这段时间来作出反应，这使得哈德逊河迫降成为唯一可行的选择。

在多数情况下，人类仍然扮演着执行任务的主角——人的行为复杂多变，无法像机器那样通过公式进行简单精确的计算，也无法持续以恒定速度产出一致的结果。

资料来源：根据哈德逊河迫降事件的相关报道以及《大揭秘》纪录片整理．

3. 基于ABCD的人力资源管理服务

钉钉（DingTalk），作为阿里巴巴集团开发的国内领先的智能移动办公平台，主要用于工作沟通和办公协同，代表了现代企业通信和管理的前沿技术。在工作沟通方面，钉钉提供了"通讯录""单聊群聊""商务电话"等一系列产品。这些工具使得企业内部和外部的沟通更为流畅和高效。例如，"澡堂模式"能够在临时组建的讨论组中保持信息的秘密性，"DING"功能则确保关键信息及时传达和处理。这些功能的集成，极大提高了工作沟通的效率和有效性，特别是在远程工作和灵活工作安排日益普及的今天。在办公协同方面，钉钉提供了"审批""签到""公告""日志""考勤打卡""管理日历""视频会议"等工具。这些工具不仅支持日常的行政管理，也促进了工作流程的数字化和标准化，提升了团队协作和项目管理的效率。例如，"视频会议"功能使得远程团队沟通变得简单便捷，而"管理日历"则帮助员工高效规划和管理时间。

钉钉作为一种创新的人力资本管理工具，通过其全面的在线服务，彻底改变了企业的传统工作和管理方式。首先，钉钉通过线上通讯录和组织结构的数字化实现了组织关系的在线化，这不仅使得查找同事和协调工作变得更加迅速高效，还促进了组织结构的扁平化和可视化。这种透明化和简化的组织结构有助于加快决策流程，提高员工参与度，从而激发团队的创新和创造力。其次，钉钉的工作沟通工具，如即时消息、群聊和视频会议等，提高了组织内部沟通的效率和质量。通过使命必达的信息传递机制，保证了关键信息的及时传达和执行。这种高效的沟通方式对于快节奏和变化多端的现代工作环境至关重要，能够帮助企业及时响应市场变化和内部需求。最后，钉钉的业务流程数字化功能如在线审批、签到、日志管理等，进一步支持了组织的高效运转。这些工具不仅简化了日常的管理流程，还使得远程工作和跨地域协作变得可能。通过数字化的工作流程，企业能够在快速变化的市场中保持敏捷和竞争力，同时为员工提供更加灵活和高效的工作方式。[1]

4. 构建人力资本服务SPI服务体系

云计算（Cloud Computing）作为一种高效、可扩展的计算技术，正在变革人力资本服务领域。它的核心在于其分布式计算特性，允许大量数据通过网络进行分散处理，然后集中分析以得出结果。这种技术的关键优势在于，它提供了强大的数据处理能力和灵活的资源分配，使得人力资源管理变得更加高效和动态。云计算的早期发展可以追溯到分布式计算的概念，其主要聚焦于任务的分发和汇总处理结果。这种计算方法最初被设计用于解决复杂的计算任务，通过将大型任务分解为更小的部分，然后由多个计算资源同时处理。这种方法有效地减少了单一计算机系统所需处理的数据量，从而加快了整体计算速度。因此，云计算也被称作网格计算。利用该项技术，能在几秒钟内处理数万条数据，实现强大的网络服务功能。

云交付模式（Cloud Delivery Model）作为云计算的核心组成部分，是云提供者提供的具体的、事先打包好的IT资源组合，常见的三种模式为基础设施即服务、平台即服务和软件即服务。[2]

（1）基础设施即服务（Infrastructure as a Service，IaaS）。

这是一种云计算服务模式，为用户提供了一种高度灵活的方式来使用和管理基础IT资源。这种服务主要以按需使用的方式提供，用户可以根据需要租用硬件、网络、存储和其他基础设施组件。IaaS的主要特点是高度可扩展性和灵活性，允许用户对其资源配置和使用进行更高层次的控制。在IaaS环境中，用户对自己的资源拥有完全的控制权，他们可以自行选择操作系统、配置网络设置、安装必要的应用程序和服务等。这种控制能力使得IaaS成为那些需要定制IT解决方案或有特定安全需求的组织的理想选

1　资料来源：阿里钉钉官网 .

2　埃尔，马哈茂德，普蒂尼 . 云计算：概念、技术与架构 [M]. 龚奕利，贺莲，胡创，译 . 北京：机械工业出版社，2017.

择。此外，IaaS还具备强大的灾难恢复和业务连续性能力。通过在云中备份和复制数据，企业可以确保在发生硬件故障或其他灾难性事件时，其关键数据和应用程序仍然可用。总体来说，IaaS提供了一种成本效益高、灵活且可扩展的方式来满足现代企业对于基础IT设施的需求，是企业数字化转型的重要支持。

（2）平台即服务（Platform as a Service，PaaS）。

这是一种预先定义且随时可用（Ready-to-Use）的环境，主要由已部署和配置的IT资源构成。它依赖于这些预备就绪的环境，提供一套完整的打包产品以及支持定制应用全生命周期的工具。PaaS的主要优势在于其高度集成的开发环境。开发者可以使用各种工具和服务来编写、测试和部署他们的应用程序。这些工具可能包括编程语言运行时环境、数据库、集成开发环境、Web服务器和其他相关的软件工具。另一个显著的优势是成本效益。由于PaaS提供商负责维护和升级开发平台，用户可以节省大量有关购买、配置和管理软件和硬件的时间和金钱。因此，PaaS为快速开发、测试和部署应用程序提供了理想的环境，同时还降低了成本和复杂性，使得企业可以更加专注于创新和业务增长。

（3）软件即服务（Software as a Service，SaaS）。

这是一种将软件程序定位或共享的云服务，作为"产品"或工具进行交付，其特点是高度可访问性和简便性。在SaaS模型中，软件应用程序托管在云服务提供商的服务器上，用户通过互联网访问这些应用程序。这种模式下，用户不需要在本地计算机上安装和运行软件应用程序，而是通过网络订阅并使用这些服务。SaaS的主要优势包括灵活性和成本效益。用户不需要购买软件的永久许可证，而是根据需求订阅服务，通常是通过月度或年度订阅。此外，SaaS提供了即时更新和维护。软件供应商负责维护、升级和安全性，确保所有用户都能访问到最新和最安全的软件版本。长远来看，SaaS适应了现代企业对灵活性、可扩展性和成本效率的需求，同时降低了对内部IT资源的依赖，使企业能够更专注于其核心业务和长期增长目标。

三、开拓型服务创新：打造中曲线

在人力资本服务领域，"中曲线"的概念强调在现有市场基础上开拓新的服务范畴，寻求新领域和定义新的市场需求，以此激发新的增长潜力和发展空间。这种开拓型服务的核心在于识别和利用现有市场中未被充分开发的潜力区域，从而引入创新和增长。图12-3所示的"中曲线"，实质上是典型的第二曲线模式。中曲线策略要求对现有服务市场进行深入分析，识别客户需求的变化和新兴趋势。例如，随着远程工作和数字化办公的普及，人力资本服务可能需要转向提供远程工作管理工具、在线培训和发展程序，以及提升数字工作场所的员工参与度的解决方案。开拓型服务还涉及跨行业合作或技术融合，以创造独特的服务组合。例如，人力资源科技的结合可以创造高度个性化和自动化的招聘和员工管理系统，从而提升效率和员工满意度。中曲线策略也意味着对服务提供模式进行创新，可能包括采用更灵活的定价模型、提供定制化服务或者通过技术平台提供更加无缝的客户体验。在实施中曲线策略时，关键在于平衡创新和风险管理。服务提供商需要谨慎评估市场趋势、技术可行性和潜在的投资回报率，同时确保服务创新能与客户的实际需求相匹配。

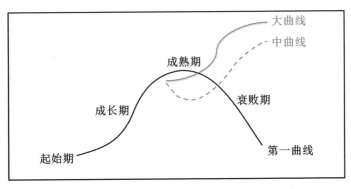

图12-3 中曲线示意图

1. 人才服务

党的十九大报告指出"人才是实现民族振兴、赢得国际竞争主动的战略资源",提出"要坚持党管人才原则,聚天下英才而用之,加快建设人才强国。实行更加积极、更加开放、更加有效的人才政策,以识才的慧眼、爱才的诚意、用才的胆识、容才的雅量、聚才的良方,把党内和党外、国内和国外各方面优秀人才集聚到党和人民的伟大奋斗中来,鼓励引导人才向边远贫困地区、边疆民族地区、革命老区和基层一线流动,努力形成人人渴望成才、人人努力成才、人人皆可成才、人人尽展其才的良好局面,让各类人才的创造活力竞相迸发、聪明才智充分涌流"。

在现代人力资本服务领域,新兴的服务范围正在迅速扩展,以适应全球化和数字化时代的需求。这些新领域包括国内外人才引进服务、人才流动服务、人才政策设计与审计、人才规划服务以及政策性人才配置服务等多个方面。其中,国内外人才引进服务要求人力资本服务从业者具备国际视野和本地化适应能力,理解不同国家和文化的工作环境和法规;人才流动服务要求能够识别和匹配人才与机会,同时理解和应对流动过程中可能遇到的法律、文化和语言障碍;人才政策设计与审计涉及为企业或政府机构提供关于人才管理政策的咨询和评估服务,包括但不限于合规性、效率和公平性的评估;人才规划服务帮助组织制定长期的人才发展战略,包括职业路径规划、技能发展和继任计划等;政策性人才配置服务与政府政策和战略目标紧密相关,旨在确保人才配置与国家或地区的经济社会发展目标一致。综上,人力资本服务的新兴领域强调了在全球化背景下对人才的综合管理和战略规划的重要性,通过创新服务满足多样化和不断变化的市场需求。

北京市人力资源和社会保障局联合市人才工作局及市财政局等部门联合发布的《关于进一步发挥猎头机构引才融智作用建设专业化和国际化人力资源市场的若干措施(试行)》目的在于,激励猎头公司和用人单位更积极地参与人才引进工作，从而建设一个更为专业化和国际化的人力资源市场。其中有以下具体要求：

（二）猎头机构依照清单为用人单位选聘人才后，给予资金奖励。奖励金额为猎头服务费的50%，单笔奖励资金不超过50万元人民币。

（三）猎头机构受托按照人才选聘项目清单推荐选聘人才成功后，参照猎头机构奖励标准同时给予用人单位资金奖励。政府机关、事业单位可将支付的猎头服务费列入财政预算。

2. 干部服务

党的十九大报告指出"建设高素质专业化干部队伍，党的干部是党和国家事业的中坚力量"，提出"要坚持党管干部原则，坚持德才兼备、以德为先，坚持五湖四海、任人唯贤，坚持事业为上、公道正派，把好干部标准落到实处。坚持正确选人用人导向，匡正选人用人风气，突出政治标准，提拔重用牢固树立'四个意识'和'四个自信'、坚决维护党中央权威、全面贯彻执行党的理论和路线方针政策、忠诚干净担当的干部，选优配强各级领导班子。注重培养专业能力、专业精神，增强干部队伍适应新时代中国特色社会主义发展要求的能力。大力发现储备年轻干部，注重在基层一线和困难艰苦的地方培养锻炼年轻干部，源源不断选拔使用经过实践考验的优秀年轻干部。统筹做好培养选拔女干部、少数民族干部和党外干部工作。认真做好离退休干部工作。坚持严管和厚爱结合、激励和约束并重，完善干部考核评价机制，建立激励机制和容错纠错机制，旗帜鲜明为那些敢于担当、踏实做事、不谋私利的干部撑腰鼓劲。各级党组织要关心爱护基层干部，主动为他们排忧解难"。

在培养高质量的专业干部队伍方面，人力资本服务领域主要涵盖干部素质模型构建、干部选拔与配置、干部发展与培训、干部评估与考核以及干部激励等关键任务。其中，干部素质模型构建是定义干部所需具备的关键能力和特质的框架，关键在于确定哪些素质对于不同层级和单位最为关键；干部选拔与配置需要综合考虑干部的经验、能力和潜在成长性，同时考虑其与组织目标和价值观的一致性；干部发展与培训不仅要关注技能和知识的提升，更要强调领导力和管理能力的培养；干部评估与考核是激励和保持干部绩效的关键，包括定期的绩效评估、360度反馈和发展计划的跟进；干部激励的有效实施可以提高干部的工作满意度和组织承诺，除了薪酬和福利，人力资本服务将更加重视工作挑战、职业发展机会和组织认可等非物质激励方式。总而言之，建设高素质专业化干部队伍需要综合考虑干部的选拔、培训、考核和激励等方面，确保干部能力与组织目标的一致性，同时也要考虑个体的职业发展和满意度。

在构建高素质专业化干部队伍的过程中，通常面临的关键问题涉及高素质专业化队伍定义、素质模型构建及其应用层面的选择，包括是否制定通用模型或为各单位和层级定制专属模型，均是人力资源服务中的核心议题。因此，建立高素质专业化干部队伍不仅是一个战略性的人力资本项目，还是一个涉及多个层面、需要综合考虑和细致规划的挑战。这要求人力资本服务能够提供全面、灵活且适应性强的解决方案，以满足组织的具体需求和目标。

3. 教育人力资源服务

党的十九大报告指出"建设教育强国是中华民族伟大复兴的基础工程，必须把教育事业放在优先位置，深化教育改革，加快教育现代化，办好人民满意的教育。要全面贯彻党的教育方针，落实立德树人根本任务，发展素质教育，推进教育公平，培养德智体美全面发展的社会主义建设者和接班人。推动城乡义务教育一体化发展，高度重视农村义务教育，办好学前教育、特殊教育和网络教育，普及高中阶段教育，努力让每个孩子都能享有公平而有质量的教育。完善职业教育和培训体系，深化产教融合、校企合作。加快一流大学和一流学科建设，实现高等教育内涵式发展。健全学生资助制度，使绝大多数城乡新增劳动力接受高中阶段教育、更多接受高等教育。支持和规范社会力量兴办教育。加强师德师风建设，培养高素质教师队伍，倡导全社会尊师重教。办好继续教育，加快建设学习型社会，大力提高国民素质"。

在教育服务方面，新兴的人力资本服务领域包括：教育人力资源数据服务（薪酬），教职工的招聘、派遣与动态配置，教育人力资源管理咨询，教育猎头，教育领导力开发，教学外包等。其中，教育人力资源数据服务着重于薪酬的调查与分析，旨在确保教职工的薪酬体系公平合理，以吸引和保留优秀人才；教职工的招聘、派遣与动态配置服务能够有效地匹配教师资源与教学需求，确保教育资源的最优分配；教育人力资源管理咨询服务可提供专业意见，帮助教育机构优化人力资源战略，改善内部管理结构；教育猎头服务则专注于寻找并吸引教育行业的高级人才，特别是那些具有创新能力和领导潜力的个体；教育领导力开发则关注于培养教育机构内部的领导人才，提升他们的管理和领导能力；教学外包服务则是将特定教学领域或活动委托给专门的外部机构来执行，从而使教育机构能够更集中精力于核心教育任务。随着教育行业的进步，人力资本服务正在不断拓展其服务领域，以更全面地满足教育需求。

4. 军事人力资源服务

党的十九大报告指出"坚持走中国特色强军之路，全面推进国防和军队现代化"，提出"全面推进军事理论现代化、军队组织形态现代化、军事人员现代化、武器装备现代化，力争到二〇三五年基本实现国防和军队现代化，到本世纪中叶把人民军队全面建成世界一流军队。……继续深化国防和军队改革，深化军官职业化制度、文职人员制度、兵役制度等重大政策制度改革，推进军事管理革命，完善和发展中国特色社会主义军事制度。树立科技是核心战斗力的思想，推进重大技术创新、自主创新，加强军事人才培养体系建设，建设创新型人民军队"。

在军队这一特殊而重要的领域，人力资本服务的新发展领域正变得日益重要。新兴服务领域包括素质模型、军事人力资源管理体系研究、军事领导力开发等。其中，素质模型的建立是核心，旨在定义和评估军人所需的关键技能和行为特征。这种模型不仅有助于优化招募和选拔过程，还能指导个人发展和职业规划。军事人力资源管理体系研究致力于更有效地管理和利用军队中的人力资源，涉及对标现代战争的需求，以及如何通过培训和发展来准备军人面对这些挑战。军事领导力开发专注于培养军队中的领导者，确保他们具备在复杂和压力环境下作出关键决策的能力，不仅包括传统的领导技能，如策略制定和团队管理，还包括在多变战场环境中迅速适应和作出反应的能力。

军队作为一个封闭而特殊的系统，长期以来在人力资源管理方面主要依赖自身发展的方法和体系。这种独立性虽有其必要性，但也意味着军队可能未能充分利用和吸收非军事领域中的先进人力资源管理技术和经验。市场上的人力资源管理技术，特别是在专业技能甄选方面的最新进展，对于军队选拔特殊技能人才，如航母舰载机飞行员，有着重要的参考价值。例如，现代甄选技术不仅关注候选人的技能和经验，还涉及心理素质、压力应对能力和团队合作精神等多维度评估，这些都是航母舰载机飞行员这一高风险职位的关键要素。此外，模拟技术、虚拟现实、大数据分析等现代技术手段，可以帮助军队更准确地模拟飞行环境，进行更深入的技能和心理测试。因此，军队在人力资源管理上有巨大的市场空间，可以通过吸收和融合市场上的先进技术和经验，改进和提升自己的选拔和训练体系。这不仅能提高人才选拔的效率和准确性，还能帮助军队更好地适应现代战争的需求，提升整体战斗力。

退役军人事务部的成立，反映了国家对于退役军人这一特殊群体的重视和关怀。作为军队的组成部分，退役军人在部队中接受的主要是专业的军事训练和技术培训。然而，这些技能在他们退役后融入社会和市场时，可能不完全适应民间就业的需求。因此，退役军人在转型为民间职业人士的过程中面临着重要的职业技能转换挑战。在人力资源服务方面，应该重点关注退役军人的职业再培训和技能转换。这包括评估他们在军队中获得的技能和经验，将这些技能与民间就业市场的需求进行匹配，并提供必要的再培训和职业咨询服务。例如，某些军事技能可能与安全、物流或紧急响应等行业高度相关，而通过适当的培训，这些技能可以转化为市场上的有价值资产。此外，退役军人的心理适应和社会融入也是人力资源服务需要关注的重要领域。由于军人和民间职业在工作环境、组织文化等方面存在显著差异，退役军人在适应新的工作环境和生活方式时可能面临挑战。因此，提供心理支持和职业指导，帮助退役军人顺利过渡到民间职业生活，是人力资源服务领域的一个重要任务。

5. "一带一路"人力资源服务

党的十九大报告指出"推动形成全面开放新格局"，提出"要以'一带一路'建设为重点，坚持引进来和走出去并重，遵循共商共建共享原则，加强创新能力开放合作，形成陆海内外联动、东西双向互济的开放格局"。

"一带一路"倡议开辟了人力资本服务市场的新领域和新市场，特别是在小语种人才服务、工会与产业关系服务、跨文化人力资源管理服务以及人力资源法律审计服务等方面。其中，小语种人才服务不仅包括语言培训和翻译服务，还包括对于特定国家文化、商务礼仪及市场特性的深入了解和培训；工会与产业关系服务旨在帮助企业有效管理跨国员工关系，规避劳动纠纷，建立和谐的工作环境；跨文化人力资源管理服务包括培训员工理解不同国家和地区的文化差异、沟通习惯和业务规范，以促进多元文化背景下的团队合作和项目管理；人力资源法律审计服务可以帮助企业理解和遵守当地的劳动法规，确保企业运营的合法合规，避免潜在的法律风险。"一带一路"倡议为人力资本服务行业提供了新的增长点和发展方向，要求从业者具备更为广阔的国际视野和更深入的本地化理解。

从"一带一路"国家到全球人力资源服务，离岸外包是最典型的服务形式之一。然而，跨国人力资源服务在不同国家面临着经济环境、法律法规、劳动力市场特征等方面的挑战和限制。以派遣法律为例，"一带一路"国家在通知程序、合法工作类型、员工待遇等方面都有不同的要求，具体内容如表12-1、表12-2、表12-3和表12-4所示。

表12-1　通知程序

土耳其	俄罗斯	马来西亚
10天之内将书面解雇通知发给员工，并通报社会保障机构	必须书面通知。若解雇的员工为工会会员，则必须考虑该员工所属工会的意见	解雇无固定期限合同员工时通常要求书面通知。 另外，虽没有强制要求，解雇通知中需要说明解雇原因

表12-2　派遣合同的合法工作类型（一）

层级（0~4）	对应国家
0—派遣合同违法	土耳其
	沙特阿拉伯
1—仅在特定行业可用	无
2—仅在客观原因下可用	比利时、智利、爱沙尼亚、法国、韩国、卢森堡、挪威、波兰、斯洛伐克共和国
3—基本可用，除特殊规定	德国、希腊、意大利、日本、斯洛文尼亚
	印度尼西亚
4—基本可用，无限制条款	澳大利亚、加拿大、丹麦、匈牙利、冰岛、爱尔兰、以色列、新西兰、瑞士、英国、美国
	克罗地亚、拉脱维亚、立陶宛、马来西亚、俄罗斯、泰国

表12-3　派遣合同的合法工作类型（二）

法国	沙特阿拉伯	泰国
派遣合同的使用仅限于"客观"情况，如固定期限合同	派遣合同非法。中介机构缴费之后可以招聘人员，被招募的人员一旦与用人企业签订合同，其劳动关系转到用人企业名下	若第三方机构的员工与用人企业存在事实劳动关系，用人企业应负起雇主责任。若第三方机构是注册登记的就业服务机构，对其所从事的派遣业务无限制

表12-4　派遣合同员工的待遇要求

以色列	黑山	泰国
派遣机构需要向劳动执法机构提交一份保障员工权益的申明。集体协议的条款同样适用于企业中的派遣员工。若存在多份集体协议，则遵从最有利于派遣员工的条款	派遣员工的工资不得低于同等或相似岗位上的拥有相同职业资格或相同教育背景、职业层级的正式员工	保护条款包括工资和工作条件两方面。劳动保护法案要求用人企业保障同类岗位上派遣员工的待遇与正式员工相同，以保障来自中介机构的派遣员工享有同等的利益和福利

四、专业型服务深耕：聚焦小曲线

自工业革命以来，组织人力资源管理的五大基本要素——组织存在、岗位存在、人力资源存在、雇佣关系存在、管理存在——在不断的环境变迁中经受考验。组织结构更趋扁平化、灵活化，岗位定义更加动态和多样化，雇佣关系也更加灵活和多元。如今在人工智能、大数据分析、云计算等新技术的催化下，传统人力资源管理的要素正在经历深刻的转型，从而催生了一个更精细、专业化的人力资本服务市场。图12-4所示的小曲线代表的是一个深耕且专业化的人力资本服务市场。在这个市场中，服务不再是宏观和泛化的，而是转向更精细、定制化的方向。服务提供商需要针对具体的业务需求和员工特征，提供定制化的解决方案，从而提高服务的相关性和有效性。

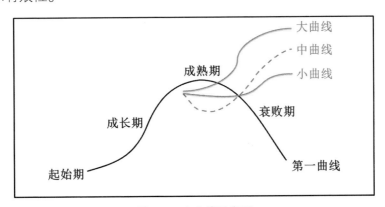

图12-4　小曲线示意图

1. 组织变革服务：组织形态长尾

随着组织的变革，出现了多元化的组织生态，包括以下四种模式：

（1）内部型模式：职能型、嵌入型（职能分子机构内设HR）、客户经理型。

（2）外部型模式：参谋型、内包型、外包型、托管型。

（3）共享型模式：集团共享与区域共享。

（4）平台型模式：自我+HR+市场（个人或专业机构）。

在多元组织生态中，选择合适的组织模式是关键。不同的模式适应不同的业务需求和发展阶段。高级管理者需要根据组织的发展阶段、市场环境以及内外部资源状况，定期评估和调整组织模式。同时，组织模式的有效性也受到员工参与度和合作精神的影响。因此，组织结构的设计不仅要考虑结构本身的合理性，还要考虑如何激发员工的主动性和创造力，以实现组织目标。[1]

传统的科层制模式正在逐渐向更加灵活和多样化的方向发展。未来的组织系统将更加注重多形态的融合，其中科层制、平台型模式和共享型模式的结合将成为一种常见趋势。例如，许多企业已经开始实行科层制与项目制的结合。在这种模式下，当特定任务出现时，项目负责人将获得企业高层的授权，负责组建并管理项目组。这种模式强调项目的独立性和灵活性，项目组在完成任务后，只需向企业高层汇报结果，不受传统科层制的严格约束。同时，平台型模式的出现，为组织提供了一个开放和协同的工作环境，组织内部不同部门之间以及与外部资源的互动更加顺畅，提高了资源的利用效率和组织的创新能力。共享型模式鼓励跨部门和跨层级的交流合作，促进了知识的流动和创新思想的产生。总之，未来的组织系统将是一个多样化和灵活性并存的长尾生态体系（见图12-5）。不同的组织模

1　理查德·达夫特，组织理论与设计 [M]. 北京：北京大学出版社，2006.

式将根据具体情况和任务需求灵活应用，以满足企业发展的多元化需求。这种变化不仅要求组织结构的适应性和灵活性，也要求员工具备跨部门合作和快速适应新环境的能力。

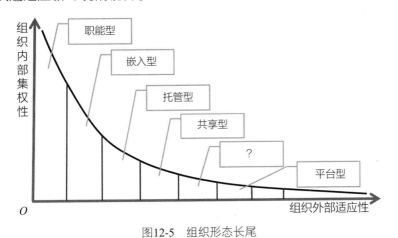

图12-5 组织形态长尾

2. 工作匹配任务

（1）岗位解构为微小工作任务。

在传统的人力资源管理和劳动经济学领域，通常遵循相对粗犷的岗位模式，其中任务和角色都是明确且可预测的。然而，随着数字经济的发展，工作的本质正在发生深刻变化，岗位职责正在不断解构为微小的工作任务，从"牛顿力学"迈向"量子力学"，工作计量单位变得更小、更精确。这些微小的工作任务体现了量子力学的某些特性，如不确定性和纠缠。不确定性意味着工作任务的结果可能不是完全可预测的，需要灵活适应和迅速响应。而纠缠则表示不同任务之间可能存在相互依赖和影响，使得工作流程变得更加复杂和动态。因此，人力资源管理正面临着由宏观到微观、从确定到不确定的转变，传统的岗位描述和管理方法可能不再适用，需要新的人力资源策略来应对这种变化。管理者需要适应这种变化，通过灵活的工作安排、跨功能团队合作和持续的技能发展，来应对工作任务的微小化和不确定性。这不仅是一个挑战，也是人力资源领域的一个重要发展机遇。

岗位职责的传统概念通常涵盖了一个岗位上所需完成的多样化工作内容以及相应的责任范围。这种方式侧重于员工对于较大范围任务的全面理解和承担。然而，随着工作模式的演变和数字化的推进，岗位职责的概念正经历着重大转变。亚马逊土耳其机器人（Amazon Mechanical Turk，MTurk）是这一转变的典型例子，在MTurk平台上，工作任务被分解成诸如视频中识别特定对象这样的微小单元。这些任务可以由不同的人独立完成，不需要员工对整个项目或较大的工作内容有全面的了解。

更具体地，MTurk是一个创新的Web服务应用程序接口，它结合了人类的智能和计算机的效率来执行那些计算机难以胜任的任务。这些任务通常包括那些需要人类直觉、判断力或特定知识的活动，如在图片或视频中识别物体、数据清洗、语音转录或研究数据的详细信息。MTurk将任务分配给全球范围内的网络工作者，这些"土耳其工人"可以迅速、高效地完成分配给他们的任务。这种分布式工作方式不仅提升了任务完成的速度和质量，也大大降低了成本，展现了人工智能与人类智能协同工作的巨大潜力。

（2）工作日解构为工作分钟。

随着数字技术的发展和工作模式的演变，传统的8小时工作制和固定的上下班时间正在逐渐让位于更加灵活多样的工作时间配置。现代工作时间的灵活化，意味着员工可以根据自己的生活节奏和工作效率来安排工作时间。例如，采用基于小时或更短时间单位的工作交易模式（见图12-6）。这种模式特别适用于远程工作、自由职业者以及那些需要高度灵活性的工作。对于组织而言，工作时间的弹性化有助于更有效地应对市场变化和客户需求。一方面，在需要集中人力资源以应对高峰期或特殊项目时，灵活的工作时间安排可以提高整体工作效率。另一方面，这也有助于减少固定成本，因为组织不需要为所有员工同时提供工作空间和设施。

工作时间弹性化也对社会经济产生积极影响。它不仅可以提高就业机会，尤其是对于那些需要灵活工作安排的群体，而且还有助于改善工作与生活的平衡，从而提高员工的整体幸福感和工作满意度。

随着数字经济和技术的发展，工作单位的缩小正在成为一个显著趋势。以海南农民为例，他们的工作单位是四个月，这是基于稻谷生长周期和一年三收的自然规律；对于传统企业员工而言，工作单位通常是一个月，这与固定的工资发放周期相对应；滴滴司机的工作单位则是每次行程，这体现了共享经济和即时服务的特点；科锐国际的专家租赁服务则将工作单位缩减到五分钟，这是对高度专业化和碎片化服务需求的响应……这些例子表明，在数字经济的推动下，工作单位的缩小为人力资本服务带来了新的挑战和机遇。人力资源管理需要适应这种变化，实现灵活和精确的人力资源配置和计费方式。这不仅能提高资源的利用效率，还能更好地满足个性化和即时服务的市场需求。

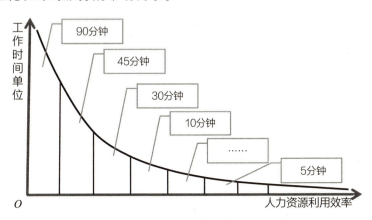

图12-6　工作日解构为工作分钟

（3）任职资格解构为任务技能。

任职资格的关键要素是知识、技能、才能和其他特征（即KSAO模型）。[1]岗位技能是指完成特定工作任务、达到特定目标所需作出的一种行

1　Dunnette，Marvin D.，and Leaetta M. Hough. Handbook of industrial and organizational psychology，Vol. 2. Washington: Consulting Psychologists Press，1992.

为或一组行为。[1]岗位技能涵盖了从基本的办公技能到高级专业技能的广泛范畴。当下的人才选拔都是基于一个"岗位技能集",如人力资源专员岗位,需要的岗位技能涵盖了专业技能、沟通技能、软件操作技能等。随着工作环境的日益复杂化,人力资源专员可能还需要具备跨文化理解技能、法律合规知识技能以及对新兴技术的理解技能(见图12-7)。在人才选拔过程中,理解和定义岗位所需的关键技能是至关重要的。这不仅有助于精确匹配合适的候选人,也为候选人提供了清晰的职业发展路径和所需技能的指导。随着工作环境的变化,岗位技能集也需要不断更新和调整,以适应市场和组织需求的变化。

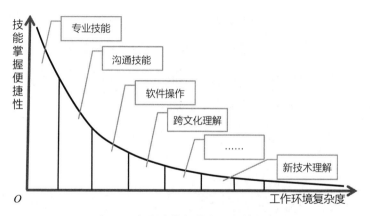

图12-7 任职资格解构为任务技能

随着工作岗位职责的重组和细化,传统的"岗位技能集"正在被重新定义,转变为更具专一性的单一技能,每一项技能专注于特定的"工作任务"。在这种背景下,个体不再需要掌握广泛的技能组合来适应一个多任务的工作岗位。相反,他们可以专注于发展和完善某一特定的技能,使之出类拔萃。这种专注于单一技能的发展趋势与所谓的"长板效应"[2]相似,

---

1 普里恩,伦纳德·古德斯坦,珍妮特·古德斯坦,等. 工作分析:实用指南 [M]. 朱舟,朱营,译. 北京:中国人民大学出版社,2015.

2 长板效应,也称"反木桶原理",强调明确自己的优势所在,把目光和资源聚焦于自己最长的木板,突出特色,创造特有的竞争优势。

即在一个多板拼接的系统中，最长的一块板决定了系统的价值。这种对特定技能的重视和发展，为个体提供了在市场中定位自己的机会，同时也促使企业和组织更加精准地识别和利用所需的特定技能。因此，未来的人力资本服务领域需要关注如何识别、培养和利用这些单一的高级技能，以适应不断变化的劳动市场需求。

3. 人力资源关系服务

传统企业的人力资本管理主要集中于内部员工，即直接与企业建立劳动关系、岗位关系和雇佣关系的人员。然而，随着数字经济和全球化的发展，企业间的边界逐渐模糊，外部人力资本的重要性愈加显著。外部人力资本包括那些不直接受雇于企业但与之有业务往来的个体或团体，如自由职业者、合作伙伴、供应商等。在这种背景下，许多企业正转变为开放式平台，以促进内外部个体之间的协同合作。这种模式不仅增加了企业的资源获取能力，还拓展了企业的创新和市场适应能力。图12-8体现的是横向的人力资本范围生态。

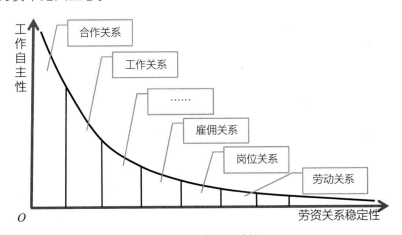

图12-8　人力资本关系长尾

内部人力资本的工作形态包括：劳动关系，以美国的汽车企业为例，这些企业通常具有工会化的特点；岗位关系，涵盖国有企业（部分）、事业单位和政府公务员；雇佣关系，涉及国有企业（部分）、私营企业以及外资企业。

外部人力资本的工作形态包括：工作关系，如劳务派遣、人才租赁；合作关系，如滴滴。

在当代企业环境中，多元化的工作模式已经普遍存在。这种模式不仅能够灵活地适应市场与客户需求的迅速变化，还能通过整合各类资源，优化整个生态系统的综合效益。每种形态都有其独特的优势和应用场景，而它们在一个组织内的共存能够为企业带来多重益处。综上所述，多样化的工作形态不仅有助于企业灵活应对市场变化，还能够通过资源整合实现生态圈整体利益最大化，是现代企业管理的重要组成部分。

4. 管理交易服务

（1）职能外包。

人力资源职能外包旨在通过专业化的外部服务来优化内部资源配置，提高效率。通过将特定的人力资源职能交给专业化的第三方机构，企业不仅能够减少内部管理的复杂性，还能够降低与这些职能相关的直接成本。未来人力资源管理外包将渗透到企业人事业务的方方面面。例如，人力资源规划的外包可以帮助企业更准确地预测未来的人力需求，制订更有效的招聘计划；制度设计与创新的外包可以带来新的思维和方法，帮助企业构建更为先进和适应性强的人力资源管理体系；在员工满意度调查和薪酬调研方面，外包可以确保数据的客观性和准确性；培训工作的外包使企业能够利用外部资源提供更专业、多样化的培训内容，提高员工的技能和知识水平；在处理劳动仲裁和员工关系问题时，外包机构的专业知识和经验可以帮助企业更有效地解决这些问题，减少潜在的法律风险；企业文化设计的外包可以带来新的视角，帮助企业构建更有凝聚力和吸引力的组织文化。

（2）工作交易平台化。

在中国数字经济下，一个重要趋势是通过技术平台连接不同的服务提供商和需求方，实现资源的优化配置和高效管理。例如，猪八戒网是一个创新的平台型公司，通过提供一个广泛的在线服务市场，使企业能够专注于其核心业务。猪八戒网的核心理念是帮助企业将非核心业务外包给平台上的专业服务提供者。类似地，美团等平台公司也在其特定领域为客户提供多样化的服务，如餐饮外卖、酒店预订等，帮助客户简化选择和决策过程，提高服务效率。总之，工作交易平台化为中小企业提供了更多机会，使其能够以更低的成本参与市场竞争，同时也为平台工作者创造了新的就业机会。

猪八戒网作为国内领先的灵活就业平台，展现了数字化时代多元化就业形态的典型案例。平台汇聚了来自各行各业的灵活就业人员，包括创意工作者、自由职业者、大学生、残疾人、全职太太、老龄人等。服务商和雇主之间的角色不再固定，服务商能够提供如品牌、营销、软件开发等多种服务，而雇主则提供包括社保、法律、金融、IT在内的支持服务。平台的众包服务功能是其核心优势之一。超过600种服务类目的覆盖，以及超过10亿次用户商机匹配，展示了猪八戒网强大的市场撮合能力。此外，猪八戒网提供的服务类型也非常广泛，涵盖了企业运营的各个方面，如场地服务、资金运作、管理培训、文化产业等。猪八戒网的成功案例揭示了数字平台在促进灵活就业、推动资源优化配置和提升服务效率方面的巨大潜力。

本章小结

在第一曲线的基础上积极探索第二曲线，这是本章的主要思维基础。所以本章从第二曲线的基本含义和意义出发，引申出对人力资本服务发展的展望，即开辟人力资本服务第二曲线。在构造第二曲线的基础上，提出了大、中、小三种曲线类型，可以分别概述为设计探险型服务、创建开拓型服务、深耕专业型服务。在不同的曲线下，人力资本服务有不同的发展角度和领域，从而以一种更新的视角来看待人力资本领域的发展未来。

关键术语

第二曲线 探险型服务 开拓型服务 专业型服务 组织形态长尾 人力资本关系长尾

思考题

1. 第二曲线的具体含义是什么？

2. 人力资本服务的第二曲线可以有哪些不同类型？不同类型之间有什么不同？

3. 新的技术对于人力资本服务发展有什么影响？

4. 十九大报告为人力资本服务发展带来了哪些启示？

5. 组织变革为人力资本服务发展带来了哪些机遇？

反侵权盗版声明

电子工业出版社依法对本作品享有专有出版权。任何未经权利人书面许可，复制、销售或通过信息网络传播本作品的行为；歪曲、篡改、剽窃本作品的行为，均违反《中华人民共和国著作权法》，其行为人应承担相应的民事责任和行政责任，构成犯罪的，将被依法追究刑事责任。

为了维护市场秩序，保护权利人的合法权益，我社将依法查处和打击侵权盗版的单位和个人。欢迎社会各界人士积极举报侵权盗版行为，本社将奖励举报有功人员，并保证举报人的信息不被泄露。

举报电话：（010）88254396；（010）88258888

传　　真：（010）88254397

E-mail：　dbqq@phei.com.cn

通信地址：北京市万寿路 173 信箱
　　　　　电子工业出版社总编办公室

邮　　编：100036